OLDENBURGER STUDIENBÜCHER

herausgegeben von

Univ.-Prof. Dr. Anke Hanft
Univ.-Prof. Dr. Jürgen Taeger

Prof. Dr. Jürgen Taeger

Wirtschaftsprivatrecht

olWIR Oldenburger Verlag für Wirtschaft, Informatik und Recht

Bibliografische Information Der Deutschen Nationalbibliothek

Die Deutsche Nationalbibliothek verzeichnet diese Publikation in der Deutschen Nationalbibliografie; detaillierte bibliografische Daten sind im Internet über http://dnb.d-nb.de abrufbar.

Oldenburger Verlag für Wirtschaft, Informatik und Recht
Rudolf-Kinau-Str. 54, 26188 Edewecht
mail@olwir.de

3. Aufl., Edewecht 2010

ISBN-13: 978-3-939704-51-5

Der Inhalt dieses Buches erschien zunächst als Studienmaterial für das Modul »Wirtschaftsprivatrecht« im Rahmen des berufsbegleitenden Studiengangs »Business Administration in mittelständischen Unternehmen« an der Carl von Ossietzky Universität Oldenburg.

INHALT

KAPITEL I

EINFÜHRUNG

I. EINFÜHRUNG

A. Lernziele und Aufbau des Gesamtmoduls

Das vorliegende Modul will Ihnen die Grundzüge des Wirtschaftsprivatrechts vermitteln. Es zielt darauf ab, die Systematik der relevanten Gesetze des Wirtschaftsprivatrechts zu veranschaulichen. Es sollen Grundverständnis und Problembewusstsein für Fragestellungen des Wirtschaftsprivatrechts vermittelt werden, so dass Sie in die Lage versetzt werden, selbstständig weitere Fragestellungen des Wirtschaftsprivatrechts bearbeiten zu können. Gleichzeitig sollen Sie mit Hilfe des Moduls Sicherheit bei der Formulierung wirtschaftsrechtlicher Problemlösungen erwerben. Dabei verfolgt das Lernmodul gerade auch das Ziel, Rechtsprobleme des wirtschaftlichen Alltags aufzugreifen und Ihnen praxisrelevante Bezüge zu vermitteln. Mit Hilfe zahlreicher Wiederholungsfragen, Übungsfälle und Vertiefungsfragen sowie von Hinweisen auf Literatur und Rechtsprechung soll Ihnen ein Anreiz gegeben werden, sich mit der Materie nach Ihren individuellen Bedürfnissen vertieft auseinander zu setzen.

In den Kapiteln II bis VI werden Ihnen Kenntnisse des Bürgerlichen Rechts (II-III), des Schuldrechts (IV) einschließlich der Leistungsstörungen (V) sowie die Grundlagen zu wirtschaftsrelevanten Vertragstypen (VI) vermittelt. Im Anschluss daran werden Ihnen in Kapitel VII kaufmännische Transport- und Lagerverträge vorgestellt.

Das Modul hat folgenden didaktischen Aufbau:

- Jedem Kapitel vorangestellt sind zunächst die Lernziele. Sie beschreiben kurz, welche Kenntnisse und Fähigkeiten Sie nach dem Durcharbeiten des jeweiligen Kapitels erworben haben sollten.
- Die Darstellung des Themas erfolgt in einem Basistext mit Grafiken, Tabellen und ggf. Beispielen, welche die strategischen und grundlegenden Zusammenhänge anschaulich machen und das Verständnis erleichtern. Die fett gedruckten Begriffe im Text finden Sie am Ende des Moduls im Glossar erläutert, da diese ansonsten den Lesefluss stören würden. Sie sollten sich diese juristischen Fachbegriffe bei der Durcharbeitung der Texte erarbeiten, um die vermittelten Sachzusammenhänge nachvollziehen zu können. Auch Begriffe, die Ihnen aus der Alltagssprache geläufig erscheinen, können juristisch eine ganz andere Bedeutung haben.
- Im Anschluss an den Basistext werden **Schlüsselwörter** aufgeführt, die am Ende des Moduls im Schlüsselwortverzeichnis zu finden sind. Dabei handelt es sich um Fachbegriffe, die innerhalb des Modultextes behandelt oder erklärt wurden.
- Fragen, Fälle und Anwendungsaufgaben zur Wiederholung und Vertiefung sind am Ende der jeweiligen Unterkapitel aufgeführt. Hilfe bei der Lösung der

Wiederholungsfragen finden Sie am Ende des Moduls unter „Musterlösungen der Wiederholungsfragen". Sie sollten diese Hilfe unbedingt erst nach einer eigenen Lösungsformulierung und nur zur Überprüfung nutzen. Aus Fehlern lernen Sie deutlich mehr als durch bloßes Nachvollziehen des Gelesenen.

- Zu den jeweiligen Themen werden Ihnen Hinweise auf Literatur oder Rechtsprechung gegeben, mit deren Hilfe Sie den Lehrstoff vertiefen sollten.

B. Grundlagen des Rechtssystems

Die Rechtsordnung besteht aus einer Vielzahl unterschiedlicher, sich zum Teil ergänzender wie auch überschneidender Rechtsnormen. Diese regeln das Zusammenleben der Rechtssubjekte, indem sie einen Ausgleich zwischen deren oftmals divergierenden Interessen schaffen.

1. Normenhierarchie

Das vom Gesetzgeber geschaffene Recht steht in einer so genannten *Normenhierarchie*. Dies bedeutet, dass es zwischen den einzelnen Normen eine Rangordnung gibt, so dass die niederrangigen Normen mit den jeweils höherrangigen vereinbar sein müssen.

Verfassungsrecht	Grundgesetz (GG); im Einzelfall kann ein Anwendungsvorrang zugunsten des EU-Rechts bestehen (Solange I-Beschluss: BVerfGE 37, 271 ff; Solange II-Beschluss: BVerfGE 73, 339 ff).
Formelles Gesetz	Rechtsnorm, die von den Gesetzgebungsorganen des Bundes oder der Länder im Rahmen eines förmlichen Gesetzgebungsverfahrens erlassen wurde (Art 76 ff GG). Beispiel: Bürgerliches Gesetzbuch (BGB).
Rechtsverordnung	Regelung, die von einer Regierungs- oder Verwaltungsbehörde aufgrund einer gesetzlichen Ermächtigung erlassen wurde (Art 80 GG). Beispiel: Straßenverkehrsordnung (StVO).
Satzung	Norm eines selbstständigen Verwaltungsträgers, der mittels staatlich verliehener Satzungsautonomie seine eigenen Angelegenheiten regeln kann. Beispiel: Gemeindesatzung über Kommunalabgaben.

2. Öffentliches Recht und Privatrecht

Das Rechtssystem wird aufgeteilt in das so genannte Öffentliche Recht und das Privatrecht.

Öffentliches Recht	**Privatrecht**
Regelungsbereich: Organisation der staatlichen Institutionen und hoheitlichen Verbände; Beziehungen der Träger hoheitlicher Gewalt zueinander; Regelung des Verhältnisses zwischen Staat und Bürger, so genanntes Über-/ Unterordnungsverhältnis (Subordinationsverhältnis).	Regelungsbereich: Rechtsbeziehungen der juristischen und natürlichen Personen zueinander. Es besteht ein gleichgeordnetes Verhältnis. Personen agieren selbstbestimmt.
Beispiel: Erlass eines Steuerbescheides, Erteilung einer Baugenehmigung, Gewährung von Sozialhilfe.	Beispiel: Kaufvertrag zwischen einem Unternehmer und seinem Kunden.

Das Öffentliche Recht und das Privatrecht setzen sich insbesondere aus folgenden Gesetzen zusammen:

Öffentliches Recht

- Völker- und Europarecht, *Beispiel*: EU-Vertrag, Nato-Vertrag
- Staats- und Verfassungsrecht, *Beispiel*: Grundgesetz
- Verwaltungsrecht, *Beispiel*: Baurecht, Polizeirecht, Gewerberecht
- Straf- und Ordnungswidrigkeitenrecht, *Beispiel*: Strafgesetzbuch Ordnungswidrigkeitengesetz
- Prozessrecht, *Beispiel*: Zivilprozessordnung, Verwaltungsgerichtsordnung
- Kollektivarbeitsrecht, *Beispiel*: Arbeitsschutzrecht, Tarifrecht

Privatrecht

- Bürgerliches Recht,
- *Beispiel*: Bürgerliches Gesetzbuch (BGB):
  - → Erstes Buch: Allgemeiner Teil
  - → Zweites Buch: Schuldrecht
  - → Drittes Buch: Sachenrecht
  - → Viertes Buch: Familienrecht

→ Fünftes Buch: Erbrecht
- Nebengesetze
- Beispiel: Produkthaftungsgesetz (PHG), Unterlassungsklagengesetz (UKlG)
- Handels-, Gesellschafts- und Wirtschaftsrecht
- Beispiel: Handelsgesetzbuch (HGB), Aktiengesetz (AktG), Gesetz betreffend die Gesellschaft mit beschränkter Haftung (GmbHG), Gesetz gegen Wettbewerbsbeschränkungen (GWB), Gesetz gegen den unlauteren Wettbewerb (UWG), Wechselgesetz (WechselG), Scheckgesetz (ScheckG)
- Individualarbeitsrecht

- Handelsrecht
- Gesellschaftsrecht
- Wettbewerbsrecht
- Wertpapierrecht
- Zivilprozessrecht
- Insolvenzrecht

In den folgenden Ausführungen werden die ersten beiden Bücher des BGB und das Handelsrecht – in ihren jeweiligen Grundzügen – vorgestellt.

Schlüsselwörter: Wirtschaftsprivatrecht

KAPITEL II

SUBJEKTE UND OBJEKTE DES RECHTSVERKEHRS

Das folgende Kapitel stellt Ihnen die Objekte und Subjekte des Rechtsverkehrs vor. Nach der Bearbeitung des Kapitels werden Sie Kenntnisse zu den folgenden Themen erworben haben:

- Definition und Unterscheidung natürlicher und juristischer Personen,
- Rechts- und Geschäftsfähigkeit,
- handelsrechtlicher Kaufmannsbegriff und Firma,
- Publizität des Handelsregisters,
- Einteilung von Sachen und Rechten.

II. SUBJEKTE UND OBJEKTE DES RECHTSVERKEHRS

A. Rechtssubjekte

In der Rechtsordnung sind Normen aufgestellt, die für ihre Adressaten bestimmte Rechte und Pflichten begründen. Man nennt diese Adressaten Rechtssubjekte. Als Träger von Rechten und Pflichten bezeichnet man sie als rechtsfähig. Sie können daher zum Beispiel Eigentümer und Forderungsinhaber sowie Schuldner sein.

1. Natürliche Personen

Jeder Mensch ist als natürliche Person ein Rechtssubjekt. Gesetzlich geregelt ist dies in den §§ 1-14 BGB. Die Rechtsfähigkeit beginnt gemäß § 1 BGB mit der Vollendung der Geburt. Folglich kann ein Säugling schon Hauseigentümer sein. Die Leibesfrucht ist zwar als solche nicht rechtsfähig, allerdings stellen einige Vorschriften das ungeborene Kind (nasciturus) einer rechtsfähigen Person gleich: §§ 844 Abs. 2 2, 1923 Abs. 2, 2101 Abs. 1 BGB.

Von der Rechtsfähigkeit ist die Geschäftsfähigkeit zu unterscheiden. Eine natürliche Person ist geschäftsfähig, wenn sie durch die wirksame Abgabe von rechtsgeschäftlichen Erklärungen am Rechtsleben teilnehmen kann. Der Gesetzgeber orientiert sich bei der Bestimmung der Geschäftsfähigkeit am Alter bzw. an der Persönlichkeitsstruktur der betreffenden Person (ausführlich III.D).

Des Weiteren gibt es die so genannte Deliktsfähigkeit. Damit ist die Fähigkeit gemeint, für begangene rechtswidrige unerlaubte Handlungen verantwortlich zu sein. Auch hier ist wiederum das Alter bzw. die psychische Konstitution und Einsichtsfähigkeit des Handelnden maßgebend, §§ 827, 828 BGB.

Schließlich kennt das Recht noch die Zurechnungsfähigkeit. Schuldhaftes Handeln liegt vor, wenn sich jemand objektiv rechts- oder pflichtwidrig und subjektiv vorwerfbar verhält. Nach dem Gesetz hat der Schuldner Vorsatz und Fahrlässigkeit zu vertreten, § 276 Abs. 1 1 BGB. Vorsatz ist das Wissen und Wollen des rechtswidrigen Erfolges. Fahrlässigkeit ist legaldefiniert in § 276 Abs. 2 BGB und bedeutet das Außerachtlassen der im Verkehr erforderlichen Sorgfalt. Wann im Einzelfall Zurechnungsfähigkeit vorliegt, richtet sich kraft der gesetzlichen Verweisung des § 276 Abs. 1 2 BGB nach den Regeln über die Deliktsfähigkeit, §§ 827, 828 BGB.

Wichtig für das Wirtschaftsprivatrecht ist die gesetzliche Definition des Verbrauchers. Gemäß § 13 BGB ist Verbraucher jede natürliche Person, die ein Rechtsgeschäft zu einem Zweck abschließt, der weder ihrer gewerblichen noch ihrer selbstständigen beruflichen Tätigkeit zugerechnet werden kann.

Beispiel: Der Kaufmann K kauft für seine Nichte ein Auto. Dieser Kauf erfolgt nicht im Rahmen seines Handelsgewerbes, sondern verfolgt den privaten Zweck, seiner Nichte ein Auto zukommen zu lassen. Er ist daher in diesem Fall juristisch Verbraucher.

Kauft er hingegen das Auto für seinen Betrieb, um Kundenbesuche durchführen zu können, handelt es sich um ein Geschäft in Ausübung seiner gewerblichen Tätigkeit. Er ist dann als Unternehmer nach § 14 Abs. 1 BGB zu behandeln. Unternehmer ist eine natürliche oder juristische Person oder eine rechtsfähige Personengesellschaft, die bei Abschluss eines Rechtsgeschäftes in Ausübung ihrer gewerblichen oder selbstständigen beruflichen Tätigkeit handelt.

2. Juristische Personen

Die juristischen Personen sind gewissermaßen eine „Erfindung" der Rechtsordnung. Es handelt sich hierbei um Organisationsformen (Personenvereinigungen oder Vermögensmassen), denen eine eigene Rechtsfähigkeit zuerkannt wird. Sie können daher ebenso wie natürliche Personen Träger von Rechten und Pflichten sein und damit Eigentum an Sachen haben oder Verbindlichkeiten eingehen.

Beispiele: Aktiengesellschaft (AG), Gesellschaft mit beschränkter Haftung (GmbH), Stiftung, eingetragene Genossenschaft (eG), eingetragener Verein (e.V.), Kommanditgesellschaft auf Aktien (KGaA).

Ihre Rechtsfähigkeit erhalten sie durch einen staatlichen Hoheitsakt, zum Beispiel durch Eintragung in das Handelsregister, § 11 Abs. 1 GmbHG und § 41 Abs. 1 S. 1 AktG. Sie bestehen unabhängig vom Wechsel ihrer Mitglieder, und die Haftung ist beschränkt auf das Vermögen der juristischen Person. Die Mitglieder haften nicht mit ihrem Privatvermögen.

Da die juristischen Personen nur als Organisation existieren, werden rechtsgeschäftliche Erklärungen für sie durch ihre *Organmitglieder* abgegeben, zum Beispiel durch den Geschäftsführer der GmbH gemäß § 35 Abs. 1 GmbHG oder den Vorstand der Aktiengesellschaft gemäß § 78 AktG. Begehen die Organmitglieder in ihrer Eigenschaft als solche unerlaubte Handlungen, dann werden diese der juristischen Person gemäß § 31 BGB zugeordnet.

3. Sonstige Personenverbände

Des Weiteren gibt es Personenzusammenschlüsse, die keine juristischen Personen, gleichwohl in gewissem Umfang selber Träger von Rechten und Pflichten sind.

Beispiele: Offene Handelsgesellschaft (OHG), Kommanditgesellschaft (KG) und Gesellschaft des bürgerlichen Rechts (GbR).

Die rechtliche Selbstständigkeit der Personenhandelsgesellschaften (OHG und KG) ist ausdrücklich gesetzlich geregelt in § 124 Abs. 1 HGB für die OHG und in § 161 Abs. 2 i. V. m. § 124 Abs. 1 HGB für die KG. Danach können OHG und KG unter ihren Firmen Rechte erwerben und Verbindlichkeiten eingehen, Eigentum und andere dingliche Rechte an Grundstücken erwerben, klagen und verklagt werden. Für die GbR fehlt eine entsprechende gesetzliche Regelung, weshalb ihre rechtliche Selbstständigkeit stets umstritten gewesen ist. Mit Grundsatzurteil des BGH vom 29.1.2001 (BGHZ 146, 341) indes hat die Rechtsprechung der GbR in Anlehnung an die Regelung des § 124 HGB Partei- und Rechtsfähigkeit zuerkannt. Wie OHG und KG ist die GbR danach weiterhin keine juristische Peron, kann aber in gewissem Umfang selber Trägerin von Rechten und Pflichten sein. Insbesondere ist die GbR parteifähig und kann somit ebenfalls vor Gericht klagen und verklagt werden, sie ist scheck- und wechselfähig, insolvenz-, erbfähig und kann auch selber Gesellschafterin anderer Gesellschaften sein. Umstritten sind weiterhin die Anerkennung einer Arbeitgebereigenschaft und die Markenrechtsfähigkeit der GbR. Überwiegend abgelehnt wird die Grundbuchfähigkeit der GbR (strittig).

Vertiefungshinweis:

- Müssig, Wirtschaftsprivatrecht, S. 392 f.,
- Palandt-*Sprau*, BGB, § 705, Rn. 24 m.w.N.

Gemäß § 14 Abs. 2 BGB sind die rechtsfähigen Personengesellschaften (insbesondere GbR, OHG und KG) Unternehmer i. S. d. § 14 Abs. 1 BGB.

4. Kaufleute

Für Kaufleute gelten die das BGB ergänzenden oder von ihm abweichenden Vorschriften des Handelsrechts, insbesondere das HGB. Kaufleute können sowohl natürliche als auch juristische Personen oder handelsrechtliche Personenvereinigungen sein. Ob Handelsrecht Anwendung findet, hängt also zunächst von der Frage ab, ob die Person des Rechtsgeschäfts Kaufmannseigenschaft besitzt.

5. Sonderregelungen im Handelsrecht

a) Kaufmannseigenschaft

Gemäß § 1 Abs. 1 HGB ist Kaufmann, wer ein Handelsgewerbe betreibt.

Unter **Gewerbe** versteht man eine nach außen erkennbare, auf Dauer angelegte, (umstritten: erlaubte), mit Gewinnerzielungsabsicht betriebene und selbstständige Tätigkeit mit Ausnahme der freien Berufe.	Betreiber des **Handelsgeschäftes** ist derjenige, der aus den jeweiligen Geschäften berechtigt und verpflichtet wird. Maßgebend ist also, in wessen Namen die Geschäfte geschlossen werden.	Ein **Handelsgewerbe** ist jeder Gewerbebetrieb, es sei denn das Unternehmen erfordert nach Art oder Umfang keinen in kaufmännischer Weise eingerichteten Gewerbebetrieb (Kleingewerbe).
Beispiel: Ein Gewerbe betreiben Handwerker und Lebensmittelhändler, Ärzte oder Rechtsanwälte dagegen nicht, da sie Angehörige freier Berufe sind.	**Beispiel:** Inhaber oder auch Pächter eines Bekleidungsgeschäftes. Keine Kaufleute sind der Prokurist oder der Geschäftsführer der GmbH. Sie fungieren nur als Vertreter oder Organmitglied des Unternehmers.	**Beispiel:** Autohändler oder Fabrikant; Kleingewerbe zum Beispiel der Betrieb eines kleinen Eisladens oder Crêpe-Standes.

Wichtig ist an dieser Stelle, die Formulierung des § 1 HGB zu beachten:

Der Gesetzgeber geht davon aus, dass es sich grundsätzlich immer um ein Handelsgewerbe handelt, wenn ein Gewerbebetrieb vorliegt. Will der Gewerbetreibende sich nicht als Kaufmann behandeln lassen, dann muss er darlegen und beweisen, dass er ein nichtkaufmännisches Kleingewerbe betreibt.

Ob es sich um ein Kleingewerbe handelt, ist nach einer Gesamtwürdigung der Verhältnisse zu beurteilen. Maßgebende Indizien können unter anderem die Größe des Betriebes darstellen, die Leistungen des Unternehmens, die Zahl der Arbeitnehmer, die Umsatzhöhe, der Umfang der Abrechnungen und der Geschäftskorrespondenz. Letztlich kommt es auf den jeweiligen Einzelfall an.

b) Arten der Kaufleute

Ist-Kaufmann, § 1 Abs. 1 HGB

Kaufmann kraft des Betreibens des Handelsgewerbes. Die Eintragung seiner Firma ins Handelsregister gemäß § 29 HGB ist rein deklaratorisch (rechtsbekundend). Kommt der Gewerbetreibende der Pflicht zur Anmeldung nicht nach, so ist er dennoch als Kaufmann zu behandeln.

Kann-Kaufmann, § 2 S. 1 HGB

Der Inhaber eines Kleingewerbebetriebes erhält die Kaufmannseigenschaft, wenn er das Handelsgewerbe unter seiner Firma in das Handelsregister eintragen lässt. Die Eintragung ist im Gegensatz zum Ist-Kaufmann konstitutiv (rechtsbegründend). Erst mit der Eintragung wird er Kaufmann. Er kann sein Handelsgewerbe eintragen lassen, muss dies aber nicht; so genannte Eintragungsoption.

Kaufmann kraft Eintragung, § 5 HGB

Derjenige, der im Handelsregister eingetragen ist, ist als Kaufmann zu betrachten.

Formkaufmann, § 6 Abs. 1 HGB

Handelsgesellschaften werden aufgrund ihrer Rechtsform als Kaufleute behandelt. Das sind alle Gesellschaften, die in das Handelsregister einzutragen sind. Beispiele: Offene Handelsgesellschaft (OHG), Kommanditgesellschaft (KG), Gesellschaft mit beschränkter Haftung (GmbH), Aktiengesellschaft (AG).

Kaufmann kraft Rechtsscheins

Wer sich als Kaufmann ausgibt, obgleich er es nicht ist, muss sich von denjenigen, die auf seine Kaufmannseigenschaft vertraut haben, als Kaufmann behandeln lassen. Dies folgt aus dem Grundsatz von Treu und Glauben, § 242 BGB.

c) Folgen der Kaufmannseigenschaft

Der Kaufmann ist bei Tätigwerden für seinen Gewerbebetrieb Unternehmer im Sinne des § 14 BGB und muss bei Rechtsgeschäften mit Verbrauchern (§ 13 BGB) den besonderen Verbraucher schützenden Anforderungen der §§ 310, 312, 312 b ff, 474 ff. BGB gerecht werden. Er unterliegt aber aufgrund der Kaufmannseigenschaft neben den allgemeinen Regelungen des BGB auch weiteren zum Teil verschärften Vorschriften: Er führt eine Firma gemäß §§ 17 ff. HGB, kann nach § 48 HGB Prokuristen einsetzen (zur Prokura siehe III.I.8.a) und hat bei Handelsgeschäften die §§ 343 ff. HGB zu beachten.

d) Firma

Als Firma bezeichnet man den Handelsnamen des Kaufmanns, § 17 HGB. Er hat also gewissermaßen zwei Namen: Seinen bürgerlich-rechtlichen Namen nach § 12 BGB und einen handelsrechtlichen. Daher ist der übliche Sprachgebrauch „Ich gehe in die Firma" im Grunde genommen nicht korrekt, weil als Firma nicht der Gewerbebetrieb in seiner räumlichen Dimension, sondern der Name gemeint ist, unter dem der Kauffmann im Geschäftsverkehr auftritt.

Beispiel: Heinz Müller führt einen Handwerksbetrieb unter der Firma „Schreinerei Müller, e. K."

Unter der Firma betreibt der Kaufmann seine Geschäfte, gibt die Unterschrift ab und kann auch unter der Firma klagen und verklagt werden. Die Firma muss gemäß § 18 HGB zur Kennzeichnung des Kaufmanns geeignet sein und Unterscheidungskraft besitzen.

Vertiefungshinweis:

- Müssig, Wirtschaftsprivatrecht, S. 30 ff.

e) Firmenfortführung

Wenn ein Handelsgewerbe veräußert und unter der bisherigen Firma fortgeführt wird, dann haftet der Erwerber grundsätzlich für alle im Betrieb des Geschäfts entstandenen Verbindlichkeiten des bisherigen Inhabers, § 25 Abs. 1 HGB. Abweichende Vereinbarungen gelten nur, wenn sie unverzüglich nach Geschäftsübernahme im Handelsregister eingetragen und bekannt gemacht oder wenn sie dem Dritten direkt mitgeteilt worden sind, § 25 Abs. 2 HGB. Der bisherige Inhaber haftet gemäß § 26 HGB weiterhin (für höchstens 5 Jahre) für die alten Verbindlichkeiten, von denen er nur mit Willen des Gläubigers im Wege der befreienden Schuldübernahme gemäß § 414 f BGB befreit werden. Somit hat der Gläubiger in der Regel zwei Schuldner zur Auswahl.

Entsprechendes gilt, wenn Erben ein Handelsgeschäft fortführen, § 27 HGB.

§ 28 HGB regelt schließlich den Eintritt einer Person in das Geschäft eines Ein zelkaufmanns. Es entsteht dann, wenn er als persönlich haftender Gesellschafter eintritt, eine OHG oder, wenn er als Kommanditist eintritt, eine KG. Unabhängig davon, ob die Firma fortgeführt wird oder nicht, haftet in diesem Fall die Gesellschaft für die Altverbindlichkeiten des früheren Inhabers.

f) Handelsregister

Das Handelsregister ist ein öffentliches Verzeichnis, welches bei den Amtsgerichten elektronisch geführt wird (§ 8 HGB, § 125 FGG). Es gibt Auskunft über die rechtlich relevanten Umstände kaufmännischer Unternehmen. Gemäß § 9

HGB hat jeder das Recht, zu Informationszwecken Einsicht zu nehmen und Abschriften zu erhalten. Die Eintragungen sind in den jeweiligen elektronischen Informations- und Kommunikationssystemen der Gerichte (§ 10 HGB) bekannt zu geben und können zudem über ein Registerportal der Bundesländer (www.handelsregister.de) abgerufen werden. Darüber hinaus werden bis zum 31.12.2008 die Eintragungen zusätzlich in einer Tageszeitung oder einem sonstigen Blatt (z.B. Bundesanzeiger) bekannt gemacht (Art. 61 Abs. 4 HGBEG).

Bei den Tatsachen, die eingetragen werden, ist zwischen eintragungspflichtigen und eintragungsfähigen Tatsachen zu unterscheiden.

eintragungspflichtige Tatsachen	**eintragungsfähigen Tatsachen**
Sie müssen zur Eintragung angemeldet werden. Beispiel: Erteilung und Erlöschen der Prokura, § 53 HGB, GmbH-Gründung, § 7 GmbHG.	Ihre Eintragung ist möglich, aber gesetzlich nicht zwingend erforderlich. Beispiel: Eintragung eines Haftungsausschlusses bei Firmenfortführung, § 25 Abs. 2 HGB.

Der Eintragung selbst kommt entweder konstitutive oder deklaratorische Wirkung zu.

konstitutive Wirkung	**deklaratorische Wirkung:**
Erst durch die Eintragung wird eine bestimmte Rechtslage geschaffen. Beispiele: Eintragung der GmbH, § 11 GmbHG; eingetragene Landwirtschaft, § 3 Abs. 2 HGB.	Die Rechtslage wird lediglich bekundet. Beispiele: Erteilung und Erlöschen der Prokura, § 53 Abs. 1, Abs. 3 HGB.

Dem Handelsregister kommt Publizitätswirkung zu; es genießt so genannten öffentlichen Glauben. Das heißt, dass man sich auf das Handelsregister verlassen darf.

Gesetzlich normiert ist dies in § 15 HGB, der in den ersten drei Absätzen jeweils von unterschiedlichen Situationen ausgeht.

Publizität des Handelsregisters

§ 15 HGB

§ 15 Abs. 1 HGB: Solange eine einzutragende Tatsache nicht eingetragen und bekannt gemacht ist, kann sie von dem Betroffenen (also dem Kaufmann) einem Dritten (also seinem Geschäftspartner) nicht entgegengehalten werden. Es sei denn, der Dritte wusste davon.	§ 15 Abs. 2 HGB: Richtig eingetragene und bekannt gemachte Tatsachen werden grundsätzlich als bekannt behandelt.	§ 15 Abs. 3 HGB: Ist eine einzutragende Tatsache unrichtig bekannt gemacht, so kann sich ein Dritter darauf berufen, wenn er die Unrichtigkeit nicht kannte.
Beispiel: Der Kaufmann K widerruft die Prokura seines Prokuristen P. (Folge: P hat keine Vertretungsmacht mehr.) Das Erlöschen der Prokura wird aber entgegen § 53 Abs. 3 HGB nicht eingetragen. Schließt P dennoch Geschäfte im Namen des K, sind diese gleichwohl wirksam. Der Geschäftspartner durfte auf das Schweigen des Registers vertrauen, das heißt, dass die Eintragung der Prokura von Dritten dahingehend verstanden werden kann, dass die Prokura erteilt und nicht erloschen ist (negative Publizität).	Beispiel: Das Erlöschen der Prokura des P wird eingetragen und bekannt gemacht. Schließt P einen Monat nach der Bekanntmachung einen Vertrag im Namen des K, so ist dieser mangels Vertretungsmacht nicht wirksam. K ist zu nichts verpflichtet, auch wenn der Dritte den Widerruf der Prokura nicht kannte (positive Publizität). Anders kann es sein, wenn das Geschäft innerhalb von 15 Tagen nach der Bekanntmachung abgeschlossen wird, § 15 Abs. 2 2 HGB.	Beispiel: K meldet die Erteilung der Prokura für P zur Eintragung an, es wird aber für X die Prokura eingetragen. Schließt nun X im Namen des K mit dem gutgläubigen D einen Vertrag, so ist dieser wirksam und K ist gegenüber D verpflichtet (positive Publizität).

g) Unternehmensregister

Die Eintragungen im Handelsregister werden zudem gemäß § 8b Abs. 2 HGB durch das Unternehmensregister (www.unternehmensregister.de) im Sinne eines Portals zugänglich gemacht. Das Unternehmensregister stellt insoweit lediglich eine Plattform dar, die die Daten des Handelsregisters nicht direkt übernimmt, sondern nur den Zugang zu den einzelnen Registern vermittelt (§ 1 Abs. 2 URV), so dass dem Unternehmensregister keine Publizitätswirkung zukommt. Gleiches gilt für Daten anderer Registergerichte, insbesondere Bekanntmachungen der Insolvenzgerichte, welche gemäß § 9 Abs. 1 InsO in Verbindung mit § 2 InsoBekV durch eine zentrale und länderübergreifende Veröffentlichung im Internet (www.insolvenzbekanntmachungen.de) erfolgt und aus Datensicherheitsgründen nach Ablauf von zwei Wochen nach dem ersten Tag der Veröffentlichung (§ 2 Abs. 1 Nr. 3. InsoBekO) nur noch abgerufen werden können, wenn eine Detailrecherche mit den zusätzlichen Angaben gemäß § 1 Abs. 3 InsoBekV erfolgt. Wegen der gesetzlich normierten Löschungsverpflichtung (§ 3 InsoBekO) sind spätestens sechs Monate nach der Aufhebung oder der Rechtskraft der Einstellung des Insolvenzverfahrens sämtliche Veröffentlichungen zu einem Verfahren zu löschen, so dass ein Abruf nicht mehr möglich ist.

Vertiefungshinweis:

- Brox, Handels- und Wertpapierrecht, § 6 S. 41 ff.

Schlüsselwörter: Natürliche Person, Rechtsfähigkeit, Gesellschaft Bürgerlichen Rechts, Offene Handelsgesellschaft, Kommanditgesellschaft, Geschäftsfähigkeit, Verbraucher, Unternehmer, juristische Person, Kaufmann, Firma, Handelsregister, Publizität des Handelsregisters

6. Fragen und Aufgaben

a) Aufgaben zur Lernkontrolle

1. *Was ist ein Rechtssubjekt?*

---

2. *Welche Personen kennt die Rechtsordnung?*

---

3. *Definieren sie folgende Begriffe: Rechtsfähigkeit, Geschäftsfähigkeit, Deliktsfähigkeit und Verschuldensfähigkeit.*

---

4. *Wie erhält die juristische Person ihre Rechtsfähigkeit?*

5. *Was versteht man unter einem Verbraucher und einem Unternehmer?*

6. *Was bedeutet Teilrechtsfähigkeit und wem kommt sie zu?*

7. *Wer kann Kaufmann sein?*

8. *Was ist ein Gewerbe?*

9. *Was ist ein Kleingewerbe?*

10. *Welche Arten von Kaufleuten gibt es?*

11. *Was versteht man unter einer Firma?*

12. *Wer haftet für Altverbindlichkeiten, wenn das Handelsgewerbe durch einen neuen Inhaber unter der bisherigen Firma fortgeführt wird?*

13. *Was ist das Handelsregister?*

14. *Welche Tatsachen werden (können/müssen) in das Handelsregister eingetragen?*

15. *Welche Wirkungen hat die Eintragung?*

16. *Was bedeutet die Publizitätswirkung des Handelsregisters?*

b) Übungsfälle

Fall 1

Zur Aufbesserung seiner Rente möchte R zukünftig einige Stunden in der Woche einen kleinen Crêpe-Stand mit dem Namen „Crêpe Suzette“ in der Fußgängerzone eröffnen. Da er keinen allzu großen Umsatz erwartet, will er seine Tageseinnahmen zunächst in einer Geldkassette verwahren und am Ende des Monats auf sein Konto einzahlen. Er fragt seinen Enkel E, der gerade eine Vorlesung über das Handelsrecht besucht, ob er irgendetwas in handelsrechtlicher Hinsicht beachten muss. Was für Überlegungen wird E anstellen?

Lösung

Wenn R seinen Stand eröffnet, dann betreibt er ein Gewerbe: Er will nach außen erkennbar, dauerhaft, selbstständig und mit Gewinnerzielungsabsicht einer Tätigkeit nachgehen. Das Gesetz geht grundsätzlich davon aus, dass es sich um ein Handelsgewerbe handelt, mit der Folge, dass R Kaufmann kraft des Betreibens seines Crêpe-Standes ist und er verpflichtet ist, sein Handelsgewerbe unter seiner Firma zur Eintragung ins Handelsregister anzumelden, § 29 HGB. Dies ist jedoch nicht der Fall, wenn R einen Kleingewerbebetrieb führt. Dies hängt davon ab, ob das Unternehmen des R einen nach Art und Umfang in kaufmännischer Weise eingerichteten Gewerbebetrieb erfordert oder nicht. Dies bestimmt sich nach den Umständen des Einzelfalles bzw. nach einer Gesamtwürdigung der betrieblichen Verhältnisse. Hier dürfte es sich um einen Kleingewerbebetrieb handeln, da R allein tätig ist, nur einige Stunden arbeitet, die Einnahmen übersichtlich sind und er eine kleine Betriebsstätte hat. Folglich ist er kein „Ist-Kaufmann“ im Sinne des § 1 Abs. 1 HGB.

Er kann aber die Firma seines Unternehmens eintragen lassen, § 2 HGB. Die Handelsregistereintragung bewirkt dann die Kaufmannseigenschaft (konstitutive Wirkung; so genannter „Kann-Kaufmann“).

Fall 2

Kaufmann K erteilt dem Angestellten P am 1.2. Prokura. Dies wird im Handelsregister eingetragen und bekannt gemacht. Am 15.5. widerruft er gegenüber P die Erteilung der Prokura, da dieser sehr unzuverlässig war. K meldet dies auch zur Eintragung ins Handelsregister an. P ist sehr erbost darüber und kauft sofort am nächsten Tag bei X einen Gabelstapler im Namen des K zu einem Preis von 25.000 Euro. X wusste von dem Widerruf der Prokura nichts. Am 1.8. wird das Erlöschen der Prokura im Handelsregister eingetragen und wenig später bekannt gemacht. Z verlangt am 15.8. von K die Bezahlung des Kaufpreises gegen Lieferung des Gabelstaplers. K weigert sich. Seiner Ansicht nach ist gar kein Kaufvertrag zwischen ihm und Z geschlossen worden.

Lösung

Z könnte gegen K einen Anspruch auf Zahlung des Kaufpreises in Höhe von 25.000 Euro aus § 433 Abs. 2 BGB haben. Das setzt voraus, dass zwischen Z und K ein wirksamer Kaufvertrag geschlossen worden ist, § 433 BGB.

K selbst hat mit Z nicht persönlich verhandelt. Er könnte aber wirksam durch P vertreten worden sein gemäß § 164 Abs. 1 BGB i. V. m. § 49 HGB, ausführlich siehe III.I.8. Dann müsste P Vertretungsmacht zum Zeitpunkt des Vertragsschlusses gehabt haben (16.5.).

Zwar hatte K ihm ursprünglich Prokura erteilt, § 167 Abs. 1 BGB, § 48 HGB, diese war aber am 15.5. widerrufen worden, § 52 Abs. 1 HGB. Das hatte zur Folge, dass die Vertretungsmacht erloschen war, § 168 BGB. Die Eintragung am 1.8. war lediglich deklaratorischer Natur.

Zwischenergebnis: K ist nicht wirksam von P gegenüber Z vertreten worden.

Allerdings könnte sich hier aufgrund der Publizitätswirkung des Handelsregisters etwas Anderes ergeben. Gemäß § 15 Abs. 1 HGB kann eine einzutragende Tatsache einem Dritten nicht entgegengesetzt werden, solange sie nicht eingetragen und bekannt gemacht ist.

Im vorliegenden Fall musste das Erlöschen der Prokura gemäß § 53 Abs. 3 HGB eingetragen werden, so genannte eintragungspflichtige Tatsache. Da zum Zeitpunkt des Vertragsschlusses dieser Umstand nicht eingetragen und bekannt gemacht worden war, wird der gutgläubige Z in seinem Vertrauen darauf, dass die Prokura nicht erloschen ist, geschützt. K kann also die fehlende Vertretungsmacht des P dem Z nicht entgegenhalten.

Ergebnis: K ist verpflichtet, dem Z Zug um Zug gegen Lieferung des Gabelstaplers den Kaufpreis in Höhe von 25.000 Euro zu zahlen.

B. Rechtsobjekte

1. Sachen

Das Gesetz bezeichnet als Sachen alle körperlichen Gegenstände, also alles, was sinnlich wahrnehmbar und räumlich abgegrenzt ist, § 90 BGB. Eine Sache kann man besitzen, § 854 BGB. Man kann auch Eigentümer eine Sache sein, § 903 BGB. Die Frage, wie eine Sache übereignet, belastet oder genutzt wird, ist im dritten Buch des BGB geregelt, im Sachenrecht.

Vertiefungshinweise:

- Klunzinger, Einführung in das Bürgerliche Recht, S. 521-528,
- Lange, Basiswissen, S. 197 ff.,
- Müssig, Wirtschaftsprivatrecht, S. 329 ff.

Sachen werden folgendermaßen eingeteilt: Es gibt bewegliche Sachen (Auto, Fahrrad) und unbewegliche Sachen (Grundstück). Diese Unterscheidung ist zum Beispiel wichtig bei der Frage, wie das Eigentum an Sachen verschafft wird.

Vertiefungshinweise:

- Müssig, Wirtschaftsprivatrecht, S. 331 ff.,
- Lange, Basiswissen, S. 199 ff.

Des Weiteren kennt das Gesetz vertretbare (§ 91 BGB) und verbrauchbare (§ 92 BGB) Sachen.

Vertretbare Sachen

Bestimmung nach Maß, Zahl und Gewicht

Beispiel: Wertpapiere, in Serie angefertigte Elektrogeräte; anders: Maßanzug, Gemälde: unvertretbare Sachen

Verbrauchbare Sachen

Verbrauch oder Veräußerung sind der bestimmungsgemäße Gebrauch

Beispiel: Lebensmittel und Kraftstoff; anders: Schuhe: nur Abnutzung

Eine Sache besteht oft aus unterschiedlichen Bestandteilen (Fahrrad aus Rahmen, Reifen, Lenker usw.). Ob diese selbst eigenständige Sachen oder nur unselbstständige Teile einer Sache sind, hängt davon ab, ob es sich um ein wesentliches oder unwesentliches Bestandteil handelt.

Wesentliche Bestandteile, § 93 BGB

Bestandteile einer Sache, die von einander nicht getrennt werden können, ohne dass der eine oder der andere Teil zerstört oder in seinem Wesen verändert wird.

Merke: Irrelevant ist, ob die ursprüngliche Sache durch die Trennung zerstört wird.

Folge: Nicht Gegenstand besonderer Rechte (zum Beispiel Eigentum). Einheitliches Eigentum an der Gesamtsache.

Beispiel: wesentlich: aufgespritzter Autolack, Fahrzeugkarosserie; unwesentlich: Fahrradreifen, Lattenrost des Bettes, Automotor.

Relevant wird die Frage, wer an diesen Bestandteilen Eigentum hat, im Fall der Lieferung von Sachen, die in andere Sachen eingebaut werden. Beispiel: Der Farbenhersteller F liefert dem Lackierer L Autolackfarbe und behält sich bis zur vollständigen Bezahlung des Kaufpreises das Eigentum vor. Lackiert nun L – vor Zahlung des Kaufpreises – den PKW seines Kunden K mit der Farbe des F, so wird diese aufgrund der Lackierung wesentlicher Bestandteil des Wagens und F hat somit sein Alleineigentum daran verloren, § 93 BGB. Da das Auto als Hauptsache anzusehen ist, hat K an dem lackierten PKW Alleineigentum, § 947 Abs. 2 BGB.

Vertiefungshinweis:

- Klunzinger, Einführung in das Bürgerliche Recht, S. 524 ff.

Es gibt außerdem Sachen, die einer anderen Sache wirtschaftlich zugute kommen:

Zubehör, § 97 BGB

Bewegliche Sachen, die, ohne Bestandteil der Hauptsache zu sein, der wirtschaftlichen Zweck der Hauptsache zu dienen bestimmt sind.

Wichtig ist dieser Begriff zum Beispiel für Kaufverträge, § 311c BGB, und für die **Hypothek** an Grundstücken, § 1120 BGB.

Beispiele: Hotelbus für Hotelanlage, Traktor für landwirtschaftlichen Betrieb.

Nutzungen, § 100 BGB

Nutzungen sind die Früchte einer Sache oder eines Rechtes sowie die Gebrauchsvorteile. Früchte sind die Erzeugnisse einer Sache und die bestimmungsgemäße Ausbeute, § 99 BGB. Zu unterscheiden sind danach Sachfrüchte (z. B. Eier und Milch als Erzeugnisse von Tieren), Rechtsfrüchte (z. B. Dividende bei der Aktie, Zinsen einer verzinslichen Forderung) und Erträge aus Rechtsverhältnissen (z. B. Miete, Pacht).

2. Rechte

a) Objektive und subjektive Rechte

Rechte sind, anders als Sachen, unkörperlich.

Auszugehen ist zunächst vom objektiven Recht: Das ist die Summe aller Rechtsnormen, die Verhaltenspflichten und Berechtigungen festlegen.

Beispiel: Das BGB regelt bestimmte Vertragstypen wie Kauf- und Mietvertrag. Das HGB normiert bestimmte Handelsgeschäfte.

Als subjektives Recht bezeichnet man die Berechtigung bzw. Rechtsmacht, die ein Rechtssubjekt kraft der Rechtsordnung innehat und gegenüber einem anderen geltend machen kann.

b) Absolute und relative Rechte

Das subjektive Recht teilt man wiederum in absolute und relative Rechte ein:

absolutes Recht	relatives Recht
Richtet sich gegen jedermann. Hierzu zählen zum Beispiel Leben, Freiheit, Gesundheit und Eigentum.	Wirkung zwischen einzelnen Personen innerhalb eines Rechtsverhältnisses. Die Personen heißen Gläubiger und Schuldner. Der Gläubiger hat das Recht, vom Schuldner ein Tun oder Unterlassen zu verlangen (Anspruch, § 194 BGB).
Beispiel: Keiner darf rechtswidrig und schuldhaft fremdes Eigentum zerstören, § 823 Abs. 1 BGB.	Beispiel: Die Werklohnforderung des Unternehmers gegen den Besteller, § 631 Abs. 1 BGB. Kaufpreisanspruch des Verkäufers gegen den Käufer, § 433 Abs. 2 BGB.

c) Gegenrechte

Gegenrechte verhindern die Durchsetzung der subjektiven Rechte. Der Schuldner kann sich mit Hilfe dieser Rechte gegen die Inanspruchnahme wehren.

Bei der Lösung juristischer Fälle ist das Verständnis der Systematik dieser Gegenrechte von wesentlicher Bedeutung. Die folgende Übersicht soll daher die Struktur näher darstellen. Der Bearbeiter wird wahrscheinlich mit den verschiedenen Beispielen noch nicht all zu viel anfangen können. Der Kreis wird sich aber bei der Beschäftigung mit den einzelnen Kapiteln schließen. An dieser Stelle soll aber schon einmal die Systematik vorgestellt werden, bei Bedarf kann dann die Übersicht im Rahmen der weiteren Bearbeitung herangezogen werden. Macht der Gläubiger gegenüber dem Schuldner zum Beispiel einen Kaufpreisanspruch geltend, dann ist zu prüfen, ob dem Schuldner Gegenrechte so genannte Einwendungen und Einreden zustehen.

Einwendungen		**Einreden**
Rechtshindernde	*rechtsvernichtende*	*rechtshemmende*
Anspruch ist nicht entstanden	Anspruch ist zunächst entstanden, er ist aber später erloschen.	Anspruch besteht, er ist aber nicht durchsetzbar. peremptorische Einreden: dauerhaft nicht durchsetzbar dilatorische Einreden: vorübergehend nicht durchsetzbar
Beispiel:	Beispiel:	Beispiel:
Geschäftsunfähigkeit, § 104 BGB; Verstoß gegen ein Verbotsgesetz, § 134 BGB; Sittenwidrigkeit, § 138 BGB; Nichtbeachtung der erforderlichen Form, § 125 BGB.	Erfüllung der Schuld, § 362 BGB; Aufrechnung, § 389 BGB; Rücktritt, § 346 BGB; Widerruf, § 355 BGB.	peremptorische Einrede: Verjährung, §§ 194 ff BGB. Anmerkung: Der Anspruch kann nach Ablauf einer bestimmten Zeit verweigert werden. Grundsätzlich beträgt die Verjährungsfrist drei Jahre, § 195 BGB. Verlängerung oder Verkürzung ist vertraglich (unter den Voraussetzungen des § 202 BGB) oder gesetzlich (§§ 196, 197, 438, 634 a BGB) möglich. Vertiefungshinweis: Mansel/Budzikiewicz, Einführung in das neue Verjährungsrecht, Jura 2003, 1 ff. dilatorische Einrede: Stundung, § 205 BGB; Einrede des nicht-erfüllten Vertrages, § 320 BGB.

Der Schuldner muss sich nicht auf die Einwendungen berufen. Im Prozess hat der Richter sie **von Amts wegen** zu beachten.	Der Schuldner muss sich auf die Einreden berufen. Sie werden nicht **von Amts wegen** beachtet.

Schlüsselwörter: Sachen, vertretbare Sachen, verbrauchbare Sachen, wesentliche Bestandteile, Zubehör, Nutzungen, Rechte, Einreden, Einwendungen

3. Fragen und Aufgaben

a) Aufgaben zur Lernkontrolle

17. *Welche Rechtsobjekte gibt es?*

18. *Was sind Sachen?*

19. *Wie werden Sachen eingeteilt?*

20. *Was versteht man unter wesentlichem Bestandteil, Zubehör und Nutzungen?*

21. *Was ist das objektive Recht?*

22. *Was bedeutet der Begriff „subjektives Recht"?*

23. *Wie wird das subjektive Recht unterteilt?*

24. *Erklären Sie die Begriffe „rechtshindernde Einwendung", „rechtsvernichtende Einwendung" und „rechtshemmende Einrede". Nennen Sie einige Beispiele.*

b) Vertiefungsfragen

Frage 1

Ist der elektrische Strom eine Sache?

Antwort

Nein, da er nicht körperlich fassbar ist (Palandt-Ellenberger, BGB, § 90 Rn. 2). Auch wenn es sich nicht um einen körperlichen Gegenstand handelt, hat schon das Reichsgericht ihn als ein Erzeugnis angesehen, das für den Güteraustausch geeignet sei (RGZ 86, 13 m. w. N.). Die Vorschriften über den Sachkauf (§§ 433 ff BGB) finden somit (zumindest entsprechende) Anwendung.

Frage 2

Sind Computerdaten und Computerprogramme Sachen im Sinne des § 90 BGB?

Antwort

Nach Palandt-Ellenberger, BGB, § 90 Rn. 2: nein. Die Vorschriften über den Sachkauf finden aber (zumindest entsprechende) Anwendung, BGHZ 109, 97 ff.

Frage 3

Sind Fenster und Türen eines Hauses wesentliche Bestandteile des Hausgrundstückes?

Antwort

Ja, § 94 BGB: Fenster und Türen sind wesentliche Bestandteile des Hauses, § 94 Abs. 2 BGB, und das Gebäude ist wesentlicher Bestandteil des Grundstückes, § 94 Abs. 1 BGB.

KAPITEL III

RECHTSGESCHÄFT – GRUNDLAGEN (BGB-AT)

- Ziel des nächsten Kapitels ist es, Ihnen die Grundlagen des Allgemeinen Teiles des BGB (§§ 1-240) zu vermitteln. Dabei sollen Sie vor allem die Voraussetzungen von Rechtsgeschäft, Willenserklärung und Vertrag, die Merkmale der Stellvertretung sowie Rechtsprobleme mit Bedeutung für die Wirksamkeit von Rechtsgeschäften erlernen.

III. RECHTSGESCHÄFT – GRUNDLAGEN (BGB-AT)

A. Einführung

1. Begriff und Arten

Das bürgerliche Recht zeichnet sich dadurch aus, dass das Prinzip der Privatautonomie gilt. Danach kann jeder seine Verhältnisse im Rahmen des geltenden Rechts durch Rechtsgeschäfte eigenständig und eigenverantwortlich regeln.

Der Tatsache, dass diesem Ideal durch die Marktmacht der anderen Partei Grenzen gesetzt sind (Beispiel: Arbeitnehmer, Vermieter, Verwender von AGB), versucht der Gesetzgeber zum Beispiel durch das Arbeitsrecht, Mietrecht und das Verbraucherschutzrecht entgegenzuwirken.

Das Rechtsgeschäft besteht aus einer oder mehreren Willenserklärungen (ausführlich III.B), die allein oder gemeinsam mit zusätzlichen Tatbestandsmerkmalen eine beabsichtigte Rechtsfolge herbeiführen. Wenn die Willenserklärungen inhaltlich übereinstimmen, dann liegt ein Vertrag vor, ausführlich unter III.E.

Von den Rechtsgeschäften zu unterscheiden sind folgende Handlungen:

Geschäftsähnliche Handlungen	**Realakte**	**Gefälligkeitsverhältnisse**
Die Rechtsfolge der Willenserklärung tritt Kraft Gesetz ein.	Rechtsfolge einer Tathandlung tritt willensunabhängig ein	Hier haben die Personen keinen Rechtsbindungswillen
Beispiel: Mahnung, § 286 BGB → Folge: Verzug; Genehmigungsverweigerung, § 179 Abs. 1 BGB → Folge: Haftung des Vertreters ohne Vertretungsmacht	Beispiel: Verbindung und Vermischung, §§ 946 ff. BGB → Eigentumserwerb; Schatzfund, § 984 BGB	Beispiel: Einladung ins Kino, Angebot einer (einmaligen) Mitfahrgelegenheit

Rechtsgeschäfte lassen sich einteilen in:

Einseitige Willenserklärung	**Mehrseitige Willenserklärung**
Die Willenserklärung einer Person führt den beabsichtigten Erfolg herbei.	Es sind zwei übereinstimmende Willenserklärungen von mehreren Rechtssubjekten erforderlich
Beispiele: Kündigung, § 626 BGB; Rücktritt, § 346 BGB; Bevollmächtigung, § 167 BGB	Beispiele: Kaufvertrag, § 433 BGB; Werkvertrag, § 631 BGB; Mietvertrag § 535 BGB, Gesellschaftsvertrag, § 705 BGB

Eine besondere Form der mehrseitigen Rechtsgeschäfte sind die Gesamtakte (Beschlüsse). Sie kommen vor allem im Gesellschaftsrecht vor, zum Beispiel Gesellschafterbeschluss einer GmbH. Hier ist der Grundsatz der Willensübereinstimmung in der Regel nicht erforderlich, sondern es reicht eine Mehrheitsentscheidung.

Je nach dem Regelungsgegenstand der Rechtsgebiete kennt das BGB folgende Rechtsgeschäfte:

Schuldrechtliche	**Sachenrechtliche**	**Familienrechtliche**	**Erbrechtliche**
Beispiel: Kauf, Miete, Darlehen	Beispiel: Übereignung von Sachen; Bestellung einer **Hypothek**	Beispiel: Ehevertrag	Beispiel: Testament, Erbvertrag

Schließlich gibt es unter den Rechtsgeschäften Verpflichtungs- und Verfügungsgeschäfte.

Diese Unterscheidung resultiert daraus, dass im deutschen Zivilrecht zwischen dem Eingehen einer Verpflichtung und der Erfüllung dieser Verpflichtung strikt getrennt wird, so genannter Trennungsgrundsatz oder auch Abstraktionsprinzip. Im Einzelnen:

Verpflichtungsgeschäft

Durch ein Verpflichtungsgeschäft verpflichtet sich eine Person einer anderen gegenüber zu einer Leistung. Beispiel: Der K will von seinem Nachbarn V dessen Fernseher kaufen. Um das Gerät erwerben zu können, verpflichtet er sich gegenüber V zur Zahlung des Kaufpreises und zur Abnahme der Sache, § 433 Abs. 2 BGB. Der V verpflichtet sich gegenüber K, das Gerät zu übergeben und Eigentum daran zu verschaffen, § 433 Abs. 1 S. 1 BGB.

Für die Wirksamkeit des Verpflichtungsgeschäftes ist es irrelevant, ob die Person die versprochene Leistung auch erfüllen kann (Beispiel: Wenn V keinen Fernseher hat oder der Fernseher, den er verkaufen will, ihm gar nicht gehört, dann ist der Kaufvertrag mit K dennoch wirksam, ausführlich V.B.2.).

Verfügungsgeschäft

Allein mit dem Versprechen der jeweiligen Leistungspflichten ist aber weder K Eigentümer des Fernsehers geworden, noch hat V das Geld erhalten. Hierfür sind die Verfügungsgeschäfte „zuständig", denn sie bewirken die unmittelbare Veränderung des Rechtszustandes. Verfügungen sind Rechtsgeschäfte, die unmittelbar darauf gerichtet sind, auf ein bestehendes Recht einzuwirken, es zu verändern, zu übertragen oder aufzuheben.

Zum Beispiel: Damit K Eigentümer des Fernsehers wird, müssen sich V und K einigen, dass K Eigentum am Gerät erhalten soll, und V muss dem K die Sache übergeben, § 929 BGB. Um den V in den Genuss des Geldes zu bringen, müssen sich die beiden einigen, dass V Eigentümer des Geldes werden soll und K muss dem V das Geld übergeben.

Im Gegensatz zu den Verpflichtungsverträgen ist bei den Verfügungsgeschäften erforderlich, dass der Verfügende berechtigt ist bzw. Verfügungsmacht besitzt. Es kann also nur der Eigentümer Eigentum verschaffen. Will ein Nichtberechtigter die Verfügung vornehmen, bedarf es der Zustimmung des Berechtigten. Das Gesetz lässt aber unter bestimmten Voraussetzungen den Eigentumserwerb vom Nichtberechtigten zu, §§ 932 ff. BGB, § 892 BGB, § 366 HGB.

Vertiefungshinweis: Lange, S. 36 f.; Zeranski, Prinzipien und Systematik des gutgläubigen Erwerbs beweglicher Sachen, JuS 2002, 340 ff.

Anmerkung: Die meisten Verfügungsgeschäfte sind im Sachenrecht (drittes Buch des BGB) geregelt: Die Übereignung beweglicher Sachen bestimmt sich nach §§ 929 ff. BGB. Soll eine unbewegliche Sache (Grundstück) übereignet werden, so richtet sich die Verfügung nach §§ 873, 925 BGB: ***Auflassung*** und Eintragung ins ***Grundbuch***.

Es gibt auch Verfügungsgeschäfte, die im Schuldrecht geregelt sind, nämlich die Forderungsabtretung, § 398 BGB, oder der Erlass, § 397 BGB.

Zum Kauf einer beweglichen Sache sind also *drei Rechtsgeschäfte* erforderlich: Der Kaufvertrag und die beiden Übereignungsverträge. Die Verträge sind voneinander in ihrer Wirksamkeit unabhängig, so genanntes Abstraktionsprinzip.

Die oben angesprochene rechtliche Unabhängigkeit bedeutet, dass zum Beispiel ein nichtiger Kaufvertrag grundsätzlich keine Auswirkung auf die Übereignung der Kaufsache hat. Der Käufer wird dennoch Eigentümer der Sache, der Verkäufer Eigentümer des Geldes.

Allerdings stehen die drei Rechtsgeschäfte nicht völlig beziehungslos nebeneinander. Der Verkäufer zum Beispiel übereignet die Kaufsache sicherlich nicht ohne Grund, ebenso wird der Käufer nicht ohne weiteres dem Verkäufer Geld geben. Der Rechtsgrund für die eben angesprochenen Verfügungen ist der Kaufvertrag, also das Verpflichtungsgeschäft. Daher bezeichnet man diese Vereinbarung auch als kausales Rechtsgeschäft (lat. causa = Grund, Ursache).

Der Rechtsgrund gehört jedoch nicht zum Inhalt des Verfügungsgeschäftes. Der Eigentümer einigt sich abstrakt mit dem Erwerber darüber, dass dieser Eigentümer der Sache werden soll, §§ 929 ff. BGB. Weshalb sie sich einigen, spielt im Rahmen der Verfügung keine Rolle. Der Grund kann zum Beispiel ein Kaufvertrag sein, aber auch eine Schenkung, § 516 BGB, oder ein Vermächtnis, § 2174 BGB. Er liegt außerhalb des Erfüllungsgeschäftes. Die Verfügung wird daher auch als abstraktes Rechtsgeschäft bezeichnet.

Vertiefungshinweis: Wenn der Kaufvertrag nun unwirksam ist, dann hat der Käufer, wie bereits oben erwähnt dennoch Eigentum erworben. Allerdings erfolgte dieser Erwerb rechtsgrundlos. Das Gesetz billigt diese ungerechtfertigte Vermögensverschiebung nicht, und der Erwerber ist verpflichtet, die Sache dem Veräußerer zurück zu übereignen, § 812 Abs. 1 S. 1 BGB.

Verpflichtungsverträge werden wiederum eingeteilt in:

Einseitig verpflichtende	**Unvollkommen zweiseitig verpflichtende**	**Gegenseitig verpflichtende**
Nur eine Partei verpflichtet sich zu einer Leistung.	Eine Partei verpflichtet sich zu einer Leistung. Auch die andere Partei kann zu einer Leistung verpflichtet sein. Die Leistungen stehen aber nicht im Gegenseitigkeitsverhältnis (siehe rechts).	Die Leistungen der Parteien stehen im Abhängigkeitsverhältnis zueinander, so genanntes Gegenseitigkeitsverhältnis. Die Leistung wird um der Gegenleistung willen versprochen (synallagmatische Verknüpfung).

Beispiel: Schenkung, § 516 BGB.	Beispiele: (1) Überlassen der Leihsache, § 598 BGB; Rückgabe der Leihsache, § 604 BGB; (2) Ausführung des Auftrages, § 662 BGB; Aufwendungsersatz des Beauftragten, § 670 BGB.	Beispiel: Kaufvertrag: Sache gegen Geld, § 433 BGB; Werkvertrag: Werk gegen Lohn, § 631 BGB.

2. Sonderregelungen im Handelsrecht

Für Kaufleute beinhaltet das Handelsrecht rechtsgeschäftliche Sonderregelungen über die Handelsgeschäfte, §§ 343-372 HGB. Als Sondergesetz verdrängen sie entgegenstehende bzw. ergänzen die Regelungen des BGB (lex specialis).

Gemäß § 343 HGB sind Handelsgeschäfte alle Geschäfte eines Kaufmanns, die zum Betrieb seines Handelsgewerbes gehören. Der Gesetzgeber geht davon aus, dass grundsätzlich das von einem Kaufmann vorgenommene Rechtsgeschäft ein Handelsgeschäft ist, § 344 Abs. 1 BGB. Wenn der Betroffene sich auf ein privates Rechtsgeschäft beruft, muss er die gesetzliche Vermutung widerlegen.

Wenn ein Handelsgeschäft vorliegt, hat das zahlreiche Folgen für den Kaufmann.

Beispiel: Kaufmännische Sorgfaltspflicht, § 347 HGB; keine Einrede der Vorausklage (sieheVI.J.4), § 349 HGB; Formfreiheit der Bürgschaft, § 350 HGB; gesetzlicher Zinssatz von 5%, § 352 HGB; Leistungszeit, § 358 HGB.

Man teilt die Handelsgeschäfte ein in:

Einseitige	**Beiderseitige**
Geschäft ist nur für eine Vertragspartei ein Handelsgeschäft. Rechtsfolge z. B.: §§ 347, 348, 349, 350, 354 HGB	Für beide Parteien liegt ein Handelsgeschäft vor. Rechtsfolge z. B.: §§ 369, 377 HGB
Beispiel: Student kauft sich einen Computer beim Einzelhändler.	Beispiel: Einzelhändler kauft beim Großhändlor Computer.

Die gesetzlichen Regelungen geben grundsätzlich jeweils vor, ob für eine bestimmte Rechtsfolge auf beiden Seiten eines Handelsgeschäftes oder nur auf einer Seite ein Kaufmann stehen muss. Sofern bei einseitigen Handelsgeschäften eine bestimmte Partei Kaufmann sein muss, wird auch das vom Gesetz ausdrücklich vorgegeben.

Schlüsselwörter: Privatautonomie, Rechtsgeschäft, Abstraktionsprinzip, Verpflichtungsgeschäft, Verfügungsgeschäft, Gegenseitigkeitsverhältnis, Handelsgeschäft

3. Fragen und Aufgaben

a) Aufgaben zur Lernkontrolle

25. *Was besagt der Begriff „Privatautonomie"?*

---

26. *Was versteht man unter einem Rechtsgeschäft?*

---

27. *Was bedeuten folgende Begriffe: Realakt, geschäftsähnliche Handlung und Gefälligkeitsverhältnis?*

---

28. *Worin besteht der Unterschied zwischen einseitigen und mehrseitigen Rechtsgeschäften? Nennen Sie Beispiele.*

---

29. *Was besagt das Abstraktionsprinzip?*

---

30. *Wie viele Rechtsgeschäfte werden bei dem Kauf einer Sache abgeschlossen? Wie werden sie bezeichnet?*

---

31. *Was hat es für Auswirkungen auf die Übereignung (Erfüllungsgeschäft), wenn der Kaufvertrag unwirksam ist?*

---

32. *Wie werden die Verpflichtungsgeschäfte eingeteilt?*

---

33. *Gibt es außerhalb des BGB Regelungen über Rechtsgeschäfte? Wenn ja, für wen und mit welchen Rechtsfolgen?*

---

b) Vertiefungsfragen

Frage 1

Beim Eigentumserwerb an Sachen wird zwischen dem Verpflichtungsgeschäft und dem Verfügungsgeschäft unterschieden, Stichwort: Abstraktionsprinzip. Gibt es diese Differenzierung auch noch in anderen Rechtsbereichen?

Lösung

Ja, beispielsweise im Vertretungsrecht. Hier muss zwischen dem rechtlichen Können (Außenverhältnis) und dem rechtlichen Dürfen (Innenverhältnis) unterschieden werden, siehe hierzu ausführlich III.I.4. Im Gesellschaftsrecht findet sich das Prinzip ebenfalls: Die Übertragung von Gesellschaftsanteilen einer GmbH (§ 15 Abs. 1, 3 GmbHG) ist von dem Kausalgeschäft (z. B.: Kauf, § 433 BGB) getrennt zu betrachten. Auch im Wertpapierrecht ist zum Beispiel die Wechselforderung vom zugrunde liegenden Kausalgeschäft losgelöst. Siehe hierzu Brox, Handels- und Wertpapierrecht, Rn. 478, 481.

Frage 2

Worin besteht der Unterschied zwischen unvollkommen zweiseitigen und synallagmatischen Verträgen?

Lösung

Bei den synallagmatischen Verträgen stehen die Leistungen der Parteien in einem Gegenseitigkeitsverhältnis. Das heißt, dass die Leistung des einen Vertragsteils nur gegen Leistung des anderen Teils erbracht werden muss. Keiner muss vorher leisten, sondern die Vertragsparteien sind zur Leistung „Zug um Zug" berechtigt und verpflichtet. Beim Kaufvertrag zum Beispiel stehen die Übereignung der Ware und die Kaufpreiszahlung in einem Gegenseitigkeitsverhältnis. Wenn der Verkäufer zum Beispiel die Ware nicht liefern kann, dann muss der Käufer den Kaufpreis nicht zahlen, Einrede des nichterfüllten Vertrages, § 320 BGB.

Bei unvollkommen zweiseitigen Verträgen stehen die Leistungen der Vertragsparteien nicht im Gegenseitigkeitsverhältnis. So ist im Fall der Leihe der Verleiher zunächst verpflichtet, dem Entleiher die Sache zur Verfügung zu stellen. Erst nach Ablauf der vereinbarten Zeit ist der Entleiher verpflichtet, die Sache wieder an den Verleiher zurückzugeben. Hier entsteht die Leistungspflicht des Entleihers erst später.

c) Übungsfall

Der Künstler Ossacip will ein Gemälde aus seiner „Gelben Phase" zu einem Preis von 10.000 Euro veräußern. Der Kunstliebhaber Habich ist an dem Werk interessiert und möchte es erwerben, allerdings zu einem niedrigeren Preis. Da Ossacip schlecht bei Kasse ist, kommt er mit Habich überein, dass dieser das Gemälde zu einem Preis von 8.000 Euro haben kann. Im Atelier überreicht Habich dem Ossacip das Geld und nimmt das Bild in Empfang. Bei näherer Betrachtung des Bildes überlegt sich Habich, dass er gerne noch einen anderen Rahmen hätte. Die beiden vereinbaren, dass Habich in drei Tagen das neu eingerahmte Bild abholen soll. Am nächsten Tag kommt Willich in das Atelier und findet auch Gefallen an dem Bild. Obgleich ihn Ossacip über die Umstände hinsichtlich des Bildes aufgeklärt hat, bietet er ihm 12.000 Euro für das Werk. Da kann Ossacip nicht widerstehen, und sie vereinbaren, dass Willich am nächsten Tag das Geld bringen soll und er dann das Gemälde ausgehändigt bekommt.

Frage 1

Ist die Vereinbarung zwischen Ossacip und Willich wirksam?

Frage 2

Angenommen Willich erhält am nächsten Tag das Gemälde, nachdem er das Geld gezahlt hat. Ist dieses Geschäft wirksam?

Lösung 1

Zwischen Willich und Ossacip könnte ein Kaufvertrag geschlossen worden sein, § 433 BGB. Sie haben sich über die wesentlichen Vertragspflichten geeinigt. Zu den Voraussetzungen bzw. Einzelheiten siehe VI.B.

Fraglich ist indes, ob das Geschäft zwischen Ossacip und Habich hierauf Auswirkungen hat. Denn Habich hat mit Ossacip ebenfalls einen Kaufvertrag geschlossen und dieser ist auch erfüllt worden gemäß § 929 BGB: Ihm wurde das Gemälde bereits übereignet und Ossacip hat das Geld erhalten. Folglich war zum Zeitpunkt des Vertrages mit Willich Ossacip gar nicht mehr Eigentümer des Werkes. Allerdings handelt es sich beim Kaufvertrag um ein Verpflichtungsgeschäft, bei dem es irrelevant ist, ob sich der Berechtigte verpflichtet. Daher konnte sich Ossacip zur Übereignung des Gemäldes ein zweites Mal wirksam verpflichten.

Lösung 2

Fraglich ist, ob der Ossacip dem Willich wirksam Eigentum verschaffen konnte, § 929 BGB (Verfügungsgeschäft). Die beiden haben sich über den Eigentumsübergang geeinigt und Ossacip hat dem Willich das Werk auch übergeben. Er war jedoch nicht Berechtigter, denn Eigentümer war ja schon vorher Habich geworden (siehe oben). Da im Fall des Verfügungsgeschäftes der Berechtigte tätig werden muss, ist das Rechtsgeschäft mit dem Nichtberechtigten grundsätzlich unwirksam. Da Willich überdies Kenntnis von dem Geschäft mit Habich hatte, kommt auch kein gutgläubiger Erwerb des Bildes in

Betracht, § 932 BGB. Folglich ist das Rechtsgeschäft zwischen Ossacip und Willich unwirksam.

B. Willenserklärung

1. Einführung

Unter III.A.1. wurde bereits festgestellt, dass das Rechtsgeschäft aus mindestens einer Willenserklärung besteht. Im Folgenden soll nun diese rechtliche Erscheinungsform näher dargestellt werden. Unter einer Willenserklärung versteht man die

Äußerung eines auf die Herbeiführung einer Rechtswirkung gerichteten Willens.

Die Willenserklärung setzt sich aus einem objektiven und subjektiven Tatbestand zusammen:

Willenserklärung

objektiver Tatbestand	*subjektiver Tatbestand*
Eine nach außen erkennbare Äußerung. Beispiele: sprechen, schreiben, zeigen	Handlungswille: Erklärung wird willensgesteuert abgegeben. Beispiel: Handheben bei einer Versteigerung, um den Zuschlag zu erhalten; anders: Reflexbewegungen.
	Erklärungsbewusstsein: Person ist sich bewusst, sich rechtserheblich zu verhalten. Beispiel: Unterzeichnung irgendeines Bestellformulars; anders: Unterzeichnung einer Glückwunschkarte.
	Geschäftswille: Person hat die Absicht, einen bestimmten rechtsgeschäftlichen Erfolg herbeizuführen. Beispiel: Unterzeichnung eines ganz bestimmten Bestellformulars

Ist der Handlungswille nicht vorhanden, liegt keine wirksame Willenserklärung vor.

Mangelt es hingegen nur am Geschäftswillen, hat der Erklärende dennoch eine wirksame Willenserklärung abgegeben. Gegebenenfalls kann die Erklärung nach §§ 119 ff. BGB angefochten werden, ausführlich III.H.

Fehlt das Erklärungsbewusstsein, ist streitig, ob von einer wirksamen Willenserklärung auszugehen ist. (Beispiel: A unterzeichnet eine Bestellung für eine

Waschmaschine, glaubt aber, es handelt sich um ein Glückwunschschreiben.) Die herrschende Meinung sieht ein Verhalten, das sich für den Erklärungsempfänger als Ausdruck eines bestimmten Rechtsfolgewillens darstellt, als Willenserklärung an, auch wenn kein Erklärungsbewusstsein vorhanden war. Der Erklärende trägt dieses Risiko aber nur dann, wenn er beim Empfänger fahrlässig Vertrauen auf einen bestimmten Erklärungsinhalt hervorgerufen hat. Der Empfänger muss daher schutzbedürftig sein. Es bleibt aber die Möglichkeit der Anfechtung entsprechend § 119 Abs. 1 2. Alt. BGB.

Willenserklärungen lassen sich folgendermaßen einteilen:

Ausdrücklich	**Schlüssig (konkludent)**
Beispiel: Person erklärt: „Ich möchte diesen Kuchen kaufen".	Beispiel: Person legt den Kuchen aus dem Warenkorb auf die Scannerkasse.
Empfangsbedürftig	**Nicht empfangsbedürftig**
Ein anderer muss von der Willenserklärung zu ihrer Wirksamkeit Kenntnis erlangen. Beispiel: Rücktritt, § 346 BGB	Die Erklärung ist auch ohne Kenntnisnahme eines anderen wirksam. Beispiel: Testament, § 2247 BGB
Gegenüber Anwesenden	**Gegenüber Abwesenden**
Beispiel: Kauf der Ware im Geschäft/ per Telefon	Beispiel: Bestellung der Ware per Brief

Für die Wirksamkeit einer Willenserklärung bedarf es ferner ihrer Abgabe und – für empfangsbedürftige Erklärungen – ihres Zugangs, § 130 Abs. 1 BGB.

Abgabe

Die Erklärung muss willentlich in den Rechtsverkehr gebracht worden sein.

Beispiel: Aufgabe des Briefes bei der Post; nicht, wenn ein Briefentwurf von Haushälterin zur Post gebracht wird, obwohl der Verfasser die Absendung noch nicht vornehmen wollte.

Zugang

Erklärung unter *Abwesenden*: Sie muss so in den Machtbereich des Empfängers gelangen, dass dieser unter normalen Verhältnissen die Möglichkeit der Kenntnisnahme hat. Eine tatsächliche Kenntnisnahme ist nicht erforderlich.	Erklärung unter *Anwesenden*: Zugang, wenn der Empfänger sie akustisch richtig wahrnimmt. Taubheit und Sprachunkenntnis gehen zu Lasten des Erklärenden.

Beispiel: Einwurf des Briefes in den Hausbriefkasten des Adressaten: Zugang, wenn mit der Leerung zu rechnen ist.

Beispiel: Kaufmann bestellt per Telefon beim Lieferanten Ware.

Wenn vor oder gleichzeitig mit dem Zugang der Willenserklärung, diese widerrufen wird, dann ist sie nicht wirksam geworden, § 130 Abs. 1 S. 2 BGB.

Beispiel: A gibt ein schriftliches Angebot am 1.3. bei der Post auf (= Abgabe). Am 3.3. kommt der Brief bei B an (= Zugang). Bereits am 1.3. hat A den B angerufen und sein Angebot widerrufen. Das Angebot ist nicht wirksam geworden.

Wird der Zugang zu Unrecht verhindert (zum Beispiel grundlose Annahmeverweigerung eines Briefes), so gilt die Erklärung dennoch als zugegangen.

Herrscht Streit zwischen den Parteien, ob zum Beispiel ein Kündigungsschreiben zugegangen ist, muss derjenige, der sich auf den Zugang beruft, darlegen und beweisen, dass dieser erfolgt ist.

Vertiefungshinweis:

- Schreiber, Abgabe und Zugang von Willenserklärungen, Jura 2002, 249 ff.

2. Schweigen als Willenserklärung

Grundsätzlich gilt, dass das Schweigen nicht als Willenserklärung gewertet wird. Wer schweigt, erklärt auch nichts.

Allerdings gibt es im Gesetz Ausnahmen, wonach Schweigen doch als Willenserklärung behandelt wird. Beispiele: § 108 Abs. 2 2, 177 Abs. 2 2, 516 Abs. 2 BGB oder §§ 91a, 362 HGB.

Anmerkung: Das Schweigen muss aber von dem oben genannten konkludenten (schlüssigen) Verhalten abgegrenzt werden: im letztgenannten Fall handelt es sich um eine Willenserklärung, so genanntes beredtes Schweigen.

Im Handelsrecht gilt unter den Voraussetzungen des § 362 HGB das Schweigen eines Kaufmannes auf ein Angebot als Annahme. Es kommt dann ein Vertrag mit dem Inhalt des Antrages zustande, auch wenn der Kaufmann dies gar nicht will.

Dieser gesetzgeberische Grundgedanke findet seinen Niederschlag ferner beim so genannten kaufmännischen Bestätigungsschreiben. Im Geschäftsverkehr unter Kaufleuten ist es üblich, bereits abgeschlossene Vereinbarungen durch besagtes Bestätigungsschreiben schriftlich zu bestätigen. Sofern die Bestätigung einen vom geschlossenen Vertrag abweichenden Inhalt hat, gilt das Geschäft als mit diesem Inhalt abgeschlossen, wenn der Empfänger nicht unverzüglich widerspricht.

Vertiefungshinweis:

- Müssig, Wirtschaftsprivatrecht, S. 83 f.,
- Brox, Handelsrecht, S. 155 ff.

3. Widerruf von Willenserklärungen

Das Gesetz räumt bei bestimmten Verträgen dem Verbraucher (§ 13 BGB) ein besonderes Widerrufsrecht ein.

In Betracht kommen hierbei Haustürgeschäfte (§ 312 BGB), Fernabsatzverträge, einschließlich Finanzdienstleistungsverträgen, (§ 312d BGB), Teilzeit-Wohnrechteverträge (§ 485 BGB), Verbraucherdarlehensverträge (§ 495 BGB), Ratenlieferungsverträge (§ 510 BGB) und Fernunterrichtsverträge (§ 4 FernUSG). Das Widerrufsrecht richtet sich nach § 355 BGB:

Gemäß § 355 Abs. 1 S. 1 BGB ist ein Verbraucher an seine Willenserklärung, die sich auf den Abschluss eines Vertrages richtet, nicht mehr gebunden, wenn er sie fristgerecht widerrufen hat.

Frist und Form

Die Widerrufsfrist beträgt 14 Tage, wenn dem Verbraucher spätestens bei Vertragsschluss eine den Anforderungen des § 360 Abs. 1 BGB entsprechende Widerrufsbelehrung in Textform mitgeteilt wird, § 355 Abs. 2 S. 1 BGB. Bei Fernabsatzverträgen steht eine unverzüglich nach Vertragsschluss in Textform mitgeteilte Widerrufsbelehrung einer solchen bei Vertragsschluss gleich, wenn der Unternehmer den Verbraucher gem. Art. 246 § 1 Abs. 1 Nr. 10 EGBGB unterrichtet hat, § 355 Abs. 2 S. 2 BGB. Wird die Widerrufsbelehrung dem Verbraucher nach dem gem. § 355 Abs. 2 S. 1 oder S. 2 BGB maßgeblichen Zeitpunkt mitgeteilt, beträgt die Widerrufsfrist einen Monat, § 355 Abs. 2 S. 3 BGB. Der Widerruf hat durch eine Mitteilung in Textform (§ 126b BGB) oder durch Rücksendung der Ware zu erfolgen, § 355 Abs. 1 S. 2 BGB. Es genügt zur Fristwahrung die rechtzeitige Absendung

Fristbeginn und Erlöschen

Anmerkung: Beachten Sie auch die zusätzlichen Voraussetzungen der §§ 312 d Abs. 2, 485 Abs. 4 BGB und § 4 Abs. 1 S. 2 FernUSG. Die Frist beginnt, sobald dem Verbraucher eine den Anforderungen des § 360 Abs. 1 BGB entsprechende Belehrung über sein Widerrufsrecht in Textform mitgeteilt worden ist, § 355 Abs. 3 S. 1 BGB. Ist der Vertrag schriftlich abzuschließen, so beginnt die Frist nicht, bevor dem Verbraucher auch eine Vertragsurkunde, der schriftliche Antrag des Verbrauchers oder eine Abschrift der Vertragsurkunde oder des Antrags zur Verfügung gestellt wird, § 355 Abs. 3 S. 2 BGB. Bei Warenlieferung beginnt die Frist nicht vor Eingang der Ware beim Verbraucher, § 355 Abs. 4 S. 2 BGB. Das Widerrufsrecht erlischt spätestens 6 Monate nach Vertragsschluss, § 355 Abs. 4 S. 1 BGB, dies gilt jedoch nicht, wenn keine den Anforderungen des § 360 Abs. 1 BGB entsprechende Belehrung des Verbrauchers über das Widerrufsrecht in Textform erfolgt ist, § 355 Abs. 4 S. 3 BGB.

Rechtsfolgen

Ist der Widerruf wirksam erfolgt, so werden die erbrachten Leistungen gemäß §§ 357, 346 BGB rückabgewickelt (auch Herausgabe der Nutzungen, eventuell ist Wertersatz zu leisten). Die Rücksendung der Ware erfolgt grundsätzlich auf Kosten des Unternehmers, § 357 Abs. 2 S. 1 BGB. Bei Widerruf im Rahmen von Fernabsatzverträgen können die Kosten der Rücksendung unter bestimmten Voraussetzungen dem Verbraucher auferlegt werden, § 357 Abs. 2 S. 3 BGB.

Vertiefungshinweis:

- Müssig, Wirtschaftsprivatrecht, S. 100 ff.,
- Musielak, Grundkurs BGB, Rn. 254 ff.

Schlüsselwörter: Willenserklärung, Handlungswille, Erklärungsbewusstsein, Geschäftswille, kaufmännisches Bestätigungsschreiben, Widerruf

4. Fragen und Aufgaben

a) Aufgaben zur Lernkontrolle

34. *Definieren sie den Begriff „Willenserklärung".*

35. *Woraus setzt sich eine Willenserklärung zusammen?*

36. *Wie werden Willenserklärungen eingeteilt? Nennen Sie Beispiele.*

37. *Was versteht man unter der Abgabe und dem Zugang einer Willenserklärung?*

38. *Ist der Zugang für die Wirksamkeit einer Willenserklärung stets erforderlich?*

39. *Kann Schweigen eine Willenserklärung sein?*

---

40. *Nennen sie einige Fälle, bei denen das Gesetz ein Widerrufsrecht einräumt.*

---

41. *Wem steht das Widerrufsrecht zu?*

---

42. *Ist der Widerruf frist- und formgebunden?*

---

43. *Welche Folgen hat ein ordnungsgemäßer Widerruf?*

---

b) Aufgaben mit Bezug zur Berufstätigkeit

Notieren Sie sich weitere Beispiele aus Ihrem Betrieb/Unternehmen, in denen die verschiedenen Formen der Willenserklärung (ausdrücklich/konkludent, Erklärung gegenüber Anwesenden/Abwesenden) vorkommen.

c) Vertiefungsfragen

Frage 1

Unternehmer U sendet dem Verbraucher V unaufgefordert ein 24bändiges Lexikon zu. V stellt das Lexikon in sein Bücherregal und liest gelegentlich darin. Nach einer Weile fordert U den V auf, ihm für das Lexikon 250 Euro zu zahlen. V weigert sich. Zu Recht?

Lösung

U könnte von V 250 Euro nach § 433 BGB verlangen. Dann müsste zwischen den beiden ein Kaufvertrag über das Lexikon abgeschlossen worden sein. Die Lieferung des Lexikons stellt das Vertragsangebot des U dar, § 145 BGB. Fraglich ist, ob V durch die Ingebrauchnahme der Sache das Angebot gemäß § 151 S.1 BGB konkludent angenommen hat. Grundsätzlich stellt ein Verhalten wie das des V nach der Verkehrssitte die Annahme eines Kaufangebotes dar. Allerdings greift im vorliegenden Fall § 241 a BGB ein, da hier Unternehmer und Verbraucher beteiligt sind. Gemäß § 241 a BGB wurde durch die Lieferung unbestellter Sachen eines Unternehmers an einen Verbraucher ein Anspruch gegenüber diesem nicht begründet. Danach bedeuten Gebrauchshandlungen abweichend von § 151 BGB keine Annahme. Somit ist kein Vertrag zustande gekommen und U kann den Kaufpreis nicht verlangen.

Vertiefungshinweis:

- Palandt-*Grüneberg*, § 241 a BGB, Rn. 1 ff.,
- Schwarz, NJW 2001, 1449 ff.,

- Casper, ZIP 2001, 1602 ff.

Frage 2

Sind auch elektronische Erklärungen Willenserklärungen (Beispiel: E-Mail)?

Lösung

Ja, es handelt sich um echte Willenserklärungen. (BGH NJW 2002, 363 ff.).

Frage 3

Eine E-Mail wird versehentlich abgesandt. Ist sie wirksam abgeben worden?

Lösung

Sie ist wirksam in den Verkehr gebracht worden. Zwar unabsichtlich, aber doch fahrlässig: Parallele zum fehlenden Erklärungsbewusstsein. (Taupitz/Kritter, Electronic Commerce – Probleme bei Rechtsgeschäften im Internet, JuS 1999, 839 ff.)

Frage 4

Wann ist eine E-Mail zugegangen?

Lösung

Mit Eingang im elektronischen Empfängerbriefkasten des Providers. Erfolgt dies zur Unzeit, dann geht die Mail am nächsten Tag zu. Wird die Mail nicht über einen Provider übermittelt, sondern geschieht dies direkt, dann erfolgt der Zugang mit Passieren der Schnittstelle zum Empfänger.

Vertiefungshinweis:

- Palandt-*Ellenberger*, § 130 Rn. 7 a m.w.N.

d) Übungsfälle

Fall 1

Weißnich (W) ist zum ersten Mal auf einer Versteigerung. Als er einen alten Bekannten sieht, hebt er seinen Arm, um ihn zu grüßen. Der Auktionator (A) geht indes davon aus, dass W ein Gebot abgeben will und erteilt ihm, da sonst kein anderer mehr bietet, den Zuschlag für ein Gemälde zu einem Preis von 5.000 Euro. Nun verlangt der A von W Bezahlung. Zu Recht?

Lösung

A könnte 5.000 Euro von W verlangen, wenn zwischen den beiden ein wirksamer Kaufvertrag abgeschlossen wurde, § 433 II BGB.

Fraglich ist, ob W ein wirksames Angebot i. H. von 5.000 Euro abgegeben hat, § 145 BGB. Das Angebot stellt eine Willenserklärung dar. Nach dem äußeren Erscheinungsbild (Empfängerhorizont) hat W ein Gebot abgegeben. Er hatte auch einen subjektiven Handlungswillen, da er bewusst den Arm hob. Allerdings könnte das Erklärungsbewusstsein fehlen, das heißt, der Wille, sich rechtsgeschäftlich zu binden. Als W den Arm hob, wollte er lediglich seinen Freund grüßen, an eine Gebotsabgabe dachte er gar nicht. Demnach fehlt das Erklärungsbewusstsein. Dennoch liegt im Ergebnis eine wirksame Willenserklärung vor, denn das Erklärungsrisiko trägt nicht der Empfänger, sofern dieser schutzwürdig ist. Hier hat der W fahrlässig das Vertrauen auf einen bestimmten Erklärungsinhalt hervorgerufen. Er hätte sich vorher nach den Gepflogenheiten einer Versteigerung erkundigen müssen. Mit dem Zuschlag durch den A (Annahme des Angebotes) kam der Kaufvertrag zustande. W muss also grundsätzlich 5.000 Euro an A zahlen. Allerdings kann er seine Willenserklärung gemäß § 119 I BGB anfechten, schuldet aber dann gegebenenfalls Schadensersatz nach § 122 BGB.

Fall 2

Mieter M möchte sein Mietverhältnis zum Ablauf des Monats Mai kündigen. Das Kündigungsschreiben sendet er an die Wohnanschrift seines Vermieters V. Der Postbote wirft am 2.3. (Montag) den Brief in den Briefkasten des V. Allerdings befindet sich V gerade im Urlaub und kommt erst am 15.04 zurück. Den Brief liest er am 16.04. Er verlangt von M den Mietzins für Juni; M weigert sich. Zu Recht?

Lösung

M müsste keinen Mietzins gemäß § 535 BGB an V zahlen, wenn der Vertrag wirksam zum Ablauf des Monats Mai gekündigt worden ist, § 573 c I BGB. Die Kündigung hätte hierfür spätestens am dritten Werktag des März dem V zugehen müssen, wenn zum Ablauf des Mai (übernächster Kalendermonat) das Mietverhältnis beendet werden sollte. Das Kündigungsschreiben stellt eine empfangsbedürftige Willenserklärung unter Abwesenden dar. Indem der M das Schreiben zur Post gegeben hatte, ist die Willenserklärung abgegeben worden. Fraglich ist, wann sie dem V nach § 130 BGB zugegangen ist. Hierzu müsste das Schreiben in den Machtbereich des V gelangt sein, und er müsste unter normalen Umständen die Möglichkeit gehabt haben, von dem Schreiben Kenntnis zu nehmen. Auf die tatsächliche Kenntnisnahme kommt es nicht an. Im vorliegenden Fall wurde der Brief am 2.3. in den Briefkasten des V geworfen. Nach der Verkehrsauffassung ist damit zu rechnen, dass im Laufe des Tages der Briefkasten geleert wird. Demnach ist das Schreiben dem V am 2.3. zugegangen. Er kann sich auf seine Ortsabwesenheit nicht berufen.

(Für den Fall der Kündigung eines Arbeitsverhältnisses bei Kenntnis der Ortsabwesenheit des Arbeitnehmers: BAG NJW 1989, 2213 f.)

Fall 3

Die Kaufleute Vergesslich (V) und Schweigsam (S) stehen in Verkaufsverhandlungen über die Lieferung von Holzleisten. Nach langwierigen Verhandlungen kommen sie schließlich am Vormittag des 2.4. überein, dass V an S für 1.000 Euro 500 Leisten liefern soll. Da V diese Verein-

barung zur Sicherheit schriftlich fixiert haben möchte, schickt er an S am Nachmittag desselben Tages ein Fax, in dem er den „Vertrag über die Lieferung von 400 Leisten zu einem Preis von 1.000 Euro bestätigt“. Er geht davon aus, dass sie sich auf diesen Lieferumfang geeinigt hatten. S liest das Fax und geht davon aus, dass sich V nur verschrieben hat, weshalb er auf das Fax zunächst nicht reagiert. Als bei ihm nur 400 Leisten eingehen, besteht er auf Lieferung weiterer 100 Leisten unter Hinweis auf die vertraglich vereinbarte Lieferung von 500 Leisten zu 1.000 €. V will aber nur 400 Leisten zu diesem Preis liefern. Zu Recht?

Lösung

V müsste nur 400 Leisten zu einem Preis von 1.000 Euro liefern, wenn zwischen V und S diesbezüglich ein wirksamer Kaufvertrag geschlossen wurde, § 433 BGB.

Zunächst haben sie sich am Vormittag des 2.4. mündlich über die Lieferung von 500 Leisten zu einem Preis von 1.000 Euro geeinigt und mithin einen Vertrag geschlossen, § 433 BGB. Fraglich ist, welche Auswirkungen das Fax hat, das dem S am Nachmittag zuging. Sofern es sich hierbei um ein kaufmännisches Bestätigungsschreiben handelt, könnte der S aufgrund seines Schweigens an den darin formulierten Vertragsinhalt gebunden sein.

Die Voraussetzungen hierfür sind, dass es sich um Kaufleute handelt (1), die Vertragsverhandlungen geführt haben (2), aus der Sicht des Absenders der wesentliche Inhalt eines abgeschlossenen Vertrages bestätigt wird (3), das Schreiben in engem zeitlichen Zusammenhang mit den Verhandlungen zugeht (4) und der Empfänger nicht unverzüglich gegen den Inhalt Widerspruch erhebt (5).

Im vorliegenden Fall war V überzeugt, dass zwischen den beiden Kaufleuten ein Vertrag über die Lieferung von 400 Leisten für 1.000 Euro bereits mündlich vereinbart war. Er wollte dies lediglich mit dem Fax vom selben Tag schriftlich fixieren. Der S hätte also unverzüglich (ohne schuldhaftes Zögern) widersprechen müssen. Durch sein Schweigen hat er demnach das (neue) Angebot des V angenommen, es ist ein Änderungsvertrag geschlossen worden.

Anmerkung: Wenn absichtlich etwas Falsches bestätigt wird, dann treten die Rechtsfolgen des kaufmännischen Bestätigungsschreibens nicht ein. Wenn zwischen V und S noch gar kein Vertrag geschlossen worden wäre, der V aber redlicherweise davon ausging, dann hätte sein Bestätigungsschreiben Begründungswirkung gehabt.

C. Form, Bedingung und Befristung

1. Formvorschriften

Grundsätzlich können Rechtsgeschäfte formlos abgeschlossen werden. Zum Schutz der Vertragsparteien bedürfen aber einige Rechtsgeschäfte zu ihrer Wirksamkeit einer bestimmten Form.

Beispiel: Die Bürgschaftserklärung muss schriftlich abgegeben werden, § 766 S. 1 BGB, der Kaufvertrag über ein Grundstück ist notariell zu beurkunden,

§ 311 b Abs. 1 S. 1 BGB, ebenso das Schenkungsversprechen, § 518 Abs. 1 S. 1 BGB.

Das Gesetz kennt folgende Formvorschriften:

Gesetzliche Schriftform, § 126 BGB

Die Urkunde muss eigenhändig unterschrieben werden. Beim Vertrag müssen beide Parteien auf derselben Urkunde unterzeichnen. Beispiel: §§ 766, 780 BGB. Nach § 126 Abs. 3 BGB ist Ersatz durch elektronische Form gemäß § 126a BGB grundsätzlich möglich: Der Aussteller muss seinen Namen hinzufügen und das elektronische Dokument mit einer qualifizierten elektronischen Signatur nach dem Signaturgesetz versehen. (Zur Vertiefung: Roßnagel, NJW 2001,1817; Hänchen, NJW 2001, 2831).

Textform, § 126b BGB

Die Erklärung ist in einer Urkunde lesbar, aber unterschriftslos.

Beispiel: §§ 554 Abs. 3, 556a Abs. 2 BGB, §§ 410 Abs. 1, 438 Abs. 4, 455 Abs. 1 HGB.

Notarielle Beurkundung, § 128 BGB

Antrag und Annahme des Vertrages werden vom Notar beurkundet

(siehe: §§ 1, 8, 9, 13 BeurkG).

Beispiel: §§ 311b, 873 Abs. 2 BGB, § 15 GmbHG.

Öffentliche Beglaubigung, § 129 BGB

Die Erklärung muss schriftlich abgefasst sein und die Unterschrift vor einem Notar abgegeben werden.

Wird die gesetzliche Form nicht eingehalten, so ist das Rechtsgeschäft nach § 125 S. 1 BGB grundsätzlich nichtig. Manche Gesetze sprechen aber eine Heilung ab dem Zeitpunkt aus, zu dem das Geschäft vollzogen wird (ex nunc = ab jetzt). Beispiel: § 311b Abs. 1 S. 2 BGB: Kaufvertrag über ein Grundstück ohne erforderliche **notarielle Beurkundung** wird mit Eintragung und **Auflassung** in das **Grundbuch** wirksam; siehe auch § 766 S. 3 BGB und § 518 Abs. 2 BGB.

2. Bedingung

Die Wirksamkeit des Rechtsgeschäfts kann von einer Bedingung abhängig gemacht werden, das heißt, von einem zukünftigen ungewissen Ereignis. Das Gesetz kennt zwei Bedingungsarten:

Aufschiebende Bedingung	**Auflösende Bedingung**
Mit Eintritt der Bedingung wird das Rechtsgeschäft wirksam.	Mit Eintritt der Bedingung endet die Wirksamkeit des Rechtsgeschäftes
Beispiel: Kauf unter Eigentumsvorbehalt: Das Verfügungsgeschäft steht unter der Bedingung der vollständigen Kaufpreiszahlung.	Beispiel: Rückübereignung eines Verlobungsringes unter der auflösenden Bedingung der Trennung

Gestaltungsrechte wie zum Beispiel Kündigung, Anfechtung oder Rücktritt sind grundsätzlich bedingungsfeindlich. Der Erklärungsgegner soll nämlich Gewissheit über die Rechtslage haben. Allerdings gilt dies dann nicht, wenn der Eintritt der Bedingung von seinem Willen abhängt (so genannte Potestativbedingung). Beispiel: Kündigung des Mieters, wenn nicht der Vermieter bestimmte Reparaturen in den nächsten drei Wochen durchführt.

3. Befristung

Im Gegensatz zur Bedingung handelt es sich bei der Befristung um ein zukünftiges gewisses Ereignis.

Beispiel: Die Tante verspricht formgemäß, ihrer 16-jährigen Nichte zu deren 18. Geburtstag ein Auto zu schenken.

Schlüsselwörter: Formvorschriften, Bedingung, Befristung

4. Fragen und Aufgaben

a) Aufgaben zur Lernkontrolle

44. Welche Formvorschriften kennt das Gesetz?

45. Nennen Sie einige formbedürftige Rechtsgeschäfte.

46. *Welche Rechtsfolge tritt ein, wenn die Form nicht eingehalten wird?*

47. *Was versteht man unter einer Bedingung?*

48. *Welche Bedingungsarten kennt das Gesetz?*

49. *Was versteht man unter einem bedingungsfeindlichen Geschäft?*

50. *Worin besteht der Unterschied zwischen Bedingung und Befristung?*

b) Vertiefungsfrage

Kaufmann K gibt für seinen Geschäftspartner S gegenüber dem Großhändler G telefonisch eine Bürgschaftserklärung ab. Formwirksam?

Lösung

Grundsätzlich bedarf die Bürgschaftserklärung der Schriftform, § 766 S. 1 BGB. Somit wäre der Bürgschaftsvertrag gemäß § 125 S. 1 BGB eigentlich nichtig. Allerdings handelte hier K in seiner Eigenschaft als Kaufmann, siehe die Vermutungsregel des § 344 HGB. Dies hat zur Folge, dass gemäß § 350 HGB die Bürgschaftserklärung formlos abgegeben werden konnte. Der Vertrag zwischen K und G ist wirksam zustande gekommen.

D. Geschäftsfähigkeit

Unter Geschäftsfähigkeit versteht man die Fähigkeit, Rechtsgeschäfte selbstständig vollwirksam vornehmen zu können.

(Merke: Jeder, der geschäftsfähig ist, ist auch rechtsfähig, aber nicht jeder, der rechtsfähig ist, ist auch geschäftsfähig.)

1. Natürliche Personen

Das Gesetz definiert nicht, wer geschäftsfähig ist, sondern bestimmt, wer geschäftsunfähig und beschränkt geschäftsfähig ist.

Gemäß § 104 BGB ist geschäftsunfähig, wer das siebte Lebensjahr noch nicht vollendet hat (Nr. 1) und wer in seiner Geistestätigkeit dauerhaft krankhaft gestört ist (Nr. 2).

Die Willenserklärung eines Geschäftsunfähigen ist gemäß § 105 Abs. 1 BGB nichtig. (Diese Rechtsfolge tritt auch im Fall der Bewusstlosigkeit oder vorübergehenden Störung der Geistestätigkeit ein, § 105 Abs. 2 BGB.)

Nach § 106 BGB ist beschränkt geschäftsfähig, wer das siebte, aber noch nicht das achtzehnte Lebensjahr vollendet hat. Unter bestimmten Voraussetzungen kann der beschränkt Geschäftsfähige wirksame Willenserklärungen abgeben:

§ 107 BGB	**§110 BGB**	**§§ 112, 113 BGB**
Es liegt eine wirksame Willenserklärung vor, wenn sie rechtlich vorteilhaft ist. Ansonsten: **Einwilligung** des gesetzlichen Vertreters erforderlich, in der Regel Eltern, §§ 1626 Abs. 1, 1629 Abs. 1 BGB. Wenn der Vertrag ohne die nötige **Einwilligung** geschlossen wird, dann ist er bis zur **Genehmigung** durch den gesetzlichen Vertreter schwebend unwirksam, § 108 Abs. 1 BGB (Widerrufsrecht des anderen Vertragsteils bis zur Genehmigung, § 109 BGB).	„Taschengeldparagraph": Der Minderjährige hat Geld extra für einen bestimmten Vertrag oder zur freien Verfügung erhalten. Er kann auch nachteilige Geschäfte abschließen, muss aber seine Verpflichtungen vollständig bewirkt haben (daher bei Ratenzahlung erst mit der letzten Rate).	Betreibt der Minderjährige unter den Voraussetzungen des § 112 BGB selbstständig ein Erwerbsgeschäft oder steht er nach § 113 BGB in einem Dienst- oder Arbeitsverhältnis, so ist er für Rechtsgeschäfte, die damit im Zusammenhang stehen, unbeschränkt geschäftsfähig.
Beispiel: 8-jähriger bekommt Fahrrad geschenkt; rechtlicher Vorteil: wird Eigentümer. 8 Jähriger kauft sich Fahrrad; rechtlich nachteilhaft: Pflicht zur Kaufpreiszahlung.	Beispiel: 16-jähriger kauft sich von seinem Geburtstagsgeld einen CD-Player und zahlt den Kaufpreis sofort vollständig.	Beispiel: Ein 16-jähriger nimmt mit Zustimmung seiner Eltern eine Arbeitsstelle an. Da der Betrieb 300 km entfernt ist, mietet er sich am Arbeitsort ein Zimmer.

2. Juristische Personen

Juristische Personen selbst können keine Rechtsgeschäfte tätigen. Sie sind, wie unter II.A.2 bereits dargestellt, „Erfindungen" der Rechtsordnung. Da aber das Bedürfnis besteht, dass sie sich im Rechtsverkehr bewegen können, handeln für sie die **Organmitglieder**. Beispiel: Vorstand, §§ 76 Abs. 1, 78 Abs. 1 AktG; Geschäftsführer, § 35 Abs. 1 GmbHG. Sofern also der Geschäftsführer einer GmbH geschäftsfähig ist, wird dessen Willensbildung der GmbH zugerechnet, und zwar nach den Regeln der Stellvertretung, §§ 164 ff. BGB.

Vertiefungshinweis:

- Petersen, Die Geschäftsfähigkeit, Jura 2003, 97 ff.

Schlüsselwörter: Geschäftsfähigkeit

3. Fragen und Aufgaben

a) Aufgaben zur Lernkontrolle

51. *Definieren sie den Begriff „Geschäftsfähigkeit".*

52. *Wer ist geschäftsunfähig, beschränkt geschäftsfähig und geschäftsfähig?*

53. *Was ist mit einer Willenserklärung, die ein Geschäftsunfähiger abgibt?*

54. *Unter welchen Voraussetzungen kann ein beschränkt Geschäftsfähiger wirksame Verpflichtungen eingehen?*

55. *Sind juristische Personen geschäftsfähig?*

b) Vertiefungsfragen

Prüfen sie, ob es sich um rechtlich vorteilhafte oder nachteilige Rechtsgeschäfte im Sinne des § 107 BGB handelt:

1. *Minderjähriger (Mj) kauft ein Fahrrad zu einem sehr günstigen Kaufpreis.*
2. *Schenkungsvertrag (zugunsten des Mj) über ein unbebautes Grundstück.*
3. *Wie Fall 2, nur ist Grundstück mit Nießbrauch belastet.*
4. *Wie Fall 2, nur ist Grundstück mit Haus bebaut. Dieses ist vermietet.*
5. *Mj entleiht sich Fahrrad.*
6. *Schenkungsvertrag (zugunsten des Mj) über eine Kommanditbeteiligung.*

7. Übereignung der Kommanditbeteiligung.

Lösungen

1. *Abzustellen ist allein auf die rechtlichen Folgen. Eine wirtschaftliche Betrachtungsweise ist nicht anzustellen. Der Kaufvertrag hat zur Folge, dass der Mj verpflichtet ist, den Kaufpreis zu zahlen. Folge: Durch die Willenserklärung zum Abschluss des Kaufvertrages erlangt er nicht lediglich einen rechtlichen Vorteil. Der Kaufvertrag ist - wenn die* ***Einwilligung****/Zustimmung des gesetzlichen Vertreters fehlt - (schwebend) unwirksam.*
2. *Der schuldrechtliche Vertrag über eine Schenkung an den Mj. ist wirksam, da er einen rechtlichen Vorteil erlangt. (Ausnahme: Schenkung unter einer Auflage: hier ist er zugleich persönlich verpflichtet.)*
3. *Auch hier ist von einem rechtlichen Vorteil auszugehen. Die dingliche Belastung des Grundstückes (Nießbrauch) schränkt den Vorteil nur ein, hebt ihn aber nicht auf.*
4. *Hier liegt kein lediglich rechtlicher Vorteil vor: Nach § 566 BGB tritt der Erwerber eines vermieteten Wohnraumes in die Rechte und Pflichten aus dem Mietverhältnis ein.*
5. *Der Leihvertrag ist unwirksam, da der Mj zur Rückgabe nach § 604 Abs. 1 BGB verpflichtet ist. Dies stellt einen rechtlichen Nachteil des Geschäftes dar.*
6. *Der Schenkungsvertrag (schuldrechtlicher Vertrag/Verpflichtungsgeschäft) ist für den Mj rechtlich vorteilhaft, Nr. 2.*
7. *Der Übereignungsvertrag (Verfügungsgeschäft/Erfüllungsgeschäft) hingegen ist für den Mj aufgrund der Rechte und Pflichten eines Kommanditisten rechtlich nachteilhaft.*

c) Übungsfall

Der 9-jährige Felix (F) findet kein Gefallen an seinem Fahrrad mehr. Er hat es vielmehr auf einen Gameboy abgesehen, den ihm aber seine Eltern nicht kaufen wollen. Der gutmütige alte Nachbar N hat Verständnis für F. Da er Interesse an einem Kinderfahrrad für seinen Enkel hat, trifft er mit F eine Vereinbarung: F gibt dem N das Fahrrad und N gibt dem F im Gegenzug einen Gameboy. So geschieht es auch. Als F – zu Fuß – mit dem Gameboy nach Hause kommt, sind die Eltern entsetzt. Wie ist die Rechtslage?

Lösung:

I. Anspruch des F gegen N: Herausgabe des Fahrrads gemäß § 985 BGB

Voraussetzungen:

1. *Eigentum des F (+): F hat Eigentum am Fahrrad nicht auf N übertragen. Übereignung nach § 929 BGB war für F rechtlich nachteilhaft, § 107 BGB. Übereignungserklärung war nichtig.*
2. *Besitz des N (+)*

3. *Kein Recht des N zum Besitz (+): Tauschvertrag (Verpflichtungsgeschäft) war nichtig, da für F nicht rechtlich vorteilhaft im Sinne des § 107 BGB: Pflicht zur Tauschleistung. Folge: N muss an F Fahrrad herausgeben.*

II. Anspruch des N gegen F auf Herausgabe des Gameboys gemäß § 985 BGB

Voraussetzungen:

1. *Eigentum des N (-): N ist nicht mehr Eigentümer. Übereignung (Verfügungsgeschäft) war für F rechtlich vorteilhaft: Er hat Eigentum an der Sache erlangt. Folge: Kein Anspruch auf Herausgabe aus § 985 BGB*

III. Anspruch des N gegen F auf Herausgabe des Gameboys gemäß § 812 Abs. 1 S. 1, 1. Fall BGB

Voraussetzungen:

1. *Etwas erlangt (+): F hat Eigentum am Gameboy erlangt.*
2. *ohne Rechtsgrund (+): Tauschvertrag (Kausalgeschäft) ist unwirksam, da für F rechtlich nachteilhaft, s. o.*
3. *durch Leistung (+): N hat dem F bewusst und zweckgerichtet (Erfüllung des Tauschvertrages) geleistet. Folge: Pflicht zur Herausgabe nach § 812 Abs. 1 S. 1, 1. Fall BGB.*

E. Vertrag

1. Vertragsschluss

Der Vertragsschluss ist gesetzlich in den §§ 145-147 BG geregelt. In den vorangegangenen Kapiteln wurde der Vertrag schon des öfteren angesprochen. Hierbei handelt es sich um das wohl wichtigste Rechtsgeschäft der Rechtsordnung. Der Vertrag ist Ausdruck der Privatautonomie, das heißt, dass jeder grundsätzlich die Freiheit hat zu entscheiden, ob und gegebenenfalls mit welchem Inhalt er einen Vertrag schließen will. Allerdings schreibt das Gesetz hinsichtlich des „Ob" in bestimmten Fällen einen **Kontrahierungszwang** vor und auch inhaltlich sind Grenzen gesetzt, zum Beispiel durch §§ 134, 138 BGB.

Vertiefungshinweis:

- Paulus/Zenker, Grenzen der Privatautonomie, JuS 2001, 1 ff.

Ein Vertrag kommt durch mindestens zwei übereinstimmende Willenserklärungen von Rechtssubjekten über die zu begründenden wesentlichen Vertragspflichten zustande.

Der Vertragsschluss erfolgt durch Angebot (§§ 145 ff. BGB) und Annahme.

Angebot	**Annahme**
Das Angebot ist eine einseitige empfangsbedürftige Willenserklärung. Es muss so bestimmt sein, dass die Annahme mit einem schlichten „Ja" vorgenommen werden kann.	Die Annahme ist ebenfalls eine einseitige empfangsbedürftige Willenserklärung. Ausnahme: § 151 BGB: Keine Erklärung gegenüber dem Antragenden, wenn sie nach der Verkehrssitte nicht erwartet wird oder der Antragende darauf verzichtet hat. Es handelt sich hier nicht um Schweigen, der Annahmewille wird eindeutig getätigt.
Beispiel: „Willst Du mein Auto für 5.000 Euro kaufen?"	Beispiel: Bestellung eines Buches, Verlag sendet es zu: Hier erwartet der Besteller nicht, dass der Verlag vor Lieferung gesondert die Annahme erklärt.
Der Rechtsbindungswille muss erkennbar sein; dies ist nicht der Falle, wenn es sich um eine Aufforderung zur Abgabe eines Angebotes handelt (invitatio ad offerendum).	Die Annahme muss vorbehaltlos erfolgen. Wenn das Angebot unter Abänderung seines Inhalts angenommen wird, dann wird dies abgelehnt und ein neues Angebot abgegeben, § 150 Abs. 2 BGB.
Beispiel: Zeitungsanzeige; ausgelegte Ware im Laden Grund: Möglicherweise reicht der Vorrat nicht (was im Falle eines Angebotes sonst zu Schadensersatzverpflichtungen führen würde) oder es handelt sich um einen zweifelhaften Kunden. (Hinweis: Die Aufforderung zur Bestellung von Waren im Fernabsatz (siehe VI.B.6.c)) gilt im Zweifel als invitatio ad offerendum, Palandt-*Grüneberg*, BGB, § 312 b Rn. 4; Köhler, NJW 1998, 185)	Beispiel: „Ja, ich will Dein Auto kaufen, aber nur zu einem Preis von 4.000 Euro (statt 5.000 Euro).

Es ist nach § 145 BGB bindend, es sei denn, es ist mit Zusätzen wie „freibleibend" oder „solange der Vorrat reicht" versehen. Es erlischt, wenn es abgelehnt oder nicht fristgemäß angenommen wird, § 146 BGB.	Das Angebot gegenüber einem Anwesenden kann gemäß § 147 Abs. 1 S. 1 BGB nur sofort angenommen werden (Beispiel: Telefon, Chatroom). Die Annahmefrist eines gegenüber einem Abwesenden (Brief, E-Mail, Fax) gemachten Angebotes richtet sich danach, wann nach den regelmäßigen Umständen mit einer Antwort zu rechnen ist. Hier sind die Übermittlungszeiten der Erklärungen sowie die Bedenkzeit zu beachten. Erfolgt die Annahme verspätet, dann gilt sie als neues Angebot, § 150 BGB.

Es kommt vor, dass sich die Parteien nicht über alle wesentlichen Vertragsbestandteile geeinigt haben. Man spricht dann von einem Dissens. Je nachdem, ob sich die Parteien dessen bewusst sind, differenziert man folgendermaßen:

Offener Dissens, § 154 BGB	**Versteckter Dissens, § 154 BGB**
Die Parteien wissen, dass noch nicht über alle Punkte Einigung erzielt worden ist.	Die Parteien unterliegen dem Irrtum, dass sie sich über alles geeinigt haben.
Rechtsfolge: Im Zweifel ist der Vertrag nicht geschlossen.	Rechtsfolge: Das Vereinbarte ist nur gültig, wenn anzunehmen ist, dass der Vertrag auch ohne die noch offenen Punkte geschlossen worden wäre.

2. Vertragsschluss im Internet

Angebot - invitatio ad offerendum

Bei Verträgen, die im Internet abgeschlossen werden, muss man ebenfalls genau zwischen einem Angebot und einer so genannten invitatio ad offerendum unterscheiden. Häufig werben Unternehmen auf ihren Websites oder mittels E-Mail für ihre Waren. Dieses Verhalten ist noch nicht als Angebot anzusehen, sondern der potentielle Kunde soll vielmehr zur Abgabe eines Angebotes aufgefordert werden. Bestellt dann der Kunde zum Beispiel mittels E-Mail eine bestimmte Sache oder befindet er sich auf der Website des Unternehmens und legt die Sache in seinen „elektronischen Warenkorb", so gibt er ein Angebot ab.

Die Willenserklärung wird gegenüber Abwesenden abgegeben, sofern der Kunde nicht interaktiv (Chatroom) agiert hatte. (Palandt-*Ellenberger*, BGB, § 147 Rn. 5, BT-Drs 14/4987 S. 21)

Zugang des Angebotes

Nach § 130 BGB geht eine Willenserklärung zu, wenn sie in den Herrschaftsbereich des Empfängers gelangt ist und unter normalen Umständen mit der Kenntnisnahme zu rechnen ist.

Eine E-Mail geht zu, wenn sie in der eigenen Datenverarbeitungsanlage oder im Empfängerbriefkasten des Providers abrufbar gespeichert ist, beim Eingang zu Unzeit am folgenden Tag (Palandt-*Ellenberger*, BGB, § 130 Rn. 7 a).

Annahme des Angebotes

Die Annahme unterliegt keinen besonderen Schwierigkeiten: Entweder sie wird ausdrücklich (zum Beispiel mittels E-Mail) erklärt oder erfolgt konkludent (zum Beispiel durch Lieferung der Ware), § 151 S. 1 BGB.

Vertiefungshinweis:

- Lange, Basiswissen, S. 114 ff.,
- Czeguhn, Vertragsabschluss im Internet, JA 2001, 708 ff.,
- Petersen, Allgemeiner Teil des BGB und Internet, Jura 2002, 387 ff.

Schlüsselwörter: Vertrag, Angebot, Annahme, invitatio ad offerendum, Dissens

3. Fragen und Aufgaben

a) Aufgaben zur Lernkontrolle

56. Wie kommt ein Vertrag zustande?

57. Was versteht man unter einer „invitatio ad offerendum“? Nennen sie ein Beispiel.

58. Muss ein Angebot immer ausdrücklich angenommen werden?

59. Was ist, wenn ein Angebot mit Änderungen angenommen wird?

60. *Was versteht man unter einem Dissens?*

61. *Ein Unternehmen wirbt auf seiner Homepage für ein bestimmtes Produkt. Ist darin ein Angebot zu sehen?*

62. *Wann geht eine E-Mail zu?*

b) Vertiefungsfragen

Frage 1

Kunstliebhaber K befindet sich auf einer privaten Versteigerung. Eine Marmorstatue interessiert ihn besonders. Das Mindestgebot liegt bei 100 Euro. K bietet kräftig mit und ist schließlich Höchstbietender mit 900 Euro. Aus unerfindlichen Gründen erteilt der Versteigerer (und zugleich Eigentümer der Statue) V den Zuschlag nicht. Kann K von V die Statue gegen Zahlung von 900 Euro verlangen?

Lösung

K könnte von V Übereignung der Statue verlangen aus § 433 Abs. 1 S. 1 BGB.

Dann müsste zwischen den beiden ein wirksamer Kaufvertrag geschlossen worden sein. Ein Vertragsschluss liegt vor, wenn sich die Parteien durch übereinstimmende Willenserklärungen über die zu begründenden Pflichten geeinigt haben, und zwar in der Form von Angebot und Annahme.

Fraglich ist, was als Angebot und Annahme zu beurteilen ist: Das Angebot könnte darin zu sehen sein, dass die Statue für die Versteigerung zur Verfügung gestellt wurde. Die Annahme wäre dann das Höchstgebot. Danach wäre ein Kaufvertrag geschlossen werden. Allerdings geht das Gesetz von einer anderen Regelung aus: Nach § 156 BGB kommt im Fall einer Versteigerung der Vertrag erst durch den Zuschlag zustande. Folglich ist das Höchstgebot als Angebot zu bewerten und der Zuschlag ist die Annahmeerklärung (auch BGHZ 138, 339/342). Auf den Zuschlag hat der Bieter keinen Anspruch. Da mangels Zuschlag durch V das Angebot des K nicht angenommen worden ist, haben die Parteien keinen Kaufvertrag geschlossen.

Ergebnis: K kann von V nicht die Übereignung der Statue verlangen.

Frage 2

Der Handelsvertreter H steht in ständigen Geschäftsbeziehungen mit dem Unternehmer U. Schon des Öfteren hat H für U anlässlich von Fachmessen mit Ausstellern Geschäfte vermittelt. Da bald wieder eine große Messe ansteht, wendet sich U schriftlich an H mit der Bitte, für ihn ein wichtiges Geschäft (Kauf von zehn bestimmten Maschinen) abzuschließen. H liest das Schreiben, hat aber keine rechte Lust, sich mit den Ausstellern der Messe in Verbindung zu setzen. Er äußert sich gegenüber U nicht und fährt während der Messe in den Urlaub. Dort plagt ihn dann sein schlechtes Gewissen und er überlegt, ob er möglicherweise doch verpflichtet gewesen wäre, für U tätig zu werden. Ist dem so?

Lösung

Zwischen den Parteien könnte ein Geschäftsbesorgungsvertrag nach § 675 BGB zustande gekommen sein. Das Angebot hat U abgegeben, indem er schriftlich sein entsprechendes Anliegen gegenüber H geäußert hatte, § 145 BGB. Fraglich ist, ob H es angenommen hat. Er hat weder ausdrücklich noch konkludent (§ 151 Abs. 1 S. 1 BGB) gegenüber dem U erklärt, dass er für ihn tätig werden wolle. Er hat vielmehr geschwiegen. Wer schweigt, erklärt grundsätzlich nichts. Folglich wäre kein Vertrag zustande gekommen. Es könnte sich jedoch etwas Anderes aufgrund des Umstandes ergeben, dass H Handelsvertreter ist und mit U in ständigen Geschäftsbeziehungen steht. Nach § 362 HGB gilt: Wenn einem Kaufmann, dessen Gewerbebetrieb die Besorgung von Geschäften für andere mit sich bringt, ein Antrag über die Besorgung solcher Geschäfte von jemandem zugeht, mit dem er in Geschäftsverbindung steht, so ist er verpflichtet, unverzüglich zu antworten; sein Schweigen gilt als Annahme des Antrages. Da für H und U diese Tatbestände vorliegen, ist das Schweigen des H als Annahme zu werten. Demnach ist ein Vertrag zwischen den beiden zustande gekommen. Und H kann seinen Urlaub nicht mehr ganz so entspannt verleben, da er sicherlich mit Schadensersatzforderungen seitens des U zu rechnen hat, § 280 Abs. 1 BGB.

c) Übungsfälle

Fall 1

Der Werkzeugfabrikant W möchte seinen Betrieb vergrößern und benötigt dafür unter anderem eine neue Transportanlage. Er begibt sich in das Geschäft des Anlagenbauers A, um ihm seine Vorstellungen zu unterbreiten. Da dieser aber gerade nicht anwesend ist, fasst W sein Anliegen schriftlich ab und lässt es dem A zurück. In dem Schreiben heißt es unter anderem: „ Auftrag für den Bau einer 100 Meter langen Transportanlage – (es folgen Ausführungen zu Material, Bauweise u. s. w.) – Preis: 5.000 Euro." Als A das Schreiben liest, ist er sehr erfreut und sendet dem W ein Fax in dem es heißt: „Auftragsbestätigung – Ich führe den Bau der Anlage nach Ihren Vorgaben gerne aus."

Ist ein Vertrag zustande gekommen, wenn ja wann?

Lösung

Der Vertrag erfordert ein Angebot und eine – deckungsgleiche – Annahme. Das Schreiben des W stellt ein Angebot dar, denn die wesentlichen Vertragsbestandteile (was soll gebaut werden, zu welchem Preis) sind darin enthalten. Das Fax des A ist als Annahme zu bewerten, denn es entspricht dem Angebot des U völlig. Dass A es als „Auftragsbestätigung" bezeichnet hat, obwohl noch gar kein Vertrag geschlossen worden war, ändert daran nichts. (Wiederholen Sie in diesem Zusammenhang das kaufmännische Bestätigungsschreiben!)

Fall 2

Wie Fall 1, nur dass A die Preisvorstellung mit W nicht teilt. Das Fax lautet: „Auftragsbestätigung: Ich führe für Sie gerne den Bau der Anlage zu einem Preis von 5.800 Euro aus."

W liest das Fax und hat nun kein Interesse mehr. Da A von W nichts mehr gehört hat, ruft er nach einiger Zeit diesen an und fragt, wann er mit dem Bau beginnen soll. W ist sehr verwundert und meint, dass er gegenüber A zu nichts verpflichtet sei. Hat er Recht?

Lösung

Zwischen A und W könnte ein Werkvertrag über den Bau der Anlage geschlossen worden sein, § 631 BGB. Hierzu müssten sich die beiden durch Angebot und Annahme geeinigt haben. Fraglich ist, ob A das schriftliche Angebot des W angenommen hat, denn inhaltlich deckt es sich nicht mit dem Angebot (um 800 Euro höherer Preis). Gemäß § 150 Abs. 2 BGB gilt eine Annahme des Angebotes unter Änderung als Ablehnung verbunden mit einem neuen Antrag. Demnach hat A mit seinem Fax das Angebot des W abgelehnt und einen neuen Antrag gemacht (Bau der Anlage zu einem Preis von 5.800 Euro). Zu prüfen bleibt nun, ob der W dieses (neue) Angebot angenommen hat. Da er sich gegenüber A gar nicht mehr geäußert – geschwiegen – hat, ist keine Annahme erfolgt. Der Umstand, dass es sich hier um Kaufleute handelt, führt zu keinem anderen Ergebnis. Die Auftragsbestätigung darf nicht mit dem kaufmännischen Bestätigungsschreiben verwechselt werden. Im vorliegenden Fall ist der A ja nicht davon ausgegangen, dass zwischen den Parteien schon ein Vertrag geschlossen worden war, der nur noch schriftlich fixiert werden sollte.

F. Allgemeine Geschäftsbedingungen

Bei Allgemeinen Geschäftsbedingungen (AGB) handelt es sich um vorformulierte Vertragsbedingungen, die ein Vertragspartner in den Vertrag einbringt. Sie sind für das Wirtschaftsleben von großer Bedeutung. Mit Hilfe der AGB soll den branchenspezifischen Interessen Rechnung getragen werden, da die gesetzlichen Regelungen häufig den konkreten Vertragsgegenstand (zum Beispiel Leasing, Factoring, Versicherungsverträge) nicht oder nur unzureichend regeln. Allerdings besteht die Gefahr, dass eine Vertragspartei ihre Interessen mittels der AGB einseitig unbotmäßig zu Lasten der anderen verfolgt. Diesen Gefahren des Missbrauchs wollen die §§ 305-310 BGB entgegenwirken.

1. Allgemeines

Allgemeine Geschäftsbedingungen enthalten folgende Merkmale, § 305 Abs. 1 BGB:

Vorformulierte Vertragsbedingungen	**für eine Vielzahl von Verträgen**	**die der Verwender stellt**
Es gibt sie schon vor Abschluss des Vertrages Beispiel: Vordrucke	Der Verwender muss die Absicht haben, sie mehrfach (mindestens dreimal) zu verwenden. Ausnahme § 310 Abs. 3 Nr. 2 BGB Verbrauchervertrag: auch wenn beabsichtigt, sie nur einmalig zu verwenden.	Sie dürfen nicht zwischen den Parteien ausgehandelt sein, § 305 Abs. 1 S. 3 BGB. Kein Vorschlag von einer unbeteiligten Person (zum Beispiel Makler). Besonderheit beim Verbrauchervertrag, § 310 Abs. 3 Nr. 1: BGB gelten grundsätzlich als vom Unternehmer gestellt.

Es ist unerheblich, ob die Bedingungen in der Vertragsurkunde stehen oder gesondert abgefasst sind.

2. Anwendungsbereich

a) Sachlicher Anwendungsbereich

Die §§ 305-310 BGB gelten für alle Verträge mit Ausnahme von Erb-, Familien- und Gesellschaftsverträgen, § 310 Abs. 4 BGB. Beachten Sie die Einschränkungen bei bestimmten Verträgen in § 310 Abs. 2 BGB.

b) Persönlicher Anwendungsbereich

Nach § 310 Abs. 1 BGB finden die § 305 Abs. 2, 3 und §§ 308 und 309 BGB keine Anwendung, wenn AGB gegenüber Unternehmern (§ 14 BGB) verwendet werden. Das Gesetz sieht sie als weniger schutzbedürftig an.

3. Einbeziehung

AGB werden unter folgenden Voraussetzungen Vertragsbestandteil (§ 305 Abs. 2 und § 305 c Abs. 1 BGB):

Ausdrücklicher Hinweis bei Vertragsschluss; wenn unverhältnismäßig: sichtbarer Aushang am Ort des Vertragsschlusses

Beispiel: Parkhäuser, Waschanlagen, Kaufhäuser; Abdruck der AGB in Katalogen und Prospekten bei entsprechendem Hinweis.

Hinweis erst bei Lieferung oder auf der Rechnung ist verspätet.

Möglichkeit der zumutbaren Kenntnisnahme

Spätestens bei Abschluss des Vertrages; Text muss für Durchschnittskunden verständlich sein (Unklarheiten gehen zu Lasten des Verwenders, § 305 c Abs. 2 BGB)

Einverständnis der anderen Vertragspartei

ausdrücklich oder konkludent

Keine Überraschungsklausel

Der Kunde muss mit einer derartigen Klausel nach den Umständen des Falles nicht rechnen. Beispiel: Beim Kauf einer Waschmaschine wird der Käufer durch eine AGB-Klausel verpflichtet, für ein Jahr monatlich zwei Kilo Waschmittel beim Verkäufer gegen Entgelt zu erwerben.

Hinweis:

Einbeziehen von AGB zwischen bzw. gegenüber Unternehmern

§ 305 Abs. 2 BGB gilt bei der Verwendung von AGB gegenüber Unternehmern nicht, § 310 Abs. 1 S. 1 BGB. Es ist ausreichend, wenn der Verwender auf seine AGB verweist und der Vertragspartner (Unternehmer) nicht widerspricht.

Einbeziehung von AGB beim Vertragsschluss im Internet

Im Internet genügt das bloße Einblenden der AGB nur, wenn damit dem Kunden eine kritische Prüfung der Bedingungen ermöglicht wird (Köln NJW-RR 1998, 1277). Umfangreiche AGB werden wirksam einbezogen, wenn der Kunde die Möglichkeit hat, sie kostenlos herunter zu laden (Mehrings, BB 1998, 2373; Palandt-*Grüneberg*, BGB, § 305 Rn. 38). Zur Verwendung von AGB bei Internetauktionen siehe BGH ZIP 2002, 39.

4. Inhaltskontrolle

Ob eine Klausel wirksam ist, bestimmt sich nach den §§ 307-309 BGB. Zur Prüfung empfiehlt sich folgendes Schema (vom speziellen zum generellen Gesetz):

§ 309 BGB: Klauselverbot ohne Wertungsmöglichkeit

Das Gesetz verwendet hier keine unbestimmten Rechtsbegriffe. Die Klausel ist zwingend unwirksam. Es sollen die Grundsätze der Privatrechtsordnung gewährleistet werden.

§ 308 BGB: Klauselverbot mit Wertungsmöglichkeit

Hier liegen unbestimmte Rechtsbegriffe vor. Beispiel: „von besonderer Bedeutung“, „zumutbar“. Ob die Klausel unwirksam ist, ergibt sich erst nach einer Wertung.

§ 307 BGB: Generalklausel

- § 307 Abs. 2 BGB. Das Gesetz führt hier Beispiele für eine unangemessen Benachteiligung auf.
- § 307 Abs. 1 BGB: Eine Klausel ist unwirksam, wenn sie entgegen dem Gebot von Treu und Glauben den Vertragspartner des Verwenders unangemessen benachteiligt.

Hinweis:

Zwar finden die §§ 308, 309 BGB keine Anwendung auf AGB, die gegenüber einem Unternehmer verwendet werden. Die Inhaltskontrolle erfolgt allein über die Generalklausel, § 307 BGB. Es ist allerdings im Einzelfall zu prüfen, ob die Wertungsaspekte der §§ 309, 308 BGB auf den unternehmerischen Geschäftsverkehr übertragen werden können.

5. Rechtsfolgen

Sind AGB nicht einbezogen worden oder unwirksam, dann bleibt der Vertrag im Übrigen wirksam, § 306 Abs. 1 BGB. Anstelle der unwirksamen bzw. nicht einbezogenen AGB gelten die gesetzlichen Bestimmungen, § 306 Abs. 2 BGB. Ist jedoch das Festhalten am Vertrag eine unzumutbare Härte für eine Vertragspartei, so ist der Vertrag unwirksam, § 306 Abs. 3 BGB.

Vertiefungshinweis:

Sich widersprechende AGB

Verwenden beide Vertragsparteien AGB, so werden sie Vertragsbestandteil, soweit sie übereinstimmen. An Stelle der nicht einbezogenen (sich widersprechenden) AGB treten die gesetzlichen Vorschriften, § 306 Abs. 2 BGB. Siehe:

- Bonin, Probleme des vertragswidrigen Eigentumsvorbehalts, JuS 2002, S. 438 ff.,
- BGH NJW 1996, 1408,
- BGH NJW 2000, 1110

Schlüsselwörter: Allgemeine Geschäftsbedingungen

6. Fragen und Aufgaben

Aufgaben zur Lernkontrolle

63. *Was versteht man unter AGB?*

64. *Nennen Sie den persönlichen und sachlichen Anwendungsbereich.*

65. *Wie werden AGB in den Vertrag einbezogen?*

66. *Gelten Besonderheiten bei der Verwendung von AGB gegenüber Unternehmen?*

67. *Nach welchem Schema erfolgt die Inhaltskontrolle? Worin unterscheiden sich die einzelnen Vorschriften?*

68. *Was sind die Folgen, wenn AGB nicht wirksam sind?*

G. Fehlerhafte Rechtsgeschäfte

1. Allgemeines

Sind Rechtsgeschäfte mit einem Mangel behaftet, dann kennt das Gesetz als Folge nicht (allein) die Ungültigkeit. Es wird vielmehr je nach Art des Verstoßes folgende Differenzierung vorgenommen:

Nichtigkeit	Unwirksamkeit	Anfechtbarkeit
Die inhaltlich bezweckten Rechtsfolgen treten von Anfang an nicht ein. Wirkung: für und gegen jedermann; keine Geltendmachung nötig, **von Amts wegen** zu beachten.	schwebende: Das Rechtsgeschäft ist zunächst unwirksam. Es kann aber durch Zustimmung / **Genehmigung** eines Dritten noch rückwirkend wirksam werden. Bis dahin: Schwebezustand. Erfolgt Zustimmung / Genehmigung: von Anfang an gültig; ansonsten: endgültig unwirksam (steht nichtigem Rechtsgeschäft gleich) relative: Das Rechtsgeschäft ist einer Person gegenüber unwirksam, allen anderen aber gegenüber wirksam.	Das Rechtsgeschäft ist zunächst wirksam. Es besteht aber die Möglichkeit (freie Wahl), es anzufechten. Nach erfolgter Anfechtung gilt es als von Anfang an (ex tunc) nichtig, § 142 Abs. 1 BGB.

a) Nichtigkeit

Die Nichtigkeit tritt beispielsweise in folgenden Fällen ein:

§ 105 BGB

Nichtigkeit der Willenserklärung eines Geschäftsunfähigen

§ 116 S. 2 BGB

Der geheime Vorbehalt, das Erklärte nicht zu wollen, ist unbeachtlich. Kennt der Erklärungsempfänger den Vorbehalt, ist die Willenserklärung nichtig. Beispiel: A „schenkt“, um bei seinen Freunden Eindruck zu schinden, seiner Freundin zum Geburtstag sein neues Auto. Dabei hat er, wie seine Freundin weiß, gar kein Auto.

§ 117 Abs. 1 BGB

Hier wird die Willenserklärung im Einverständnis mit dem Erklärungsempfänger zum Schein abgegeben. Beispiel: A hat an B und C je ein Zimmer in einer Wohnung vermietet. B soll nun beide Zimmer bewohnen dürfen. Er vereinbart mit B, dass er beiden kündigt, die Kündigung aber gegenüber B nicht gelten soll.

§ 118 BGB

Eine nicht ernst gemeinte Willenserklärung, die in der Erwartung abgegeben wird, der Mangel der Ernstlichkeit wird erkannt. Beispiel: Ein hungriger Gast bestellt bei der Bedienung „die Speisekarte einmal von oben nach unten“. *Vertiefungshinweis*: Preiß, Geheimer Vorbehalt, Scherzerklärung, Scheingeschäft, Jura 2002, 815 ff.

§ 134 BGB

Verstoß gegen ein gesetzliches Verbot. Sofern sich nicht aus dem Gesetz etwas Anderes ergibt, ist das Rechtsgeschäft nichtig. Maßgebend sind der Sinn und Zweck des Gesetzes. Als Faustformel kann man sich merken: Richtet sich das Gesetz gegen den Inhalt des Rechtsgeschäftes, dann liegt ein Verbotsgesetz vor. Wendet es sich nur gegen die äußeren Umstände, dann handelt es sich nur um eine bloße Ordnungsvorschrift.

Beispiel für Verbotsgesetz: beiderseitiger Verstoß gegen das Verbot der Schwarzarbeit; Bestechung von Beamten, § 334 StGB; Drogengeschäfte, § 29 BtMG; nachvertragliches Wettbewerbsverbot ohne Karenzentschädigung, § 74 Abs. 2 HGB;

Beispiel für Ordnungsvorschrift: Sperrzeitverordnungen der Länder, Verstoß gegen § 3 UWG.

Anmerkung: Im Steuerrecht ist es unerheblich, ob das Verhalten gegen ein gesetzliches Verbot verstößt, § 40 AO. So gelten zum Beispiel Bestechungsgelder als Betriebsausgaben.

Es kann vorkommen, dass nur ein Teil des Rechtsgeschäftes nichtig ist. Das Gesetz ordnet hier gemäß § 139 BGB die Nichtigkeit des ganzen Rechtsgeschäftes an, es sei denn das Rechtsgeschäft wäre auch ohne den nichtigen Teil vorgenommen worden. (Das Rechtsgeschäft muss aber teilbar sein.) Beispiel: Einzelne unwirksame Klauseln in einem Mietvertrag.

Im Falle eines nichtigen Rechtsgeschäftes ist ferner zu prüfen, ob es gegebenenfalls in ein anderes – wirksames – Rechtsgeschäft umgedeutet werden kann, § 140 BGB. Beispiel: Unwirksame fristlose Kündigung in ordentliche Kündigung.

§ 138 Abs. 1 BGB

Sittenwidrigkeit: Verstoß gegen das Anstandsgefühl aller billig und gerecht Denkenden. Beispiel: Knebelungsverträge, zum Beispiel Bierbezugsvertrag über 50 Jahre; Gläubigerbenachteiligung, zum Beispiel bei Kollision von **Globalzession** und verlängertem Eigentumsvorbehalt (siehe VI.B.3.a) -> Globalzession ist sittenwidrig, wenn keine dingliche Teilverzichtsklausel im Sicherungsvertrag (BGH NJW 1999, 940 ff.); Übersicherungsgeschäfte, zum Beispiel bei anfänglicher Übersicherung im Fall einer Globalzession (BGH NJW 1998, 2047 ff.; BGHZ 137, 212 ff.); Ausnutzung einer Macht- oder Monopolstellung; unter Umständen bei Bürgschaften von Familienangehörigen (BGH NJW 2001, 815 ff., 2002, 744 ff., BGHZ 151, 34 ff.).

§ 138 Abs. 2 BGB:

Wucher: Es muss objektiv ein auffälliges Missverhältnis zwischen Leistung und Gegenleistung bestehen und subjektiv die psychische Situation ausgenutzt werden. Faustformel für auffälliges Missverhältnis bei Kreditverträgen: Wenn Vertragszins den marktüblichen Effektivzins relativ um 100% oder absolut um 12% übersteigt.

b) Schwebende Unwirksamkeit

Ein Rechtsgeschäft ist insbesondere schwebend unwirksam unter folgenden Voraussetzungen:

§ 108 BGB

Der Vertragsschluss eines beschränkt Geschäftsfähigen. Wirksamkeit ist abhängig von **Genehmigung** des gesetzlichen Vertreters, wenn kein Fall des § 107 BGB vorliegt. Beispiel: 12-jähriger V verkauft für 200 Euro sein Fahrrad an K.

§ 177 BGB

Vertragsschluss durch Vertreter ohne Vertretungsmacht. Beispiel: K kauft bei V für X – ohne beauftragt zu sein – in dessen Namen ein Auto.

c) Relative Unwirksamkeit

Die relative Unwirksamkeit eines Rechtsgeschäftes tritt ein, wenn gegen ein

gesetzliches oder behördliches Veräußerungsverbot verstoßen wird,

§§ 135, 136 BGB.

Beispiel: Veräußerung gepfändeter Sachen, § 808 ZPO.

d) Anfechtbarkeit von Willenserklärungen

Anfechtbar sind Willenserklärungen, wenn

der Wille und das Erklärte unbewusst auseinander fallen, §§ 119, 120 BGB.
der Erklärende bei der Abgabe seiner Erklärung verwerflich beeinflusst wird, § 123 BGB, ausführlich III.H.2.

2. Beschränkungen der Nichtigkeitsfolgen

Grundsätzlich gelten nichtige und angefochtene Rechtsgeschäfte als von Anfang an unwirksam, ex tunc. Allerdings wird dieser Grundsatz in bestimmten Fällen eingeschränkt. So kann beispielsweise unter den Voraussetzungen des § 75 GmbHG ein Gesellschaftsvertrag durch Urteil für nichtig erklärt werden. Das Urteil wirkt nur für die Zukunft, ex nunc (siehe auch §§ 262 ff. AktG). Des Weiteren haben Rechtsprechung und Lehre die so genannte fehlerhafte Gesellschaft und das fehlerhafte Arbeitsverhältnis entwickelt.

Leidet zum Beispiel ein Gesellschaftsvertrag an einem Nichtigkeitsgrund oder ist er anfechtbar, dann kann – im Falle des Vollzugs des Vertrages – der Mangel nur für die Zukunft (ex nunc) geltend gemacht werden. Der Verkehrsschutz für Dritte und der Bestandsschutz zugunsten der Gesellschafter erfordern nämlich, dass eine rückwirkende Abwicklung der Gesellschaft nicht durchgeführt wird.

Schlüsselwörter: Nichtigkeit, Sittenwidrigkeit, Unwirksamkeit, schwebende Unwirksamkeit

3. Fragen und Aufgaben

a) Aufgaben zur Lernkontrolle

69. *Was bedeutet „Nichtigkeit" eines Rechtsgeschäftes? Nennen Sie Beispiele.*

70. *Was versteht man unter der „schwebenden Unwirksamkeit" eines Vertrages? Kennen Sie ein Beispiel?*

71. *Können Rechtsgeschäfte auch nur Einzelnen gegenüber unwirksam sein?*

72. *Welche Rechtsfolge tritt ein, wenn eine Willenserklärung angefochten wurde?*

73. *Kann auch ein Gesellschaftsvertrag angefochten werden? Wenn ja, mit welchen Wirkungen?*

b) Vertiefungsfragen

Frage 1

A veräußert an B Rauschgift (Kokain). Der Kaufvertrag ist nichtig, da gegen ein Verbotsgesetz (§ 29 BtMG) verstoßen wurde, § 134 BGB. Wie ist das Erfüllungsgeschäft zu beurteilen?

Lösung

Aufgrund des Abstraktionsprinzips sind die Erfüllungsgeschäfte unabhängig von der Nichtigkeit des Verpflichtungsgeschäftes grundsätzlich wirksam. Allerdings gelten Ausnahmen, wenn die Umstände, die den Gesetzesverstoß begründen, sich zugleich auch gegen das Erfüllungsgeschäft richten. So liegt es im vorliegenden Fall, BGH NJW 1983, 636.

Siehe auch: BGHZ 115, 130; BGH NJW 1992, 2350, und 1993, 1640.

Frage 2

A hat dem B ein Darlehen in Höhe von 10.000 Euro gewährt. Zur Absicherung dieses Kredites vereinbaren sie, dass B dem A seinen gesamten Fuhrpark in Höhe von 150.000 Euro übereignet (so genannter Sicherungsvertrag). Die beiden führen das Geschäft schließlich auch aus. Wirksamkeit der Verträge?

Lösung

Drei Verträge müssen geprüft werden: der Darlehensvertrag, der Sicherungsvertrag und die Sicherungsübereignung.

Der Darlehensvertrag unterliegt keinen rechtlichen Bedenken.

Allerdings verstößt der Sicherungsvertrag(Verpflichtungsgeschäft) gegen § 138 Abs. 1 BGB: Es verstößt nämlich gegen die guten Sitten, wenn ein Darlehen derart hoch abgesichert wird.

Die Sicherungsübereignung nach §§ 929, 930 BGB ist ebenfalls gemäß § 138 Abs. 1 BGB nichtig. Zwar ist das Erfüllungsgeschäft grundsätzlich als wertneutral zu behandeln. Allerdings liegt im vorliegenden Fall der Sittenverstoß gerade in der dinglichen Rechtsänderung, so dass ausnahmsweise auch das Verfügungsgeschäft nichtig ist.

(Anmerkung: Anders ist der Fall zu beurteilen, wenn es sich um eine nachträgliche Übersicherung handelt, BGHZ 137, 212 ff.)

c) Übungsfälle

Fall 1

Es ist kurz vor 20:00 Uhr, und A hat vergessen, für das Abendessen einzukaufen. Er macht sich sofort zum nächsten Lebensmittelgeschäft auf. Allerdings kommt er nicht mehr in den Laden, da es schon 20:10 Uhr ist und die Kassiererin K bereits abgeschlossen hat. Verzweifelt hämmert er gegen die Türen, so dass K Mitleid bekommt und für ihn noch einmal aufschließt. A kauft daraufhin bei K Brötchen, Käse und Butter ein. Auf dem Nachhauseweg überlegt er, ob der Kaufvertrag überhaupt wirksam war. Wie ist die Rechtslage?

Hinweis: § 3 Abs. 1 S. 1 Nr. 2 LadschlG: Verkaufsstellen müssen zu folgenden Zeiten für den geschäftlichen Verkehr mit Kunden geschlossen sein: montags – freitags bis 6 Uhr und ab 20 Uhr.

Lösung

Fraglich ist, ob der Kaufvertrag nach § 134 BGB nichtig ist, da A und K gegen § 3 Abs. 1 S. 1 Nr. 2 LadschlG verstoßen haben. Voraussetzung hierfür ist, dass es sich bei besagter Norm um ein Verbotsgesetz im Sinne des § 134 BGB handelt. Dies richtet sich danach, ob das Gesetz den Inhalt des abgeschlossenen Geschäftes missbilligt. Im vorliegenden Fall ist Sinn und Zweck des Ladenschlussgesetzes, die Arbeitnehmer vor überlangen Öffnungszeiten zu schützen. Den Kaufvertrag während der Ladenschlusszeiten will es in seiner Wirksamkeit nicht antasten. Es handelt sich als lediglich um eine Ordnungsvorschrift. A kann demnach beruhigt sein: Der Kaufvertrag ist wirksam.

Fall 2

A ist Angestellter im Malergeschäft des B. Um seinen geplanten Karibikurlaub finanzieren zu können, führt er in seiner Freizeit Malerarbeiten aus. Er macht durch Wurfsendungen in seiner Nachbarschaft auf seine Arbeiten aufmerksam. Da alles sehr professionell aussieht – Firmenbezeichnung, Öffnungszeiten und dergleichen – entschließt sich C, bei A die Renovierung seines Wohnzimmers in Auftrag zu geben. Tatsächlich ist A in der Handwerksrolle nicht eingetragen, wovon C aber ausgeht. A führt seine Arbeiten aus und erhält seinen Lohn dafür. Nach zwei Wochen löst sich die neue Tapete. C verlangt von A Nachbesserung. A indes weigert sich und meint, der Vertrag sei ja unwirksam gewesen.

Lösung

(Hinweis: Ausführlich zum Werkvertragsrecht: siehe VI.C).

C könnte von A gemäß §§ 634 Nr. 1, 635 BGB Nacherfüllung verlangen. Voraussetzung hierfür ist, dass zwischen den beiden ein wirksamer Werkvertrag abgeschlossen worden ist. Dies könnte fraglich sein, da A nicht in der Handwerksrolle eingetragen ist und somit gegen § 1 Nr. 3 SchwarzarbG verstößt. Dies ist ein Verbotsgesetz im Sinne des § 134 BGB: Da es das Handwerk schützen, die Arbeitslosigkeit bekämpfen und die Beiträge zur Arbeitslosen- und Sozialversicherung sichern will, versagt es dem jeweiligen Rechtsgeschäft die Wirksamkeit. Danach könnte der Vertrag zwischen A und C nichtig sein. Allerdings ging C davon aus, dass A in der Handwerksrolle eingetragen war, und aufgrund des professionellen Auftretens des A musste er auch nicht daran zweifeln. C hat seinerseits nicht gegen das SchwarzarbG verstoßen. Hier tritt nach der Rechtsprechung des BGH das Interesse des Auftraggebers hinter dem Schutzzweck des SchwarzarbG zurück.

Es liegt demnach ein wirksamer Werkvertrag zwischen A und C vor, so dass dieser seine Gewährleistungsansprüche (hier: Nachbesserung) geltend machen kann.

Vertiefungshinweis:

- BGHZ 111, 308 ff.,
- BGH NJW-RR 2002, 557 ff.

H. Anfechtung

1. Übersicht

Unter III.G.1 wurde bereits festgestellt, dass das Gesetz demjenigen, der eine Willenserklärung abgibt, unter bestimmten Voraussetzungen das Recht gibt, sie durch Anfechtung zu beseitigen.

Das Gesetz kennt insgesamt sechs Anfechtungsgründe und knüpft – je nach Anfechtungsgrund – an die Durchführung der Anfechtung unterschiedliche Anforderungen.

2. Anfechtungsgründe

§ 119 Abs. 1 1. Fall BGB – Inhaltsirrtum

Der Erklärende irrt über die Bedeutung seiner Erklärung. Er gibt seiner Erklärung einen anderen Sinn und weiß nicht, was er damit sagt. Beispiele: (1) Irrtum über den Geschäftspartner: A will den Gärtner Grünlieb beauftragen, den ihm sein Nachbar empfohlen hat. Im Telefonbuch sucht er die Telefonnummer heraus. Dabei übersieht er, dass es zwei Gärtner namens Grünlieb gibt. Er ruft den „falschen" an und beauftragt diesen; (2) Irrtum über den Geschäftsgegenstand: V will sein altes Fahrrad an V verkaufen. Sie vereinbaren, dass K das Fahrrad, welches in der Garage des V steht, für 50 Euro erhalten soll. Allerdings hatte die Freundin des V – was dieser nicht wusste – das alte Fahrrad eine Stunde vor Vertragsschluss aus der Garage geholt und stattdessen das neue Trekking-Rad von V hineingestellt.

Vertiefungshinweis: Musielak, Grundkurs BGB, Rn. 328-357.

§ 119 Abs. 1 2. Fall BGB – Erklärungsirrtum

Der Erklärende wollte eine Erklärung diesen Inhalts nicht abgeben. Der äußere Erklärungstatbestand entspricht also nicht seinem Willen.

Beispiel: Erklärender verspricht, verschreibt oder vergreift sich; ebenso, wenn zum Beispiel ein Preisschild falsch abgelesen wird.

§ 119 Abs. 2 BGB – Eigenschaftsirrtum

Irrtum über die verkehrswesentliche Eigenschaft einer Person oder Sache.

Eigenschaften einer Person/Sache sind ihre natürliche Beschaffenheit, ihre tatsächlichen und rechtlichen Verhältnisse und Beziehungen zur Umwelt, soweit sie nach der Verkehrsanschauung für die Wertschätzung von Bedeutung sind. Vorübergehende Erscheinungen fallen nicht darunter. Kurz: alle wertbildenden Faktoren, nicht aber der Wert/Preis selbst.

Was verkehrswesentlich ist, bestimmt sich nach dem konkreten Rechtsgeschäft.

Beispiele: Personen: Alter, Sachkunde, Vertrauenswürdigkeit, Zahlungsfähigkeit bei Kreditverträgen, Krankheit, nicht aber Schwangerschaft, da nur vorübergehender Natur; Sachen: Herkunft, Größe, Gewicht, Fahrleistung eines PKW, Lage/ Bebaubarkeit eines Grundstückes.

§ 120 BGB – Übermittlungsirrtum

Eine Erklärung wird irrtümlich – durch eine Person oder Einrichtung – unrichtig übermittelt.

Beispiel: Erklärungsbote (siehe III.I.2.), Post-AG, Service-Provider, der mit der Übermittlung elektronischer Willenserklärungen betraut ist, Dolmetscher; nicht: Stellvertreter, da er eine eigene Willenserklärung abgibt (siehe hierzu III.I.5).

§ 123 Abs. 1 1. Fall BGB - arglistige Täuschung

Es wird bewusst ein Irrtum hervorgerufen oder aufrechterhalten, indem Tatsachen vorgespiegelt oder unterdrückt werden. Beispiel: Autoverkäufer gibt bewusst falschen km-Stand an oder erklärt wahrheitswidrig, es handele sich um keinen Unfallwagen.

Es kann auch durch Verschweigen getäuscht werden. Allerdings bedarf es hier einer besonderen Aufklärungspflicht, da die Parteien grundsätzlich nur ihre eigenen Interessen wahrnehmen müssen. Beispiel: Fragen sind vollständig und richtig zu beantworten; besonders wichtige Umstände sind ungefragt zu offenbaren; besondere Vertrauensverhältnisse, zum Beispiel langjährige Geschäftsbeziehungen.

Arglist: Der Erklärende muss die Unrichtigkeit seiner Angaben kennen; es reicht aus, wenn er, obwohl er mit der möglichen Unrichtigkeit seiner Darstellungen rechnet, ins Blaue hinein unrichtige Aussagen trifft.

Wenn ein Dritter getäuscht hat, dann kann nur angefochten werden, wenn der Erklärungsgegner die Täuschung kennt oder kennen musste, § 123 Abs. 2 S. 1 BGB. Dritter ist, wer am Geschäft unbeteiligt ist bzw. nicht auf der Seite des Erklärungsgegners steht. Beispiel: Kein Dritter ist zum Beispiel der Stellvertreter oder **Erfüllungsgehilfe.**

§ 123 Abs. 1 2. Fall BGB - widerrechtliche Drohung

Hier wird dem Erklärenden ein künftiges Übel in Aussicht gestellt, so dass dieser sich in einer Zwangslage befindet. Es muss der Eindruck erweckt werden, dass der Eintritt des Übels vom Willen des Drohenden abhängt. Die Widerrechtlichkeit kann sich ergeben aus dem Mittel der Drohung, dem erstrebten Zweck oder der Relation von Mittel und Zweck.

Beispiel: Drohung mit Gewalt, wenn ein günstiger Kaufvertrag nicht abgeschlossen wird.

3. Ausführung der Anfechtung

Damit die Anfechtung bei Vorliegen eines Anfechtungsgrundes erfolgreich ist, müssen einige Anforderungen erfüllt werden. Hierfür bietet sich folgendes Schema an:

Voraussetzungen	**§§ 119, 120 BGB**	**§ 123 BGB**
1. anzufechtende Willenserklärung	Beispiel: Annahme eines Kaufvertragsangebotes; Abgabe eines Kreditangebotes	
2. Anfechtungsgrund	s. o. (unbewusster Willensmangel)	s. o. (widerrechtliche Willensbeeinflussung)

3. Kausalität	Irrtum muss für Erklärung ursächlich sein. Wäre sie bei verständiger Würdigung nicht abgegeben worden?	Täuschung/Drohung muss für Willenserklärung ursächlich sein.
4. Anfechtungserklärung	§ 143 Abs. 1 BGB, formlose, empfangsbedürftige Willenserklärung. Der Anfechtende muss zu erkennen geben, dass er das Geschäft nicht gelten lassen möchte. Beispiel: „Ich trete vom Vertrag zurück“ oder „Ich will mich am Vertrag nicht festhalten lassen“. Nicht erforderlich ist, das Wort „anfechten“ zu benutzen.	
5. Anfechtungsgegner	§ 143 Abs. 2-4 BGB; bei Verträgen: Vertragspartner	
6. Anfechtungsfrist	§ 121 BGB: unverzüglich, d. h. ohne schuldhaftes Zögern, nach Erkennen des Irrtums; nicht: „sofort“, sondern nach angemessener Überlegungszeit; Faustregel: zwei Wochen, Ausschlussfrist: 10 Jahre	§ 124 Abs. 1 BGB: ein Jahr ab Entdeckung der Täuschung bzw. Entfallen der Zwangslage; Ausschlussfrist: zehn Jahre

4. Rechtsfolgen der Anfechtung

Die Anfechtung bewirkt als **Gestaltungsrecht**, dass das anfechtbare Rechtsgeschäft als von Anfang an (ex tunc) nichtig anzusehen ist, § 142 Abs. 1 BGB. Damit wird zum Beispiel bei der Anfechtung eines Verpflichtungsgeschäftes (z. B. Kaufvertrag) dieses rückwirkend beseitigt. Da das Erfüllungsgeschäft aufgrund des Abstraktionsprinzips wirksam bleibt – der Käufer bleibt auch im Falle der Anfechtung Eigentümer der Kaufsache – sind die bereits ausgetauschten Leistungen über das Bereicherungsrecht (§§ 812 ff. BGB) zurückzugeben.

Vertiefungshinweis:

- Müssig, Wirtschaftsprivatrecht, S. 99 ff.

Des Weiteren ist der Anfechtende in den Fällen der §§ 119, 120 BGB dem Anfechtungsgegner zum Schadensersatz verpflichtet. Er hat ihm den Schaden zu ersetzen, den dieser dadurch erleidet, dass er auf die Gültigkeit der Erklärung vertraut hat (Vertrauensschaden oder negatives Interesse). Er muss so gestellt werden, als ob er von dem Geschäft nie etwas gehört hätte. Zu ersetzen sind also grundsätzlich alle im Vertrauen auf die Gültigkeit des Rechtsgeschäfts aufgewandten Kosten oder erbrachten Leistungen sowie sämtliche durch das Nichtzustandekommen des Geschäftes entstandenen Nachteile. Begrenzt wird die Haftung dabei aber durch das Erfüllungsinteresse (positives Interesse). Bei der Ermittlung des Erfüllungsinteresses wird gefragt, wie der Geschäftsgegner bei ordnungsgemäßer Erfüllung stehen würde.

Beispiel: M will von V dessen Transporter für den Monat Juli zu 500 Euro mieten. Er schreibt jedoch aus Versehen „Juni". Als er seinen Irrtum bemerkt, ficht er gegenüber V seine Erklärung umgehend wirksam an. V hat den Transporter an einen anderen Interessenten (I) für den Monat Juni nicht vermietet, weil er von einem wirksamen Mietvertrag mit M ausging. Variante 1: Abs. 1 hätte 450 Euro gezahlt. Variante 2: I hätte 550 Euro gezahlt.

Variante 1: Dem V sind 450 Euro entgangen, da er im Vertrauen auf die Gültigkeit des Vertrages mit M das Angebot des I abgelehnt hatte. Hätte er von dem Geschäft mit M nichts gehört, hätte er mit I den Mietvertrag für Juni abgeschlossen. Der Vertrauensschaden (negatives Interesse) beläuft sich auf 450 Euro. Er kann also 450 Euro geltend machen.

Variante 2: Hier sind dem V 550 Euro entgangen (Vertrauensschaden). Wenn ordnungsgemäß erfüllt worden wäre (Erfüllungsinteresse), hätte V für Juni von M 500 Euro erhalten. Da nach § 122 BGB der Vertrauensschaden nur bis zur Höhe des Erfüllungsschadens zu ersetzen ist, muss M an V nur 500 Euro zahlen.

Schlüsselwörter: Anfechtung, Inhaltsirrtum, Erklärungsirrtum, Eigenschaftsirrtum, Übermittlungsirrtum, arglistige Täuschung, widerrechtliche Drohung

5. Fragen und Aufgaben

a) Aufgaben zur Lernkontrolle

74. *Welche Anfechtungsgründe kennt das Gesetz? Nennen Sie dazu jeweils Beispiele.*

75. *Welche Voraussetzungen müssen für eine wirksame Anfechtung erfüllt sein?*

76. *Nennen Sie die Rechtsfolgen einer Anfechtung für das Verpflichtungs- und das Verfügungsgeschäft.*

77. *In welchen Fällen und in welchem Umfang hat der Anfechtende Schadensersatz zu leisten?*

b) Vertiefungsfragen

Frage 1

K möchte von V 20 neue Computer für seinen Betrieb erwerben. V will für den einzelnen Computer 2.500 Euro verlangen und erklärt gegenüber K: „Für 45.000 Euro können Sie die 20 Computer haben". V ist einverstanden. Beim Schreiben der Rechnung bemerkt V einige Tage später seinen Rechenfehler und ficht seine Vertragserklärung an. Ist das möglich?

Lösung

V könnte sein Vertragsangebot anfechten, wenn er einen Anfechtungsgrund geltend machen könnte. In Betracht kommt hier ein Erklärungsirrtum nach § 119 Abs. 1 2. Fall BGB, da er sich bei der Kalkulation des Kaufpreises verrechnet hatte. Allerdings irrte V nicht bei der Abgabe der Willenserklärung, sondern der Fehler unterlief ihm vorher bei der Ermittlung des Preises. V hat genau erklärt, was er erklären wollte. Es liegt also folglich nur ein unbeachtlicher interner Kalkulationsirrtum vor. V kann also nicht anfechten.

Frage 2

Wie Frage 1; nur diesmal händigt der V dem K ein schriftliches Angebot aus mit folgendem Inhalt: 2.500 Euro pro Computer; also für 20 Computer 45.000 Euro. Kann V den Vertrag anfechten?

Lösung

*Fraglich ist, ob sich etwas am oben genannten Ergebnis ändert, wenn die (fehlerhafte) Kalkulation der anderen Vertragspartei mitgeteilt wurde (offener Kalkulationsirrtum). Hinweis: Zwar hat das Reichsgericht in derartigen Fällen eine Anfechtung zugelassen (erweiterter Inhaltsirrtum), die herrschende Lehre und wohl auch der BGH (BGHZ 139, 177) lehnen dies aber ab. Letztlich handelt es sich auch hier bloß um einen unbeachtlichen Motivirrtum, denn der Fehler ist wiederum nicht bei der Abgabe der Willenserklärung, sondern schon bei der Willensbildung entstanden. Man löst das Problem des offenen Kalkulationsirrtums – je nach Lage des Einzelfalles – vielmehr nach folgenden Rechtsgrundsätzen: **Auslegung**, §§ 133, 157 BGB; Dissens, § 155 BGB; Wegfall der Geschäftsgrundlage, § 313 BGB oder Rechtsmissbrauch. Vertiefungshinweis: Musielak, Grundkurs BGB, Rn. 328 ff.*

Im vorliegenden Fall kann im Wege der nach §§ 133, 157 BGB eine angemessene Lösung gefunden werden: V hat K seine gesamten Berechnungsgrundlagen mitgeteilt. Da sich aufgrund der einfachen Berechnung (20 x 2.500 Euro) für K der tatsächliche

Wille des V ohne weitere Schwierigkeiten ermitteln lässt, muss er den höheren Kaufpreis zahlen.

Anmerkung: Für den Käufer ist regelmäßig der vereinbarte Kaufpreis maßgebend. Er ist auch grundsätzlich nicht verpflichtet, die Berechnungsgrundlagen des Verkäufers nachzuprüfen. Handelt es sich also um schwierige oder langwierige Berechnungen, so kann er an einem höheren Kaufpreis nur in Ausnahmefällen festgehalten werden. Hier war aber der Fehler offensichtlich.

c) Übungsfälle

Fall 1

A kommt mit B überein, dass er diesem für die Eröffnung eines Betriebes ein Darlehen in Höhe von 10.000 Euro gewährt. B soll ihm das Geld zuzüglich 3% Zinsen ein Jahr nach Auszahlung zurückzahlen (siehe § 488 Abs. 1 BGB). A geht davon aus, dass B finanziell in der Lage ist, seinen Verpflichtungen nachzugehen. Einige Tage nach Abschluss des Vertrages erfährt A, dass B über kein geregeltes Einkommen verfügt und außerdem deutlich über 100.000 Euro verschuldet ist. Was ist dem A zu raten?

Lösung

Möglicherweise kann A seine Vertragserklärung nach § 119 Abs. 2 BGB anfechten. Dann müsste er bei Abgabe der Erklärung, dem B ein Darlehen zu gewähren, einem Eigenschaftsirrtum unterlegen sein (Anfechtungsgrund). Zu den Eigenschaften einer Person gehören neben den natürlichen Merkmalen auch die tatsächlichen und rechtlichen Verhältnisse und Beziehungen zur Umwelt, soweit sie nach der Verkehrsauffassung für die Wertschätzung von Bedeutung sind. Die Frage der Verkehrswesentlichkeit beurteilt sich nach dem Sinn und Zweck des konkreten Rechtsgeschäfts. Im vorliegenden Fall handelt es sich um ein Kreditgeschäft, bei dem es für den Darlehensgeber von großer Bedeutung ist, ob sein Geschäftspartner kreditwürdig ist oder nicht. Da B hoch verschuldet ist und mangels geregelten Einkommens auch nicht zu erwarten ist, dass er in einem Jahr seinen Zahlungsverpflichtungen gegenüber A nachkommen wird, ist er als zahlungsunfähig bzw. kreditunwürdig zu beurteilen. A hat sich demnach über eine verkehrswesentliche Eigenschaft des B geirrt. Dieser Irrtum war auch kausal für seine Vertragserklärung: Bei Kenntnis dieser Umstände hätte er keinen Darlehensvertrag mit B abgeschlossen. A kann also gegenüber B die Anfechtung erklären, § 143 Abs. 1, Abs. 2 BGB. Er hat dies unverzüglich vorzunehmen, § 121 BGB.

Fall 2

Personen wie Fall 1. Diesmal vereinbaren beide, dass B von A dessen Auto für zwei Monate ausleihen kann (siehe § 598 BGB). Hat A die Möglichkeit, den Leihvertrag anzufechten, nachdem er von der finanziellen Lage des B erfährt?

Lösung

Im vorliegenden Fall ist die Eigenschaft des B (Zahlungsunfähigkeit) für den Vertrag nicht verkehrswesentlich. Er ist lediglich verpflichtet, nach Ablauf der vereinbarten Zeit das Auto dem A wieder zurückzugeben. Für diese vertragliche Pflicht ist seine finanzielle Situation unerheblich. A kann deshalb mangels Anfechtungsgrundes nicht anfechten.

Fall 3

Der Baustoffhändler B hat mit dem Bauunternehmer U vereinbart, dass er diesem ein Verkaufsangebot für Klinkersteine erstellt. Als er das Angebot fertig hat, erreicht er U nicht in dessen Büro, da sich dieser auf einer seiner Baustellen aufhält. Daraufhin sagt er zu seinem Lehrling L, der sich ohnehin gerade auf dem Weg zur Baustelle des U befindet: „Richte dem U aus, dass er für 3.000 Euro 600 Lagen Klinkersteine der Marke „Frisia Exklusiv" haben kann." Als L bei U ankommt, teilt er ihm (versehentlich) mit, dass er für 600 Euro 3000 Lagen Klinkersteine der Marke „Frisia Exklusiv" von B haben könne. U ist begeistert. Er ruft noch am selben Tag bei B an und erklärt dem B: „ Ihr sagenhaftes Angebot nehme ich an!". Nach ein paar Tagen stellt sich das Missgeschick von L heraus. B möchte das Geschäft keinesfalls durchführen. Welche Möglichkeit hat er?

Lösung

Man kann prüfen, ob B das verfälschte Angebot anfechten kann. Nach § 120 BGB kann eine durch einen Boten unrichtig übermittelte Willenserklärung angefochten werden wie eine nach § 119 irrtümlich abgegebene. Im vorliegenden Fall hat B den L als Übermittler des Angebotes eingeschaltet. Dieser ist als Bote zu betrachten und nicht etwa als Stellvertreter, da er eine fremde Willenserklärung abgeben sollte. Das Verkaufsangebot ist auch unrichtig übermittelt worden. Bei verständiger Würdigung hätte auch B ein derartiges Angebot (600 Euro für 3000 Lagen Klinkersteine) nie abgegeben. Er kann also gegenüber U das falsch übermittelte Angebot – unverzüglich – anfechten, §§ 143 Abs. 1 und 2, 121 BGB. Möglicherweise muss er aber dem U Schadensersatz nach § 122 BGB zahlen.

Fall 4 (Variante zu Fall 3)

B geht selbst zur Baustelle des U. Da er diesen dort nicht antrifft, bittet er den Bauleiter L (Angestellter des U) das Angebot dem U mitzuteilen. Am Abend kann sich L nicht mehr genau an das Gespräch mit B erinnern und sagt zu U: „ B bietet Ihnen 3000 Lagen Klinkersteine für 600 Euro an." Wiederum nimmt U gegenüber B das „sagenhafte Angebot" an. Als B von U Zahlung von 3.000 Euro gegen Lieferung von 600 Lagen Klinkersteine verlangt, weigert sich dieser und „nimmt vom Vertrag Abstand". Wie ist die Rechtslage?

Lösung

B könnte von U Zahlung von 3.000 Euro gegen Lieferung von 600 Lagen Klinkersteine verlangen, § 433 BGB.

Fraglich ist, worauf sich die Parteien geeinigt haben. B hat ein Angebot für 600 Lagen Steine zu 3.000 Euro abgegeben, als er es dem L gegenüber äußerte. L ist als Empfangsbote anzusehen, so dass das Angebot in dem Zeitpunkt nach § 130 BGB zugeht, in dem nach dem regelmäßigen Verlauf der Dinge die Weiterleitung an den Adressaten zu erwarten ist. Im vorliegenden Fall dürfte mit dem Zugang im Laufe des Tages zu rechnen gewesen sein. Tatsächlich hat der L ja auch am Abend den U von dem Angebot in Kenntnis gesetzt. U hat das Angebot nach dem objektiven Empfängerhorizont (§§ 133, 157 BGB) angenommen, § 151 BGB.

Fraglich ist allerdings, ob U seine Annahmeerklärung wirksam angefochten hat. Immerhin ging er ja von günstigeren Konditionen aus. Man könnte zunächst an ein Anfechtungsrecht des U nach § 120 BGB denken. Diese Norm regelt jedoch nur die falsche Übermittlung durch einen Erklärungsboten. L war aber Empfangsbote, da B selbst seine Willenserklärung abgegeben hatte. Das Risiko der falschen Übermittlung einer Willenserklärung durch den Empfangsboten trägt demnach der Empfänger der Erklärung (hier also U). Folglich kann U seine Erklärung nicht wirksam anfechten, so dass B von U für die 600 Lagen Klinkersteine 3.000 Euro verlangen kann.

I. Stellvertretung

1. Einführung

In einem vielgestaltigen und komplexen Wirtschaftsleben ist es für die Beteiligten oft von großem Interesse, Dritte für sich rechtsgeschäftlich handeln zu lassen. Hierfür steht ihnen das Recht der Stellvertretung zur Verfügung.

Stellvertretung bedeutet rechtsgeschäftliches Handeln im Namen des Vertretenen mit der Folge, dass dieser unmittelbar berechtigt und verpflichtet wird.

Von der Stellvertretung wird nur rechtsgeschäftliches Handeln (zum Beispiel Abschluss eines Kaufvertrages) oder geschäftsähnliches Handeln (zum Beispiel Mahnung) erfasst. Realakte (zum Beispiel Übergabe einer Sache) fallen nicht darunter. Die Rechtsbeziehungen der beteiligten Personen lassen sich folgendermaßen darstellen:

(Anmerkung: Die Einzelheiten des Schemas werden noch ausführlich erläutert; es bietet sich aber an, sich die Konstellationen schon an dieser Stelle zu vergegenwärtigen.)

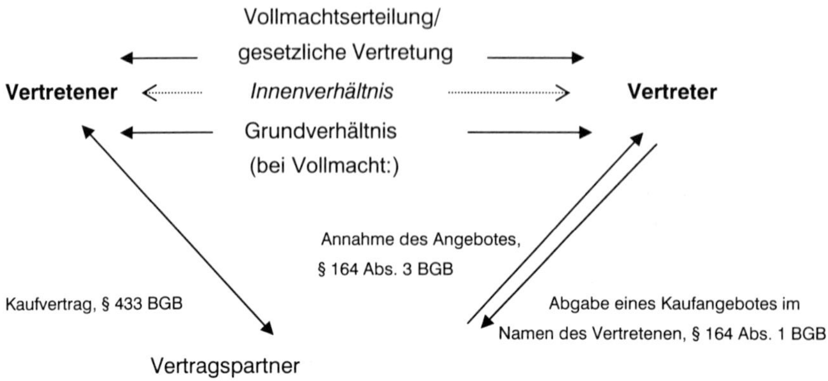

2. Abgrenzung von ähnlichen Rechtsfiguren

Im Rechtsverkehr gibt es noch einige andere Rechtsfiguren, mittels derer im fremden Interesse gehandelt wird. Die Regelungen der Stellvertretung sind hierauf nicht anzuwenden.

Mittelbare Stellvertretung

Hier schließt jemand ein Rechtsgeschäft im eigenen Namen ab, handelt aber im Interesse und für Rechnung eines anderen (des Geschäftsherrn). Gesetzlich ist diese Konstellation im Handelsrecht geregelt: Kommissions- und Speditionsgeschäft, §§ 383 ff., 453 ff. HGB. Der mittelbare Stellvertreter wird allein berechtigt und verpflichtet, das heißt, er ist – im Gegensatz zur Stellvertretung – Vertragspartner. Die erworbenen Rechte unterliegen dem Zugriff seiner Gläubiger (Ausnahme: §§ 392, 457 HGB. Sie werden nach den Regelungen der §§ 398 ff. und §§ 929 ff. BGB übertragen. Zur Risikominderung vereinbaren die Beteiligten oft eine **Vorausabtretung** bzw. ein **antizipiertes Besitzkonstitut** Vertiefungshinweis: Palandt-*Grüneberg*, BGB, § 398 Rn. 11; Palandt-*Bassenge*, BGB, § 930 Rn. 10.

Der mittelbare Stellvertreter kann einen möglichen Schaden des Geschäftsherrn im Wege der **Drittschadensliquidation** geltend machen.
Vertiefungshinweis: Musielak, Grundkurs BGB, Rn. 895 ff.

Als mittelbare Stellvertreter handeln auch der Treuhänder und der Strohmann. Der Treuhänder hat die Verfügungsbefugnis über fremdes Vermögen. Der Strohmann schließt ein Rechtsgeschäft ab, das der Hintermann in eigener Person nicht abschließen kann oder will.

Bote

Er überbringt (Erklärungsbote) oder empfängt (Empfangsbote) fremde Willenserklärungen.

Abschlussvermittler

Er vermittelt den Abschluss von Rechtsgeschäften (Makler, § 652 BGB, Handelsvertreter, sofern keine Handlungsvollmacht, §§ 84 ff. HGB)

3. Arten der Stellvertretung

Die Stellvertretungsmacht kann aus folgenden Gründen resultieren:

Rechtsgeschäftliche Stellvertretung	Gesetzliche Stellvertretung
sogenannte Vollmacht, § 166 Abs. 2 S. 1 BGB Die Vertretungsmacht wird rechtsgeschäftlich erteilt.	Vertretungsmacht beruht auf Gesetz.
Beispiel: A bevollmächtigt seinen Nachbarn N, für ihn Lebensmittel zu kaufen; Kaufmann K erteilt seinem Angestellten P Prokura (§§ 48 ff. HGB) oder Handlungsvollmacht (§ 54 HGB).	Beispiele: (1) Eltern für ihre minderjährigen Kinder (§§ 1626 Abs. 1, 1629 Abs. 1 BGB), Betreuer (§ 1902 BGB); (2) Geschäftsführer für GmbH (§ 35 GmbHG), Vorstand für Aktiengesellschaft (§ 78 Abs. 1 AktG) (organschaftliche Vertretung); (3) jeder Gesellschafter der OHG (§ 125 Abs. 1 HGB), jeder Komplementär der KG (§§ 161 Abs. 2, 125 Abs. 1 HGB), die GbR von ihren Gesellschaftern (§§ 714, 709 BGB), (gesellschaftsrechtliche Vertretung).

4. Vollmacht

a) Erteilung

Die Vollmachtserteilung ist eine einseitige, empfangsbedürftige Willenserklärung. Da sie ein einseitiges Rechtsgeschäft ist, bedarf es keiner Annahmeerklärung.

Sie kann auf unterschiedliche Weise erfolgen:

Innenvollmacht, § 167 Abs. 1, 1. Fall BGB	**Außenvollmacht, § 167 Abs. 1, 2. Fall BGB**
Der Vollmachtgeber erteilt gegenüber dem zu Bevollmächtigenden die Vertretungsmacht.	Der Vollmachtgeber erklärt die Erteilung demjenigen, dem gegenüber die Vertretung erfolgen soll.

Des Weiteren unterscheidet das Gesetz danach, auf welche Weise die Vollmachtserteilung kundgemacht wird:

nach außen kundgemachte Innenvollmacht, §§ 171 Abs. 1, 1. Fall, 172 Abs. 1 BGB	Vollmacht an die *Öffentlichkeit*, § 171 Abs. 1, 2. Fall BGB
Beispiel: A bevollmächtigt den B zum Kauf eines Krans von K. Er ruft K an und teilt ihm die Bevollmächtigung mit.	Beispiel: Im vorhergehenden Fall setzt A eine Anzeige in die Zeitung, um die Ermächtigung mitzuteilen.

Anmerkung: Die unterschiedlichen Vollmachten bringen verschiedene Rechtsfolgen mit sich, ausführlich III.I.4.c).

Die Erteilung der Vollmacht bedarf grundsätzlich nicht der Form des Rechtsgeschäftes, für das sie erteilt wird. Beispiel: Bevollmächtigung zum Erwerb eines Grundstückes, § 311 b Abs. 1 S. 1 BGB; Bevollmächtigung zu Schenkung eines Autos, § 518 Abs. 1 BGB.

Das Gesetz macht hiervon einige Ausnahmen. Beispiele: §§ 1484 Abs. 2, 1945 Abs. 3 BGB; § 2 Abs. 2 GmbHG; §§ 134 Abs. 3, 135 AktG.

Außerdem ist die Erteilung der Vollmacht formbedürftig, wenn der Vollmachtgeber durch die Erteilung der Vertretungsmacht bereits so gebunden wird, wie durch den abzuschließenden formpflichtigen Vertrag selbst. Ansonsten würde es zur Umgehung der Schutzvorschriften kommen. Beispiele: Unwiderrufliche Bevollmächtigung zum Erwerb eines Grundstückes (BGH NJW 1979, 2306) oder zur Übernahme einer Bürgschaft (BGH NJW 1996, 1467 ff.).

Wichtig ist, die Vollmachtserteilung von dem zugrunde liegenden Rechtsverhältnis zwischen Vertreter und Vertretenen zu unterscheiden (Abstraktionsprinzip). Als Grundgeschäft kommen zum Beispiel ein Auftrag, ein Gesellschaftsvertrag oder ein Arbeitsvertrag in Betracht. Die Vollmacht besteht unabhängig von einer möglichen Nichtigkeit, Unwirksamkeit oder Anfechtbarkeit des Grundgeschäftes.

Aus Gründen des Verkehrsschutzes werden die sogenannte Duldungs- und Anscheinsvollmacht der rechtsgeschäftlich erteilten Vertretungsmacht gleichgestellt.

Eine Duldungsvollmacht liegt vor, wenn es der Vertretene wissentlich zulässt, dass ein anderer für ihn wie ein Vertreter auftritt und der Vertragspartner das Dulden dahin auffasst bzw. auffassen darf, dass der als Vertreter Handelnde bevollmächtigt ist.

Beispiel: Der Ladeninhaber L lässt es zu, dass sein Lehrling L Waren für den Laden bestellt.

Von einer Anscheinsvollmacht spricht man, wenn der Vertretene zwar das Handeln des vermeintlichen Vertreters nicht kennt, es aber hätte erkennen und verhindern können und der andere Teil von einer Vollmacht ausgehen durfte.

Beispiel: L weiß zwar nicht, dass L Waren bestellt, er nimmt aber die Lieferungen anstandslos entgegen und bezahlt.

b) Umfang der Vollmacht

Den Umfang der Vertretungsmacht kann grundsätzlich der Vollmachtgeber selbst bestimmen. Je nachdem, wie weit er den Einfluss des Vertreters reichen lässt, spricht man von:

Spezialvollmacht	**Gattungsvollmacht**	**Generalvollmacht**
Vornahme eines konkreten Rechtsgeschäftes	Vornahme einer bestimmten Art von Rechtsgeschäften	Vornahme aller Rechtsgeschäfte, soweit Vertretung zulässig ist.
Beispiel: A beauftragt den B zum Verkauf seines Autos.	Beispiel: Kleiderfabrikant F beauftragt den V mit dem Kauf der Stoffe.	Beispiel: Die gebrechliche G bevollmächtigt ihren Enkel E zu allen Rechtshandlungen für und gegen sie.

Die Vollmacht kann einer Person (Einzelvollmacht) oder mehreren Personen zusammen erteilt werden (Gesamtvollmacht). Im letztgenannten Fall erfolgt eine wirksame Vertretung nur, wenn alle Vertreter gemeinsam handeln.

Vertiefungshinweis:

- Petersen, Bestand und Umfang der Vertretungsmacht, Jura 2003, 310 ff.

Im Handelsrecht ist aus Gründen der Verkehrssicherheit der Umfang von bestimmten Vollmachten gesetzlich festgelegt (Prokura, § 49 HGB und Handlungsvollmacht, § 54 HGB, siehe hierzu ausführlich III.I.8).

c) Erlöschen der Vollmacht

Die Vollmacht kann aus unterschiedlichen Gründen erlöschen:

nach Maßgabe der zugrunde liegenden Rechtsverhältnisse, § 168 S. 1 BGB	**Widerruf, § 168 S. 2 BGB**	**Fristablauf oder Eintritt einer Bedingung, §§ 158, 163 BGB**	**Anfechtung, §§ 119, 120, 123 BGB**
Beispiel: Mit Beendigung des Arbeitsverhältnisses endet automatisch die einem Arbeitnehmer erteilte Vollmacht. Durchbrechung des Abstraktionsprinzips!	Beispiel: Die Vollmacht des Angestellten A wird widerrufen. A bleibt aber weiterhin angestellt.	Beispiel: Es wurde dem Vertreter eine Frist zum Verkauf des Autos bis zum 15.1. gesetzt. Die Vollmacht erlischt mit Ablauf des 15.1.	Beispiel: A möchte dem B Vollmacht erteilen. Er verspricht sich und erteilt dem P Vollmacht. Anmerkung: Sofern von der Vollmacht bereits Gebrauch gemacht wurde, handelte der Bevollmächtigte als Vertreter ohne Vertretungsmacht, §§ 177 ff. BGB, ausführlich III.I.7.

Wurde die Vollmachtserteilung nach § 167 Abs. 1, 2. Fall BGB dem Dritten gegenüber erklärt oder lag eine nach außen kundgemachte Innenvollmacht oder eine Vollmacht an die Öffentlichkeit vor (siehe §§ 171 Abs. 1, 172 Abs. 1 BGB), so wurde ein Vertrauenstatbestand geschaffen. Daher muss das Erlöschen dem Dritten angezeigt bzw. bekannt gemacht werden, §§ 170, 173 BGB. Der gutgläubige Geschäftspartner bzw. die Öffentlichkeit dürfen nämlich von der Vollmacht ausgehen, bis ihnen Gegenteiliges mitgeteilt wird. Bei der Innenvollmacht wird ein derartiger Vertrauenstatbestand nicht geschaffen.

5. Voraussetzungen für eine wirksame Stellvertretung

Folgende Punkte müssen für eine wirksame Stellvertretung erfüllt sein:

Zulässigkeit der Stellvertretung

Es darf sich um kein höchstpersönliches Rechtsgeschäft handeln. Beispiel: Testamentserrichtung, § 2064 BGB, Erbvertrag, § 2274 BGB

Abgabe einer eigenen Willenserklärung

Der Handelnde muss rechtsgeschäftlich tätig werden und eine eigene Willenserklärung abgeben (sonst: Bote).

in fremdem Namen

Der Wille im fremden Namen zu handeln, muss ausdrücklich oder konkludent erkennbar gemacht werden, § 164 Abs. 1 S. 2 BGB (Offenkundigkeitsprinzip). Beispiel: A erklärt gegenüber B: „Ich möchte im Namen des C ihr Auto für 5.000 Euro kaufen“. Der Angestellte erteilt für einen Firmenwagen einen Reparaturauftrag (unternehmensbezogenes Geschäft).

Ist dieser Wille nicht erkennbar, dann wird der Handelnde selbst verpflichtet, § 164 Abs. 2 BGB.

Eine Ausnahme vom Offenkundigkeitsprinzip wird bei den sogenannten Bargeschäften des täglichen Lebens gemacht. Da diese Geschäfte sofort erfüllt werden, ist es für den Vertragspartner nämlich unwichtig, ob der andere Teil im eigenen oder fremden Namen auftritt. Der Zweck des Offenkundigkeitsprinzips, nämlich die Vertragspartner zu schützen, ist hier nicht nötig. Wenn der Handelnde Vertretungsmacht und den Willen zur Vertretung hat, dann wird das Geschäft mit dem geschlossen, den es angeht. Beispiel: A kauft für die erkrankte Nachbarin N im Supermarkt einige Lebensmittel ein. Der Kaufvertrag kommt unmittelbar zwischen dem Inhaber des Geschäfts und der N zustande.

Vom Handeln im fremden Namen muss das Handeln unter fremdem Namen abgegrenzt werden. Wer hier als Vertragspartner anzusehen ist, hängt davon ab, ob der Name oder die handelnde Person maßgebend ist. Wenn für den Geschäftspartner die Identität der handelnden Person nicht wichtig ist, dann kommt der Vertrag mit dem Handelnden zustande.

Beispiel: B bucht für sich und seine Freundin ein Hotelzimmer unter dem Namen Dieter Bohlen. Der Vertrag kommt hier zwischen dem Hotelinhaber und B zustande, nicht etwa mit dem Prominenten.

Legt dagegen der Geschäftsgegner Wert drauf, mit dem tatsächlichen Namensträger den Vertrag zu schließen, dann kommen die Regelungen der §§ 164 ff. BGB entsprechend zur Anwendung. Liegt keine Vertretungsbefugnis vor, sind die Vorschriften des Vertreters ohne Vertretungsmacht relevant, §§ 177, 179 BGB, ausführlich III.I.7.

im Rahmen der Vertretungsmacht

Der Handelnde muss gesetzlich oder rechtsgeschäftlich zur Vertretung befugt sein und sich im Rahmen dieser Vertretungsmacht auch bewegen. Beispiele: A kauft im Namen des B ein Auto, obwohl dieser das gar nicht will (keine Vertretungsbefugnis); A soll im Namen des B ein gebrauchtes Auto bis zu einem Kaufpreis von 5.000 Euro kaufen. Erwirbt er das Auto für 4.200 Euro, handelt er mit, kauft er es für 5.050 Euro handelt er ohne Vertretungsmacht, ausführlich III.I.7.

Es kann vorkommen, dass sich der Handelnde zwar an den Umfang seiner Vertretungsmacht hält, das abgeschlossene Geschäft aber den Interessen des Vertretenen nicht entspricht. Dieses Risiko trägt grundsätzlich der Vertretene. Unter folgenden Voraussetzungen werden aber Ausnahmen gemacht:

- *Kollusion*

Der Vertreter und der Vertragsgegner wirken bewusst zum Nachteil des Vertretenen zusammen. Der Vertreter wird hier nicht verpflichtet, da das Geschäft sittenwidrig ist, § 138 BGB.

Beispiel: P ist Prokurist beim Schmuckhändler S. Der Uhrmacher U – ein guter Bekannter des P – erzählt diesem, dass er einige Uhren hergestellt habe, die aus unerfindlichen Gründen nicht funktionieren würden. Dadurch sei ihm ein Schaden in Höhe von 2.000 Euro entstanden. P bedauert den U sehr, und die beiden kommen schließlich überein, dass P im Namen des S die Uhren für 2.000 Euro kauft. Schließlich könne der reiche S diesen Schaden besser verkraften. Der Vertrag zwischen S (vertreten durch P) und U ist nichtig, § 138 BGB.

- *Evidenz*

Der Vertreter überschreitet bei der Ausübung seiner Vertretungsmacht die im Innenverhältnis gesetzten Schranken und dem Geschäftspartner muss sich der Verdacht eines Treueverstoßes aufdrängen.

Der Geschäftspartner kann sich hier nicht auf die Wirksamkeit des Vertrages berufen, dies würde nämlich gegen Treu und Glauben verstoßen, § 242 BGB (BGHZ 113, 315, 320; BGH NJW 1995, 250).

Beispiel: Der P ist seit einigen Tagen Prokurist des Stoffhändlers H. Bei der Erteilung der Prokura hat H erklärt, dass P die ersten acht Wochen Geschäfte über 3.000 Euro nicht abschließen dürfe. Eine Woche nach Erteilung der Prokura kauft P im Namen des H bei Stoffhersteller S drei Ballen Seide zu einem Preis von 10.000 Euro. S weiß von der Weisung des H. Dieser ist an den Vertrag nicht gebunden.

6. Rechtsfolgen einer wirksamen Stellvertretung

Die rechtsgeschäftlichen Folgen eines wirksamen Vertretergeschäfts treffen ausschließlich den Vertretenen und dessen Geschäftspartner. Der Vertreter wird unmittelbar weder berechtigt noch verpflichtet. Allerdings ist seine Person, insbesondere seine Kenntnis über gewisse Umstände nicht unerheblich. So bestimmt § 166 Abs. 1 1. Alt. BGB, dass es hinsichtlich wesentlicher Willensmängel auf die Person des Vertreters ankommt. Ebenso ist die Person des Vertreters maßgebend, wenn er gewisse Umstände kennt oder kennen müsste, § 166 Abs. 1 2. Alt. BGB.

Beispiel: A soll im Namen des B einen Gebrauchtwagen kaufen. Bei den Geschäftsverhandlungen mit C erklärt dieser dem A, dass das Auto defekte Bremsen habe und er es daher günstig verkaufen wolle. A stört sich an dem Mangel nicht und kauft für B den Wagen. B ist empört und will die Bremsen von C umgehend repariert haben, sogenannter Nacherfüllungsanspruch, §§ 437 Nr. 1, 439 Abs. 1 BGB. Siehe ausführlich unter VI.B.5.c. Da ihm die Kenntnis des A vom Mangel über § 166 Abs. 1 2. Alt. zugerechnet wird, sind seine Gewährleistungsrechte aber nach § 442 Abs. 1 BGB ausgeschlossen.

Bei der Gesamtvertretung reicht es aus, wenn nur ein einziger dem Willensmangel unterliegt oder etwas kennt bzw. kennen müsste.

Allerdings ist das Wissen des Vertretenen dann relevant, wenn sein rechtsgeschäftlich bestellter Vertreter nach bestimmten Weisungen handelte. Kannte der Vertretene bestimmte Umstände, dann kann er sich nicht auf die Unkenntnis seines Vertreters berufen, § 166 Abs. 2 BGB. Auf diese Weise wird ein Missbrauch des Einsatzes von Stellvertretern verhindert.

Beispiel: A soll wieder für B ein Auto kaufen. C verschweigt diesmal, dass die Bremsen nicht funktionieren, und A geht von einem einwandfreien Zustand des Wagens aus. Wenn nun B den Mangel kannte, dann kann er sich nicht auf die Unkenntnis des A berufen. Gewährleistungsrechte kann er nicht geltend machen, § 442 BGB.

7. Vertreter ohne Vertretungsmacht

Tritt jemand im Rechtsverkehr als Vertreter eines anderen auf, obgleich er für diesen keine Vertretungsbefugnis hat, so spricht man von einem Vertreter ohne Vertretungsmacht (falsus procurator). Schließt nun der falsus procurator Verträge für den vermeintlich Vertretenen ab, dann ist dieser daran zunächst nicht gebunden. Das Rechtsgeschäft ist schwebend unwirksam, § 177 Abs. 1 BGB. (Bei einseitigen Rechtsgeschäften gilt § 180 BGB.

Die Gründe für die fehlende Vertretungsmacht können vielfältig sein. Beispiel: Anfechtung der Vollmachtserteilung (ex tunc keine Vollmacht), Widerruf nach § 168 S. 2 BGB, Überschreiten der eingeräumten Vertretungsmacht.

Anmerkung: Zu trennen ist zwischen der im *Außenverhältnis* geltenden Vertretungsmacht und gegebenenfalls im *Innenverhältnis* zwischen Vertretenem und Vertreter bestehenden Einschränkungen, die das Außenverhältnis nicht berühren. Die Vertretungsmacht wird nicht überschritten, wenn der Vertreter im Innenverhältnis gesetzte Schranken überschreitet, sich aber innerhalb der im Außenverhältnis geltenden Vertretungsmacht hält. Beispiel: Der Prokurist erwirbt entgegen einer Weisung seines Geschäftsherrn Ware in dessen Namen, §§ 49 Abs. 1, 50 Abs. 1 HGB. Da die gesetzlich festgelegte Vertretungsmacht des Prokuristen mit Wirkung für das Außenverhältnis nicht beschränkbar ist, handelt der Prokurist im Beispielfall gleichwohl mit Vertretungsmacht; ausführlich siehe III.I.8.

Wird die im Außenverhältnis geltende Vertretungsmacht überschritten, kann sich der Vertretene überlegen, ob er aus dem Vertrag berechtigt und verpflichtet werden will oder nicht, § 177 Abs. 1 BGB.

Genehmigt er den Vertrag, dann tritt die vertragliche Bindung rückwirkend ein, §§ 182 Abs. 1, 184 Abs. 1 BGB. Nach § 182 Abs. 2 BGB bedarf die **Genehmigung** nicht der Form des genehmigungsbedürftigen Rechtsgeschäftes. Grundsätzlich ist die Genehmigung nicht an eine Frist gebunden. Fordert der andere Teil den Vertretenen aber zur Erklärung über die Genehmigung auf, kann die Genehmigung nur innerhalb von zwei Wochen erklärt werden, § 177 Abs. 2 BGB. Darüber hinaus ist der andere Teil bis zur Genehmigung des Vertrages grundsätzlich zum Widerruf berechtigt, § 178 BGB.

Wird die Genehmigung verweigert, kann sich der Geschäftsgegner nur noch an den vermeintlichen Vertreter wenden, § 179 BGB: Er kann von diesem nach seiner Wahl Erfüllung oder Schadensersatz verlangen, § 179 Abs. 1 BGB. Wenn der Vertreter den Mangel der Vertretungsmacht nicht kannte, hat er jedoch nur den Vertrauensschaden zu ersetzen, § 179 Abs. 2 BGB. Eine Haftung des Vertreters entfällt gänzlich, wenn der andere Teil die fehlende Vertretungsmacht kannte oder der Vertreter minderjährig war, § 179 Abs. 3 BGB.

(Anmerkung: Die §§ 177, 179 BGB greifen nur ein, wenn die Voraussetzungen der Duldungs- oder Anscheinsvollmacht nicht vorliegen.)

8. Stellvertretung im Handelsrecht

Im Handelsrecht gibt es bestimmte Vertretungsformen für Angestellte des Kaufmannes (unselbständige Hilfspersonen): Prokura, Handlungs- und Ladenvollmacht (§§ 48 - 58 HGB). Die handelsrechtlichen Vorschriften ergänzen die Regelungen der §§ 164 ff. BGB.

Diese sind also anwendbar, soweit sich aus den §§ 48-58 HGB nichts Anderes ergibt.

Vertiefungshinweis:

- Drexl/Mentzel, Handelsrechtliche Besonderheiten der Stellvertretung, Jura 2002, 289 ff., 375 ff.

a) Prokurist

(1) Erteilung

Die Prokura wird von einem Kaufmann (Prinzipal) oder seinem gesetzlichen Vertreter persönlich und ausdrücklich erteilt, § 48 HGB.

Der Erklärende darf also kein nichteingetragener Kleingewerbetreibender sein, § 2 Abs. 1 HGB. Er darf auch keinen anderen zur Prokuraerteilung bevollmächtigen. Eine stillschweigende Prokuraerteilung kommt aus Gründen der Rechtsklarheit nicht in Betracht.

Anmerkung: Erteilt ein nichteingetragener Kleingewerbetreibender einem anderen Prokura, dann kann dies als einfache Bevollmächtigung nach § 164 BGB umgedeutet werden, § 140 BGB. Die Prokura wird schon mit ihrer Erteilung wirksam. Ihre Erteilung muss beim Handelsregister zur (deklaratorischen) Eintragung angemeldet werden, § 53 Abs. 1 HGB.

(2) Umfang

Den Umfang der Prokura legt das Gesetz fest: Nach § 49 Abs. 1 HGB ist der Prokurist zu allen Arten von gerichtlichen und außergerichtlichen Geschäften und Rechtshandlungen ermächtigt, die der Betrieb eines Handelsgewerbes mit sich bringt. Es kommt dabei nicht auf den konkreten Geschäftstyp des Prinzipals an. Beispiel: Der Prokurist eines Großhändlers für Werkzeugmaschinen kann wirksam im Namen des Prinzipals Saatgut bestellen.

Zur Veräußerung und Belastung (zum Beispiel durch eine **Hypothek**) von Grundstücken ist er jedoch nur berechtigt, wenn er ausdrücklich dazu ermächtigt wurde, § 49 Abs. 2 HGB.

Außerdem darf er keine Inhabergeschäfte (Prinzipalgeschäfte) vornehmen. Beispiel: Anmeldung und Zeichnung der Firma zum Handelsregister §§ 29, 31 HGB, Unterzeichnung des Jahresabschlusses, § 245 HGB, Prokuraerteilung, § 48 HGB. Dem Prokuristen ist es ferner untersagt, Grundlagengeschäfte abzuwickeln. Beispiel: Geschäftsaufgabe, Aufnahme eines Gesellschafters. Schließlich sind ihm auch Privatgeschäfte des Kaufmannes verwehrt.

Eine Beschränkung des Umfangs der Rechtsmacht des Prokuristen ist Dritten gegenüber unwirksam, § 50 Abs. 1 HGB. Im Innenverhältnis ist dies möglich. Überschreitet der Prokurist die ihm gesetzten Grenzen, dann macht er sich wegen Verletzung seiner arbeitsvertraglichen Pflichten unter Umständen schadensersatzpflichtig, §§ 280 Abs. 1, 241 Abs. 2 BGB, siehe hierzu ausführlich VI.D.3.

Beispiel: Der Prokurist P des A darf nur Waren bis zu einen Preis von 4.500 Euro erwerben. Kauft P bei B für 5.000 Euro Ware ein, dann ist der A an den Kaufvertrag mit B gebunden, § 50 Abs. 1 HGB. Keine Vertretung ohne Vertretungsmacht! Der P muss aber dem A Schadensersatz leisten, §§ 280 Abs. 1, 241 Abs. 2 BGB.

Anmerkung: Liegen die unter III.I.5 genannten Voraussetzungen des Missbrauchs der Vertretungsmacht vor, dann muss sich der Dritte die Beschränkungen vorhalten lassen.

(3) Erlöschen der Prokura

Die Prokura erlischt durch Widerruf, § 52 Abs. 1 HGB, durch Tod des Prokuristen, nicht durch Tod des Prinzipals, § 52 Abs. 3 HGB, mit Beendigung des Arbeitsverhältnisses. Das Erlöschen muss ebenfalls (deklaratorisch) beim Handelsregister zur Eintragung angemeldet werden, § 53 Abs. 3 HGB. Gutgläubige Geschäftspartner werden über § 15 HGB geschützt, ausführlich II.A.5.f.

b) Handlungsvollmacht

Unter einer Handlungsvollmacht versteht man eine im Bereich eines Handelsgewerbes erteilte Vollmacht, die keine Prokura ist, § 54 HGB.

Von der Prokura unterscheidet sich die Handlungsvollmacht in folgenden Fällen:

(1) Erteilung

Jeder Kaufmann im Sinne des HGB kann Handlungsvollmacht erteilen, er muss dies aber nicht persönlich vornehmen. Beispiel: Prokurist kann Handlungsvollmacht erteilen.

Eine Anmeldung zur Eintragung ins Handelsregister erfolgt nicht, da die Erteilung weder eintragungspflichtig noch eintragungsfähig ist.

(2) Arten und Umfang der Handlungsvollmacht

Sie kann erteilt werden zum Betrieb eines Handelsgewerbes (Generalhandlungsvollmacht), zur Vornahme einer bestimmten zu einem Handelsgewerbe gehörigen Art von Geschäften (Gattungshandlungsvollmacht) und zur Vornahme einzelner, zu einem Handelsgewerbe gehöriger Geschäfte (Spezialhandlungsvollmacht), § 54 Abs. 1 HGB.

Die Vollmacht erstreckt sich dabei auf alle Geschäfte und Rechtshandlungen, die der Betrieb eines derartigen Handelsgewerbes oder die Vornahme derartiger Geschäfte gewöhnlich mit sich bringt. Branchenunübliche oder ungewöhnliche Geschäfte werden von einer Handlungsvollmacht demnach nicht erfasst. Beispiel: Der Handlungsbevollmächtigte H, der für den Einkauf von Werkzeug zuständig ist, kann nicht Saatgut einkaufen.

Dem Handlungsbevollmächtigten sind ebenfalls die Prinzipalgeschäfte untersagt, darüber hinaus sind auch noch die weiteren Beschränkungen des § 54 Abs. 2 HGB zu beachten.

Schränkt der Kaufmann den Umfang der Handlungsvollmacht noch weiter ein, dann ist das im Außenverhältnis nur von Bedeutung, wenn der Geschäftspartner die Grenzen kannte oder kennen musste.

c) Ladenvollmacht

Angestellte im Laden oder offenen Warenlager gelten als ermächtigt zu Verkäufen und Empfangnahmen, die in einem derartigen Betrieb gewöhnlich geschehen, § 56 HGB. Damit schützt das Gesetz das Vertrauen der Geschäftspartner (gesetzliche Anscheinsvollmacht).

Beispiel: Kassiererin nimmt Geld entgegen und übereignet Kaufware.

Schlüsselwörter: Stellvertretung, mittelbare Stellvertretung, Bote, Abschlussvermittler, Duldungsvollmacht, Anscheinsvollmacht, Offenkundigkeitsprinzip, Vertreter ohne Vertretungsmacht, Prokura, Prinzipal, Handlungsvollmacht, Ladenvollmacht

9. Fragen und Aufgaben

a) Aufgaben zur Lernkontrolle

78. *Definieren Sie die Stellvertretung.*

79. *Stellen Sie die Rechtsbeziehungen der beteiligten Personen dar.*

80. *Welche Arten der Stellvertretung kennen Sie?*

81. *Auf welche Weise kann eine Vollmacht erteilt werden?*

82. *Ist die Erteilung der Vollmacht formbedürftig?*

83. *Was versteht man unter einer Duldungs- und Anscheinsvollmacht?*

84. *Wie kann man den Umfang der Vollmacht einteilen – wer legt ihn fest?*

85. *Wie erlischt die Vollmacht?*

86. *Von welchen Rechtsfiguren ist die Stellvertretung zu unterscheiden?*

87. *Nennen Sie die Voraussetzungen einer wirksamen Stellvertretung.*

88. *Was versteht man unter einem „Bargeschäft des täglichen Lebens"?*

89. *Sind die Regeln der Stellvertretung anwendbar, wenn eine Willenserklärung unter fremden Namen abgegeben wird?*

90. *Wann liegt ein Missbrauch der Vertretungsmacht vor? Rechtsfolgen?*

91. *Wen treffen die Folgen eines wirksamen Vertretergeschäfts?*

92. *Auf wessen Kenntnis ist bei der Stellvertretung abzustellen?*

93. *Was ist ein falsus procurator?*

94. *Ist der Vertretene an Verträge des falsus procurator gebunden?*

95. *Unter welchen Voraussetzungen und in welchem Umfang haftet der falsus procurator?*

96. *Welche Arten der Stellvertretung gibt es im Handelsrecht?*

97. *Wer kann Prokura erteilen?*

98. *Beschreiben sie den Umfang der Prokura.*

99. *Ist eine Beschränkung des Umfangs der Prokura gegenüber Dritten möglich?*

100. Wann erlischt die Prokura?

101. Muss die Handlungsvollmacht persönlich erteilt werden?

102. Welche Arten der Handlungsvollmacht kennen Sie?

103. Was ist eine Ladenvollmacht?

b) Vertiefungsfragen

Frage 1

A schließt mit B einen Kaufvertrag. Einige Tage später bemerkt A, dass er einem Irrtum unterlegen war. Als C davon erfährt, ficht er gegenüber B im Namen des A den Kaufvertrag an. A weiß von alledem nichts. B ist empört und meint, der C soll erst beweisen, dass er bevollmächtigt sei. A ist jedoch begeistert und genehmigt die Anfechtung des C. B interessiert das nicht weiter und verlangt den Kaufpreis. Kann er dass?

Lösung

B kann von A den Kaufpreis verlangen, wenn zwischen den beiden ein wirksamer Kaufvertrag geschlossen wurde und dieser nach wie vor wirksam ist, § 433 Abs. 2 BGB.

Letzteres könnte zweifelhaft sein, da aufgrund der Anfechtung der Vertragserklärung des A durch C der Vertrag ex tunc als nichtig anzusehen wäre, § 141 Abs. 2 BGB. Fraglich ist jedoch, ob C überhaupt die Anfechtung für A erklären konnte. Zum Zeitpunkt der Anfechtung war C von A dazu nicht bevollmächtigt gewesen, so dass er als Vertreter ohne Vertretungsmacht gehandelt hatte. Da es sich bei der Anfechtung um ein einseitiges Rechtsgeschäft handelt, greifen in einem derartigen Fall nicht die §§ 177, 179 BGB ein, sondern § 180 BGB findet Anwendung. Danach ist ein einseitiges Rechtsgeschäft ohne Vertretungsmacht unzulässig. C konnte folglich die Anfechtung im Namen des A nicht wirksam erklären. Die anschließende ***Genehmigung*** *des A ist demnach unerheblich. Da auch die in § 180 BGB genannten drei Fallgruppen, nach denen ausnahmsweise eine Vertretung ohne Vertretungsmacht zulässig ist, nicht vorliegen, ist der Vertrag nach wie vor wirksam. B kann also den Kaufpreis verlangen.*

Frage 2

A möchte gerne sein Auto zu einem guten Preis verkaufen. Er bittet daher den erfahrenen B, für ihn tätig zu werden. Da B gerade ein Auto benötigt und der Wagen des A in einem sehr guten Zustand ist, entschließt er sich, den Wagen selber zu kaufen – zu einem äußerst günstigen Preis versteht sich. Daher schließt er als Vertreter des A in dessen Namen mit sich den Kaufvertrag. Ist das möglich?

Lösung

Nach § 181 BGB ist es einem Vertreter grundsätzlich nicht gestattet, im Namen des Vertretenen mit sich im eigenen Namen oder als Vertreter eines Dritten ein Rechtsgeschäft vorzunehmen. Das Gesetz will hier den Vertretenen schützen, da es leicht zu Interessenkollisionen kommen kann, wenn der Vertreter und der Geschäftspartner identische Personen sind (bzw. wenn der Vertreter für beide Vertragsparteien agiert). Durch den Abschluss des Insichgeschäfts wird die Vertretungsmacht überschritten, so dass das Rechtsgeschäft – entgegen des gesetzlichen Wortlauts – entsprechend § 177 BGB schwebend unwirksam ist. Folglich kann sich A überlegen, ob er den Kaufvertrag genehmigt oder nicht.

Anmerkung. Ausnahmen gelten, wenn dem Vertreter das sog. Selbstkontrahieren (zum Beispiel durch Gesetz oder Satzung, zum Beispiel § 35 Abs. 4 GmbHG) gestattet ist oder wenn das Geschäft dazu dient, eine Verbindlichkeit (zum Beispiel Schenkung) zu erfüllen. Schließlich ist § 181 BGB nach seinem Normzweck unanwendbar, wenn das Insichgeschäft dem Vertretenen lediglich einen rechtlichen Vorteil bringt.

Vertiefungshinweis:

- Palandt-*Ellenberger*, BGB, § 181 Rn. 9 ff.

c) Übungsfälle

Fall 1

P ist Prokurist bei A, der eine große Schreinerei betreibt. Von seinem Bekannten B erfährt P, dass ein großes Grundstück im Gewerbegebiet zu verkaufen ist. Da er glaubt, dass A seinen Betrieb in absehbarer Zeit vergrößern möchte, kauft er kurz entschlossen das Grundstück im Namen des A von B für 250.000 Euro. A ist wenig davon begeistert. Muss er den Kaufpreis bezahlen?

Variante: P vereinbart mit B einen Kaufpreis in Höhe von 200.000 Euro und bestellt zusätzlich zugunsten des B im Namen des A eine Restkaufpreishypothek in Höhe von 50.000 Euro. Ist dieses Rechtsgeschäft wirksam?

Lösung

A muss an B den Kaufpreis in Höhe von 250.000 Euro zahlen, wenn zwischen den beiden ein wirksamer Kaufvertrag geschlossen wurde, § 433 Abs. 2 BGB. Fraglich ist hier, ob der A durch P wirksam vertreten wurde, § 164 BGB. Den Umfang der Proku-

ra bestimmt das Gesetz in § 49 HGB. Danach ist der Prokurist zu allen Arten von Geschäften und Rechtshandlungen ermächtigt, die der Betrieb eines Handelsgewerbes mit sich bringt. Zur Betriebsvergrößerung ist es angebracht, ein passendes Grundstück zu erwerben. (Ob der A das wollte oder nicht, ist für den Umfang der Prokura irrelevant.) Demnach handelte P im Rahmen seiner Vertretungsmacht und konnte den A wirksam vertraglich verpflichten. A muss daher den Kaufpreis bezahlen. (Lies § 49 Abs. 2 HGB: Der Prokurist ist nur zur Veräußerung und Belastung eines Grundstückes nicht befugt!)

***Variante**: Auch dieser Vertrag ist wirksam: Der Kaufvertrag verpflichtet den A wiederum zum Erwerb eines Grundstückes. Bei der Restkaufpreishypothek handelt es sich lediglich um eine Erwerbsmodalität und nicht um die Belastung eines dem A bereits gehörenden Grundstückes. § 49 Abs. 2 HGB kommt wiederum nicht zur Anwendung.*

Fall 2

Der Bauunternehmer U erteilt seinem Angestellten A Vollmacht für den Kauf einer Betonmaschine. A soll die Maschine bei dem Großhändler G erwerben, da dieser nach Ansicht des U die größte Auswahl hat. Welche Maschine A aber letztlich auswählt, bleibt dem sachkundigen A überlassen. U ruft, nachdem er dem A sein Anliegen mitgeteilt hatte, den G an, um ihn über die Bevollmächtigung zu informieren. Kurze Zeit später geraten U und A in einen heftigen Streit und U kündigt dem A fristlos (wirksam). A ist sehr entrüstet, begibt sich einige Tage später zu G und bestellt die teuerste Betonmaschine, die G auf Lager hat. G weiß von der Kündigung nichts und ist über den qualitätsbewussten A hoch erfreut. Als G die Maschine liefert und Kaufpreiszahlung verlangt, weigert sich U. Er ist der Ansicht, der A hätte für ihn nach der Kündigung keinerlei Geschäfte mehr tätigen können. Hat er Recht?

Lösung

*U müsste dem G den Kaufpreis zahlen, wenn zwischen den beiden ein wirksamer Kaufvertrag abgeschlossen worden ist, § 433 Abs. 2 BGB. Da U nicht selbst mit G verhandelt hatte, ist zu prüfen, ob der A den U wirksam vertreten konnte, § 164 BGB. Ursprünglich war ihm von U Vollmacht zum Kauf der Maschine erteilt worden, § 167 Abs. 1 1. Fall (Innenvollmacht). Allerdings ist diese Vollmacht bereits vor Vertragsschluss erloschen, da U dem A wirksam gekündigt hatte, § 168 S. 1 BGB. Man könnte daher zum Ergebnis kommen, dass der A als Vertreter ohne Vertretungsmacht handelte, so dass die Wirksamkeit des Vertrages von der **Genehmigung** des U abhängt, § 177 Abs. 1 BGB. Allerdings hatte der U dem G die Bevollmächtigung mitgeteilt, nach außen kundgemachte Innenvollmacht, § 171 Abs. 1 BGB. G war auch in dem Glauben, dass A nach wie vor bevollmächtigt war. Das Gesetz schützt die Interessen des G über § 171 Abs. 2 BGB: Danach bleibt die Vertretungsmacht so lange bestehen, bis die Kundgebung in derselben Weise, wie sie erfolgt ist, widerrufen wird. Da U den G über die Kündigung nicht informiert hatte und G auch gutgläubig war (§ 173 BGB) ist der*

U von A wirksam vertreten worden. Folglich kam zwischen U und G ein Kaufvertrag über die Maschine zustande und U muss den Kaufpreis zahlen.

Fall 3

A ist Inhaber eines exklusiven Einrichtungshauses und erteilt dem neu eingestellten H Handlungsvollmacht für den Kauf einer neuen Wohnzimmerkollektion. Einige Tage später erfährt A, dass H die erforderliche Sachkunde nicht besitzt, da er bislang nur in der Bekleidungsbranche tätig war. Daraufhin ficht er die Vollmachtserteilung gegenüber H an. Allerdings hat H zwischenzeitlich schon einige Möbel beim Möbelhersteller M gekauft. Wie ist die Rechtslage?

Lösung

Fraglich ist, ob zwischen A und M ein Kaufvertrag über die Möbel zustande gekommen ist, § 433 BGB. Da A nicht persönlich gehandelt hatte, ist zu prüfen, ob er durch H wirksam vertreten wurde, § 164 BGB. Ursprünglich hatte er ihm Handlungsvollmacht (§ 54 HGB) erteilt, § 167 Abs. 1 1. Fall BGB (Innenvollmacht). Er könnte die Erteilung aber wirksam angefochten haben: Als Anfechtungsgrund kommt ein Eigenschaftsirrtum nach § 119 Abs. 2 BGB in Betracht, da H nicht die erforderliche Sachkenntnis hatte. Ohne diesen Irrtum hätte A die Vollmacht nicht erteilt. Die Anfechtung erfolgte unverzüglich, § 121 BGB, und (grundsätzlich) auch gegenüber dem richtigen Anfechtungsgegner, § 143 Abs. 3 BGB. Dies hat zur Folge, dass die Vollmacht des H ex tunc erlischt, § 142 Abs. 2 BGB. Er wird so gestellt, als ob ihm nie Handlungsvollmacht erteilt worden wäre. Demnach hat H den Vertrag mit M als Vertreter ohne Vertretungsmacht abgeschlossen. Von einer **Genehmigung** *seitens A ist – aufgrund der Anfechtung – nicht auszugehen, so dass zwischen A und M kein Kaufvertrag zustande gekommen ist.*

M kann daher von A nicht Bezahlung und Abnahme der Kaufsache verlangen. Allerdings kann er von H den Vertrauensschaden ersetzt verlangen, § 179 Abs. 2 BGB. H wiederum kann sich als Anfechtungsgegner an A wenden und diesen Posten ersetzt verlangen, § 122 Abs. 2 BGB.

Probleme ergeben sich jedoch, wenn A zahlungsunfähig ist. Dann könnte H seinen Schadensersatzanspruch nicht realisieren und würde das Risiko der Anfechtung tragen. Wenn H zahlungsunfähig wäre, würde M leer ausgehen, denn einen unmittelbaren Anspruch gegenüber A hat er nicht; er war ja nicht der Anfechtungsgegner. Um dieses missliche Ergebnis zu verhindern, fordert die Literatur zum Teil, dass als Anfechtungsgegner (zumindest auch) der Vertragspartner (hier also M) in Betracht kommt, wenn von der Innenvollmacht Gebrauch gemacht worden ist. Anmerkung: Hätte es sich um eine Außenvollmacht nach § 167 Abs. 1 2. Fall BGB gehandelt, dann wäre der M Anfechtungsgegner nach § 143 Abs. 3 S. 1 BGB gewesen und hätte gegenüber A einen Schadensersatzanspruch nach § 122 Abs. 2 BGB gehabt.

KAPITEL IV

SCHULDRECHT – AT

Das folgende Kapitel will ihnen die Grundlagen des allgemeinen Teils des Schuldrechts (§§ 241-432 BGB) vermitteln. Nach Durcharbeiten des Kapitels sollten Sie mit der Entstehung, Ausgestaltung, Abwicklung und Beendigung von Schuldverhältnissen vertraut sein. Ziel ist es insbesondere, Ihnen die Leistungspflichten und die Beteiligungsverhältnisse bei Schuldverhältnissen zu vermitteln.

IV. SCHULDRECHT – AT

A. Einführung

1. Recht der Schuldverhältnisse

Im zweiten Buch des BGB wird das Recht der Schuldverhältnisse geregelt. Im allgemeinen Teil befinden sich die für alle Schuldverhältnisse geltenden Regeln, §§ 241-432 BGB. Insbesondere werden hier die Störungen im Schuldverhältnis (so genannte Leistungsstörungen) behandelt. Im Besonderen Teil (§§ 433-853 BGB) befinden sich Regelungen zu zahlreichen, vor allem für das Wirtschaftsleben bedeutsamen Schuldverhältnissen. Beispiel: Kauf-, Miet-, Darlehens-, Dienst-, Werk- und Bürgschaftsvertrag.

Unter einem Schuldverhältnis (im weiteren Sinne) versteht man die Gesamtheit der Rechtsbeziehungen zwischen einem Gläubiger und einem Schuldner. Beispiel: Ein Kaufvertrag begründet sowohl für Käufer als auch Verkäufer zahlreiche Rechte und Pflichten.

Das Schuldverhältnis im engeren Sinne ist gesetzlich definiert in § 241 Abs. 1 S. 1 BGB: Kraft des Schuldverhältnisses ist der Gläubiger berechtigt, von dem Schuldner eine Leistung zu fordern. Die Leistung kann ein Tun, Dulden oder Unterlassen sein.

Den Leistungsberechtigten bezeichnet man als Gläubiger. Er hat gegen den Schuldner ein Forderungsrecht, auch Anspruch genannt, § 194 BGB. Der zur Leistung Verpflichtete wird Schuldner genannt.

Das Schuldverhältnis wirkt relativ, das heißt, nur zwischen Schuldner und Gläubiger bestehen die Berechtigungen und Verpflichtungen.

Wer den zwangsweisen Zugriff des Gläubigers zwecks Durchsetzung der Forderung dulden muss, unterliegt der Haftung. Grundsätzlich liegen Schuld und Haftung bei einer Person. Es kann aber auch jemand für die Schuld eines anderen haften. Beispiel: B bestellt zugunsten des C eine **Hypothek**, und zwar für eine Forderung, die der C gegen den A hat.

Je nach Häufigkeit des Leistungsaustausches gibt es:

Einzelschuldverhältnisse	**Dauerschuldverhältnisse**
einmaliger Leistungsaustausch	wiederkehrende Einzelverpflichtungen über längeren Zeitraum
Beispiel: Werkvertrag; Kaufvertrag	Beispiel: Mietvertrag; Arbeitsvertrag

Man unterscheidet zwischen folgenden Arten von Schuldverhältnissen:

Gesetzliche	**rechtsgeschäftliche**	**vorvertragliche**
Bestimmte gesetzliche Tatbestandsmerkmale werden erfüllt.	In der Regel entstehen sie durch Vertrag, § 311 Abs. 1 BGB; auch durch einseitiges Rechtsgeschäft möglich.	Durch Aufnahme von Vertragsverhandlungen, Vertragsanbahnung oder ähnliche geschäftliche Kontakte, § 311 Abs. 2 BGB.
Beispiel: §§ 677 ff. BGB: Geschäftsführung ohne Auftrag; §§ 823 ff. BGB: Haftung wegen unerlaubter Handlung; §§ 985 ff. BGB: Eigentümer-Besitzer-Verhältnis; §§ 812 ff. BGB: Bereicherungsrecht	Beispiel: einseitig verpflichtender Vertrag (Beispiel: Schenkung); unvollkommen zweiseitig verpflichtender Vertrag (Beispiel: Leihe); gegenseitiger Vertrag (Beispiel: Kauf); einseitiges Rechtsgeschäft: Auslobung, § 657 BGB	Beispiel: Betreten eines Kaufhauses mit Kaufabsicht.

Schlüsselwörter: Schuldverhältnis, Gläubiger, Schuldner, Dauerschuldverhältnis

2. Fragen und Aufgaben

Aufgaben zur Lernkontrolle

104. Was versteht man unter einem Schuldverhältnis im weiteren und im engeren Sinne?

105. Nennen Sie jeweils ein Beispiel für ein Einzelschuldverhältnis und für ein Dauerschuldverhältnis.

106. Welche Arten von Schuldverhältnissen kennen Sie? Nennen Sie ein paar Beispiele.

B. Leistungspflichten

1. Leistungsinhalt

Der Inhalt der Leistungspflichten richtet sich nach der Art bzw. der Ausgestaltung des Schuldverhältnisses. Im gesetzlichen Schuldverhältnis werden die Pflichten gesetzlich festgelegt. Beispiele: § 994 BGB: Verwendungsersatz; § 818 Abs. 2 BGB: Wertersatz

Im vertraglichen Schuldverhältnis können die Parteien den Leistungsinhalt grundsätzlich frei vereinbaren. Die Leistungspflicht muss dabei bestimmt oder zumindest bestimmbar sein. Der Schuldner muss ja wissen, was er genau zu leisten hat. Fehlt zwischen den Parteien eine Abrede, dann können unter Umständen dispositive gesetzliche Regelungen weiter helfen. Beispiel: Fehlt die Abrede über Höhe des Werklohns, so wird die übliche Vergütung geschuldet, § 632 Abs. 2 BGB; siehe auch § 612 Abs. 2 und § 653 Abs. 2 BGB.

Wenn die Gegenleistung für eine Leistung nicht bestimmt ist, so steht nach § 316 BGB die Bestimmung im Zweifel dem Gläubiger der Gegenleistung zu. Soll die Bestimmung der Leistung durch eine der Vertragsparteien oder durch Dritte erfolgen, dann ist die Bestimmung nach billigem Ermessen zu treffen, §§ 315, 316 BGB.

2. Haupt-, Nebenpflichten und Obliegenheiten

Beim Kaufvertrag ist der Käufer einer Ware an der Übereignung der Sache interessiert, dem Verkäufer geht es um den Erhalt des Kaufpreises. Diese Leistungspflichten nennt man Hauptleistungspflichten oder auch Primärpflichten. Sie geben dem Vertrag das besondere Gepräge. Der jeweilige Gläubiger kann seine Forderungen gegenüber dem Schuldner einklagen. Weitere Beispiele: Mietvertrag: Überlassen der Mietsache und Entrichtung des Mietzinses; Darlehensvertrag: Überlassen des Geldes und Rückzahlung des Geldes (nicht im Gegenseitigkeitsverhältnis!).

Es gibt daneben noch Pflichten, die der Vorbereitung, Durchführung und Sicherung der Hauptleistungspflichten dienen. Diese Nebenpflichten resultieren aus dem Gebot von Treu und Glauben, § 242 BGB bzw. aus § 241 Abs. 2 BGB. Beispiel: Schutzpflichten (Eigentum der anderen Partei darf nicht verletzt werden), Mitwirkungspflichten (Parteien müssen Voraussetzungen für erfolgreiche Vertragsdurchführung schaffen), Sorgfaltspflichten (ausreichende Verpackung der Ware), Aufklärungspflichten (Information des anderen Teils über wesentliche Umstände).

Mit Ausnahme der Mitwirkungspflichten (Palandt-*Grüneberg*, BGB, § 242 Rn. 32), sind die Nebenpflichten nicht selbstständig einklagbar. Werden sie jedoch nicht erfüllt, können Schadensersatzansprüche in Betracht kommen, §§ 280 Abs. 1 und 3, 282 BGB, ausführlich V.F.

Schließlich gibt es noch die Obliegenheiten. Es handelt sich hierbei streng genommen nicht um vertragliche Pflichten. Die jeweils betroffene Partei hat sie vielmehr im eigenen Interesse zu beachten, da sie sonst nachteilige Rechtsfolgen zu befürchten hat. Beispiel: Rügeobliegenheit nach § 377 HGB → sonst: Verlust der Gewährleistungsrechte.

3. Stückschulden und Gattungsschulden

Haben die Parteien eines Kaufvertrages das Kaufobjekt konkret bestimmt, dann liegt eine Stückschuld vor. Weitere Beispiele: Gebrauchtwagen, Grundstück, Kunstobjekt.

Es handelt sich um einen individuellen Leistungsgegenstand. Der Schuldner kommt seiner Pflicht nur nach, wenn er genau diesen Gegenstand leistet.

Wenn dagegen der Gegenstand nur nach allgemeinen, typisierenden Merkmalen bestimmbar ist, so spricht man von einer Gattungsschuld. Beispiel: Zwei Kilogramm Tomaten, Pullover aus einem Katalog, neuer VW Polo.

Der Schuldner kommt seiner Leistungspflicht nach, wenn er eine Sache mittlerer Art und Güte leistet, § 243 Abs. 1 BGB. Sobald er das seinerseits Erforderliche getan hat, beschränkt sich dann das Schuldverhältnis nur noch auf diese Sache, § 243 Abs. 2 BGB (Konkretisierung). Es liegt dann eine Stückschuld vor. Beispiel: Der Verkäufer packt dem Kunden zwei Kilogramm Tomaten in eine Tüte.

Um eine beschränkte Gattungsschuld handelt es sich, wenn der Schuldner die Leistung aus einer bestimmten größeren Menge bzw. aus einem Vorrat zu erbringen hat (Vorratsschuld). Beispiel: 10 Kilogramm Äpfel aus der Ernte 2003.

4. Geldschuld

Hat der Schuldner seine Leistung in Geld zu erbringen, liegt eine Geldschuld vor. Da nicht bestimmte Geldstücke oder Geldscheine zu leisten sind, handelt es sich nicht um eine Stückschuld, sondern um eine Gattungsschuld (BGHZ 83, 300; anderer Ansicht Palandt-*Grüneberg*, BGB, § 245 BGB Rn. 12: Wertverschaffungsschuld, keine Sachschuld). Der Schuldner einer Geldschuld kann sich nicht auf seine persönliche Zahlungsunfähigkeit berufen. Man sagt: „Geld hat man zu haben".

5. Zinsschuld

Zinsen sind die Vergütung für die Überlassung von Kapital. Der gesetzliche Zinssatz beträgt nach § 246 BGB 4 %. Im Handelsrecht beträgt er bei beiderseitigen

Handelsgeschäften 5 %, sofern es sich nicht um Verzugszinsen handelt, § 352 HGB. Die Höhe von Verzugszinsen richtet sich nach § 288 BGB: Grundsätzlich 5 Prozentpunkte über dem Basiszinssatz (§ 247 BGB); wenn kein Verbraucher am Vertrag beteiligt ist: 8 Prozentpunkte über dem Basiszinssatz, § 288 Abs. 1 2, Abs. 2 BGB.

6. Wahlschuld

Bei der Wahlschuld werden mehrere Leistungen in der Weise geschuldet, dass nur die eine oder die andere zu bewirken ist. Im Zweifel hat der Schuldner das Wahlrecht, § 262 BGB. Ausnahme: § 179 Abs. 1 BGB.

Schlüsselwörter: Leistungspflicht, Hauptleistungspflicht, Nebenleistungspflicht, Obliegenheit, Stückschuld, Gattungsschuld

7. Fragen und Aufgaben

Aufgaben zur Lernkontrolle

107. Wonach bestimmen sich die vertraglichen Leistungspflichten?

---

108. Was versteht man unter Haupt-, Nebenpflichten und Obliegenheiten?

---

109. Worin besteht der Unterschied zwischen Stück- und Gattungsschuld?
Wie kommt der Schuldner jeweils seiner Leistungspflicht nach?

---

110. Kann man sich bei einer Geldschuld auf seine Zahlungsunfähigkeit berufen?

C. Leistungsort

1. Einführung

Beim Schuldverhältnis muss zwischen dem Leistungsort und dem Erfolgsort unterschieden werden.

Leistungsort

Ort, an dem der Schuldner seine Leistungshandlung vorzunehmen hat. Anmerkung: Das Gesetz bezeichnet den Leistungsort zum Teil auch als Erfüllungsort, §§ 447, 448, 644 Abs. 2 BGB.

Erfolgsort

Ort, an dem der Erfolg der Leistung eintritt.

Leistungsort und Erfolgsort können, müssen aber nicht übereinstimmen. Je nachdem, wo sich die besagten Orte befinden, liegt entweder eine Hol-, Bring- oder Schickschuld vor.

Holschuld

Leistungsort und Erfolgsort liegen am Wohnsitz/Niederlassung des Schuldners. Der Schuldner kommt seiner Leistungspflicht nach, wenn er die Sache gegebenenfalls aussondert und dem Gläubiger zur Abholung bereitstellt. Ist der Schuldner dieser Pflicht nachgekommen, dann ist bei einer Gattungsschuld die Konkretisierung erfolgt. Er hat dann das seinerseits Erforderliche getan, § 243 Abs. 2 BGB.

Bringschuld

Leistungs- und Erfolgsort liegen beim Gläubiger. Der Schuldner muss den Leistungsgegenstand (eventuell aussondern und) dem Gläubiger an dessen Wohnsitz/Niederlassung bringen.

Schickschuld

Der Leistungsort ist beim Schuldner, der Erfolgsort ist beim Gläubiger. Der Schuldner muss die Sache (gegebenenfalls nach Aussonderung) an den Gläubiger schicken (zum Beispiel durch die Post). Damit ist er seiner Pflicht nachgekommen. Beispiel: Geld, § 270 Abs. 1 und 4 BGB, und Versendungsverkauf, § 447 BGB.

Welcher Ort der richtige ist, bestimmt sich zunächst nach der Vereinbarung der Vertragsparteien. Fehlt diese, so sind die Umstände des Falles bzw. die Natur des Schuldverhältnisses maßgebend, § 269 Abs. 1 BGB. Beispiel: Bei Geschäften des täglichen Lebens im Laden: Holschuld; beim Kauf von Heizöl: Bringschuld.

Sofern sich der Leistungsort auch nicht aus den Umständen ergibt, ist er im Zweifel der Ort, an dem Schuldner seinen Wohnsitz/seine Niederlassung hat, § 269 BGB (also: Holschuld).

Bedeutsam wird die Ermittlung des Leistungsortes vor allem bei der Frage, ob sich eine Partei im Verzug befindet und wer die Leistungsgefahr zu tragen hat (ausführlich V.D.2, V.C.1).

Schlüsselwörter: Leistungsort, Erfolgsort, Holschuld, Bringschuld, Schickschuld

2. Fragen und Aufgaben

Aufgaben zur Lernkontrolle

111. Worin besteht der Unterschied zwischen Leistungs- und Erfolgsort?

---

112. Wo sind Leistungs- und Erfolgsort bei der Hol-, Bring- bzw. Schickschuld?

---

113. Wonach bestimmt sich, welcher Ort der Leistungsort ist?

D. Leistungszeit

1. Einführung

Hier sind zwei Begriffe auseinander zu halten:

Fälligkeit
Zeitpunkt, ab dem der Gläubiger die Leistung des Schuldners verlangen darf.

Erfüllbarkeit
Zeitpunkt, ab dem der Schuldner erfüllen darf.

Der Schuldner muss die Leistung zur richtigen Zeit erbringen.

Haben die Parteien keine Vereinbarung über die Leistungszeit getroffen und ergibt sich aus dem Umständen nichts anderes, kann der Gläubiger die Leistung im Zweifel sofort verlangen und der Schuldner sie sofort bewirken, § 271 Abs. 1 BGB.

Erfüllbarkeit und Fälligkeit stimmen meistens überein. Haben die Parteien jedoch eine Leistungszeit bestimmt, so ist im Zweifel anzunehmen, dass der Schuldner schon vorher leisten darf, § 271 Abs. 2 BGB.

Der Zeitpunkt der Fälligkeit ist entscheidend für die Frage, ob der Schuldner in Verzug geraten ist, § 286 BGB, ausführlich V.C.1.

Schlüsselwörter: Leistungszeit, Fälligkeit

2. Fragen und Aufgaben

Aufgaben zur Lernkontrolle

114. Was versteht man unter Fälligkeit und Erfüllbarkeit?

---

115. Kann der Gläubiger die Leistung sofort verlangen?

---

116. Darf der Schuldner eine Leistung vor dem vereinbarten Termin erbringen?

E. Schadensersatz

1. Einführung

Verletzt eine Vertragspartei die ihr obliegenden Pflichten, so kann dem anderen Teil ein Nachteil entstehen mit der Folge, dass er Schadensersatz verlangen kann.

Unter einem Schaden versteht man jede unfreiwillige Einbuße an materiellen oder immateriellen Rechtsgütern auf Grund eines bestimmten Ereignisses.

Art und Umfang des Schadensersatzes regeln die §§ 249 ff. BGB. Ob aber überhaupt Schadensersatz zu leisten ist, bestimmen so genannte haftungsbegründende Tatbestandsmerkmale. Für den Geschädigten stellen sie Anspruchsgrundlagen dar.

Anspruchsgrundlagen für Schadensersatz

Pflichtverletzung im Rahmen eines vertraglichen oder vorvertraglichen Schuldverhältnisses	Beispiel: Kaufvertrag, §§ 437 Nr. 3, 280 Abs. 1 BGB
Pflichtverletzung im Rahmen eines gesetzlichen Schuldverhältnisses	Beispiel: Geschäftsführung ohne Auftrag, § 678 BGB
deliktische Haftung	Beispiel: Verletzung von Eigentum, § 823 Abs. 1 BGB
Gefährdungshaftung	Beispiel: Halterhaftung beim Verkehrsunfall, § 7 Abs. 1 StVG Produkthaftung, § 1 PHG
Erklärungshaftung	Beispiel: Vertreter ohne Vertretungsmacht, § 179 Abs. 1 BGB

Die Haftung wegen Verletzung vertraglicher oder vorvertraglicher Pflichten und die **deliktische Haftung** zeichnen sich dadurch aus, dass der Schädiger schuldhaft gehandelt haben muss. Das heißt, er muss vorsätzlich oder fahrlässig gehandelt haben, § 276 BGB, siehe II.A.1. Anders bei der Erklärungs- und **Gefährdungshaftung**: Hier haftet der Schädiger verschuldensunabhängig.

2. Schadensermittlung

Ob überhaupt ein (materieller) Schaden entstanden ist, bestimmt sich nach der Differenzmethode. Man vergleicht die Vermögenssituation des Geschädigten vor und nach dem schädigenden Ereignis. Ergibt sich eine Differenz, so ist ein Schaden entstanden. Man kann sich zur Schadensermittlung auch die Frage stellen: Ist der tatsächliche Wert des Vermögens geringer als er es ohne das schädigende Ereignis wäre?

Beispiel: Bei einem Verkehrsunfall wird der Kotflügel beschädigt und der Fahrer erleidet einen Beinbruch: Abschleppkosten, Reparaturkosten für das Auto, Arztkosten und eventuell angefallenen Anwalts-/Gerichtskosten sind als Schadensposten anzusetzen. Ohne den Unfall wären sie ja nicht angefallen.

3. Schadensarten

Man unterscheidet zwischen folgenden Schadensarten:

unmittelbarer Schaden	*mittelbarer Schaden*
am betroffenen Rechtsgut selbst	an anderen Rechtsgütern als weitere Folge des schädigenden Ereignisses (insbesondere: Vermögen)
Beispiel: beschädigter Kotflügel, gebrochenes Bein	Beispiel: Abschleppkosten, Kosten des Mietwagens, Anwaltskosten

materieller Schaden	*immaterieller Schaden*
Vermögensschaden, in Geld bestimmbar	Nichtvermögensschaden, lässt sich nicht in Geld messen Hier ist die Differenzmethode nicht anwendbar; es wird eine angemessene Entschädigung in Geld zugesprochen, § 287 ZPO.
Beispiel: Reparaturkosten des Autos: 2.000 Euro	Beispiel: Beeinträchtigung immaterieller Rechtsgüter wie Schmerzlosigkeit, Wohlbefinden, Ehre

Erfüllungsschaden	*Vertrauensschaden*
positives Interesse Schaden aufgrund der Nichterfüllung von Pflichten: Der Geschädigte ist so zustellen, als wenn ordnungsgemäß erfüllt worden wäre.	negatives Interesse Vertrauen auf die Gültigkeit des Rechtsgeschäftes wird geschützt. Der Geschädigte ist so zu stellen, als ob das Rechtsgeschäft nicht getätigt wurde.

4. Kausalität

Der Schädiger kann nur für diejenigen Schäden verantwortlich gemacht werden, die er auch zurechenbar verursacht hat (so genannte Kausalität). Man unterscheidet zwischen der haftungsbegründenden und der haftungsausfüllenden Kausalität.

Haftungsbegründende	*Haftungsausfüllende*
Verletzungshandlung verursacht eine Rechtsgutsverletzung	Rechtsgutsverletzung hat einen bestimmten Schaden zur Folge
Beispiel: Wurf eines Steines (Verletzungshandlung) → Loch in einer Fensterscheibe (Rechtsgutsverletzung: Eigentum)	Beispiel: Loch in der Scheibe (Rechtsgutsverletzung) → Reparaturkosten des Fensters (Schaden)

Die Kausalität wird nach folgenden Theorien bestimmt:

Äquivalenztheorie:

Jede Handlung ist ursächlich, die nicht hinweggedacht werden kann, ohne dass der konkrete Erfolg entfiele (conditio sine qua non). Die Verursachungsbeiträge sind danach alle gleichwertig.

Beispiel: Autofahrer A fährt den Fußgänger F an. F erleidet einen Beinbruch und wird ins Krankenhaus eingeliefert. Dort werden ihm Wertsachen gestohlen. Hätte A ihn nicht angefahren, hätte er seine Wertsachen noch. Man kann aber auch sagen: Hätte die Mutter des A diesen nicht geboren, dann wäre es nicht zu dem Unfall und dem Diebstahl gekommen (Gleichwertigkeit der Beiträge).

Da diese Theorie fast jeden Ursachenbeitrag genügen lässt, erfolgt eine Einschränkung durch die

Adäquanztheorie:

Das Verhalten muss generell geeignet sein, die Art des eingetretenen Erfolges herbeizuführen. Völlig unwahrscheinliche Umstände (atypische Kausalverläufe) sind außer Acht zu lassen.

Beispiel: Die Entwendung der Wertsachen beruht auf einem atypischen Kausalverlauf. Er ist dem A nicht mehr zuzurechnen.

Schließlich erfolgt noch eine Einschränkung über den

Schutzzweck der Norm:

Man muss sich fragen, ob der Nachteil gerade durch die verletzte Norm vermieden werden sollte.

Anmerkung: Wäre der Schaden auch bei pflichtgemäßem Verhalten (rechtmäßigem Alternativverhalten) eingetreten, so scheidet eine Zurechnung aus. Hypothetische Kausalverläufe (Reserveursachen) hingegen entlasten den Schädiger nicht.

Beispiel: A hat den Wagen des B beschädigt. Der Wagen wäre ohnehin zerstört worden, weil die Garage des B zwei Tage nach dem Unfall ausgebrannt ist. Die Reserveursache kommt dem Schädiger nicht zugute. Er muss den Schaden am Wagen ersetzen.

5. Verpflichteter und Berechtigter

Grundsätzlich hat derjenige Schadensersatz zu leisten, durch dessen schuldhafte Handlung der Schaden zurechenbar verursacht wurde. Eine Ausnahme gilt, wenn sich jemand zur Erfüllung seiner Verbindlichkeiten einer anderen Person bedient. Dann wird ihm das Verschulden dieser Person zugerechnet, § 278 BGB. Anmerkung: Aus vertraglichen Anspruchsgrundlagen kann dieser so genannte **Erfüllungsgehilfe** selbst nicht in Anspruch genommen werden. Möglicherweise haftet er aber deliktisch, §§ 823 ff. BGB.

Beispiel:
Der Malermeister M soll das Haus des H renovieren. Dabei hilft ihm der Lehrling L. Verwendet nun L eine ungeeignete Anstrichfarbe, so muss sich M dieses Fehlverhalten im Rahmen seiner vertraglichen Haftung zurechnen lassen.

Anmerkung:
Im Deliktsrecht gibt es ebenfalls eine Zurechnungsnorm für den so genannten **Verrichtungsgehilfen**, § 831 BGB. Dieser kann neben seinem Geschäftsherrn aus § 823 BGB haften.

Anspruchsberechtigter ist grundsätzlich der Geschädigte. Im Rahmen der vertraglichen Haftung ist dies der Vertragspartner, bei der Haftung aus Delikt ist dies der Inhaber des geschädigten Rechtsgutes.

Ausnahmen:
Vertrag mit Schutzwirkung zugunsten Dritter: Wenn eine dritte Person unter bestimmten Voraussetzungen in den Schutz eines Vertrages zweier Parteien einbezogen ist, kann der Dritte vertraglichen Schadensersatz geltend machen (ausführlich IV.H.4.

Drittschadensliquidation:
Ersatzberechtigter und Geschädigter sind nicht identisch. Der Anspruchsinhaber kann den Schaden, der dem Dritten entstanden ist, vom Schädiger liquidieren (ausführlich unter V.B.4).

Vertiefungshinweis:

- Müssig, Wirtschaftsprivatrecht, S. 182.

6. Art und Umfang des Schadensersatzes

Nach der gesetzlichen Konzeption erfolgt der Ausgleich des Schadens folgendermaßen:

Naturalrestitution, § 249 Abs. 1 BGB

Grundsätzlich ist der Zustand wiederherzustellen, der bestehen würde, wenn das schädigende Ereignis nicht eingetreten wäre. Ausreichend ist ein wirtschaftlich gleichwertiger Zustand.

Beispiel: Reparatur der eingeschlagenen Scheibe, Widerruf ehrverletzender Äußerungen.

Geldersatz gemäß § 249 Abs. 2 BGB

Bei Personen- und Sachschäden kann statt der Wiederherstellung der dazu erforderliche Geldbetrag verlangt werden. Anmerkung: Bei einer Sachbeschädigung darf die Umsatzsteuer nur verlangt werden, wenn sie tatsächlich angefallen ist, § 249 Abs. 2 S. 2 BGB.

Geldersatz nach Fristablauf, § 250 BGB

Wenn der Gläubiger dem Ersatzpflichtigen zur Wiederherstellung eine Frist setzt, verbunden mit der Androhung nach Fristablauf die Herstellung abzulehnen, so hat er nach Fristablauf nur noch einen Anspruch auf Geldersatz.

Geldersatz ohne Fristsetzung, § 251 BGB

Ist die Herstellung nicht möglich oder zur Entschädigung des Gläubigers nicht genügend, so ist Entschädigung in Geld zu leisten. Beispiel: Totalschaden eines PKW nach Verkehrsunfall. Vertiefungshinweis: Abrechnung auf Basis eines Sachverständigengutachtens: Palandt-*Grüneberg*, BGB, § 249 Rn. 14, BGH NJW 1989, 3009.

Ist die Herstellung nur mit unverhältnismäßigen Aufwendungen verbunden, so kann ebenfalls Geldersatz geleistet werden. Beispiel: Reparaturkosten für das Auto sind höher (mehr als 30%) als dessen Zeitwert.
Vertiefungshinweis: Palandt-*Grüneberg*, BGB, § 249 Rn. 25, BGHZ 115, 364.

Immaterieller Schaden, § 253 Abs. 1 BGB

Geldersatz wegen eines Nichtvermögensschadens wird nur in gesetzlich bestimmten Fällen geschuldet. Beispiel: § 253 Abs. 2 BGB, § 651 f. BGB, § 6 StVG.

7. Einzelfälle der Schadensberechnung

Vorteilsausgleich

Der Geschädigte soll alle seine Nachteile ersetzt bekommen, allerdings darf er auch nicht zu Lasten des Schädigers aufgrund des schädigenden Ereignisses besser gestellt werden. Der Schädiger darf jedoch auch nicht unbillig entlastet werden.

Beispiel Anrechnung: Der Geschädigte spart häusliche Verpflegungskosten, wenn er im Krankenhaus liegt. Während der Reparatur des Autos wird es nicht genutzt: Die verminderte Abnutzung muss sich der Geschädigte anrechnen lassen. Einbau neuwertiger Ersatzteile: Die Werterhöhung ist anzurechnen (Abzug neu für alt). Keine Anrechnung: Leistungen Dritter im Rahmen der Sozialversicherung, Lohnfortzahlung, Versicherungsleistungen.

Entgangene Gebrauchsvorteile

Konnten Güter, die zur eigenwirtschaftlichen Lebensführung gehören, nicht genutzt werden, so ist – bei potentieller Nutzungsfähigkeit des Geschädigten – Ersatz zu leisten.

Beispiel: Auto während der Reparatur.

Mitverschulden, § 254 BGB

Wenn auch der Geschädigte an der Schadensentstehung beteiligt ist, dann ist sein Schadensersatzanspruch um seinen Mitverschuldensanteil zu kürzen.

Schlüsselwörter: Schadensersatz, Pflichtverletzung, Differenzmethode, Schaden, immaterieller Schaden, Erfüllungsschaden, positives Interesse, Vertrauensschaden, negatives Interesse, Kausalität, Äquivalenztheorie, Adäquanztheorie, Naturalrestitution, Mitverschulden

8. Fragen und Aufgaben

Aufgaben zur Lernkontrolle

117. Definieren Sie den Begriff Schaden.

118. Welche Anspruchsgrundlagen für Schadensersatz kennen Sie?

119. Wie wird der Schaden ermittelt?

120. Worin besteht der Unterschied zwischen einem mittelbaren und einem unmittelbaren Schaden?

121. Erklären sie die Begriffe „materieller" und „immaterieller" Schaden.

122. Worin unterscheiden sich Erfüllungs- und Vertrauensschaden?

123. Was versteht man unter der haftungsbegründenden und der haftungsausfüllenden Kausalität?

124. Wie ermittelt man, ob ein Verhalten ursächlich für einen Schaden war?

125. Wann wird jemandem das Verschulden einer anderen Person zugerechnet?

126. Sind nur die Vertragspartner berechtigt, vertragliche Schadensersatzansprüche geltend zu machen?

127. Welche Schadensersatzmöglichkeiten kennt das Gesetz?

128. Wann kann Geldersatz verlangt werden?

129. Wann findet ein Vorteilsausgleich statt?

130. Wann werden entgangene Gebrauchsvorteile ersetzt?

F. Mehrheit von Schuldnern und Gläubigern

1. Schuldnermehrheit

Teilschuldner, § 420 BGB

Mehrere schulden eine teilbare Leistung, jeder muss nur anteilig leisten. Hinweis: Bei Schuldnermehrheit aufgrund eines Vertrages verdrängt § 427 BGB weitgehend den § 420 BGB.

Gesamtschuldner, § 421 BGB

Jeder Schuldner muss die ganze Leistung bewirken, der Gläubiger darf sie nur einmal fordern. Eine anteilige Leistung ist nicht möglich. Der Gläubiger kann sich einen Schuldner aussuchen. Beispiele: Mehrere verpflichten sich gemeinsam vertraglich gegenüber einem anderen, § 427 BGB; bei unteilbarer Leistung, § 421 BGB; gesetzlich geregelt in: §§ 830, 840 BGB, § 128 HGB und § 41 Abs. 1 S. 2 AktG.

Voraussetzungen: (1) mehrere Schuldner, (2) einmalige Leistungsberechtigung, (3) Identität des Leistungsinteresses, (4) Gleichstufigkeit der Schuldner: gleichrangige Tilgungsgemeinschaft. Beispiel: Die Gesellschafter einer OHG haften gesamtschuldnerisch für die Gesellschaftsschulden, § 128 S.1 HGB. Die OHG und die Gesellschafter sind keine Gesamtschuldner. Ebenso nicht: Bürge und Hauptschuldner (siehe Palandt-*Grüneberg*, BGB, § 421 Rn.7).

Rechtsfolgen: Erbringt ein Schuldner die Leistung, so tritt Erfüllung auch zugunsten der anderen Schuldner ein, § 422 BGB. Der Leistende kann Ausgleich von den Anderen grundsätzlich nach Kopfteilen verlangen, § 426 Abs. 1 BGB. Soweit er diesen Anspruch hat, geht die Forderung des Gläubigers gegen die anderen Schuldner (samt Sicherheiten) auf ihn über, § 426 Abs. 2 BGB (gesetzlicher Forderungsübergang, siehe unten IV.G.2.). Siehe auch §§ 423-425 BGB.

2. Gläubigermehrheit

Teilgläubiger, § 420 BGB

Mehrere können eine teilbare Leistung anteilig fordern. Beispiel: Unterhalt für mehrere in einer Summe ausgedrückt. Anmerkung: Sind mehrere nur gemeinsam empfangszuständig, dann liegt auch dann eine unteilbare Leistung vor, wenn sie faktisch – zum Beispiel Geld – teilbar ist.

Gesamtgläubiger, § 428 BGB

Jeder kann die ganze Leistung fordern, der Schuldner muss sie nur einmal an den Gläubiger seiner Wahl leisten. Beispiel: Oder-Konto bei Eheleuten, Empfänger und Absender wegen des Anspruchs aus § 421 HGB gegen den Frachtführer (BGH NJW 1999, 1110, 1112).

Mitgläubiger, § 432 BGB

Jeder Gläubiger kann nur an alle gemeinsam die Leistung verlangen. Beispiel: Anspruch mehrere Miteigentümer auf Miete, Forderungen einer ehelichen Gütergemeinschaft und Erbengemeinschaft.

Schlüsselwörter: Schuldnermehrheit, Teilschuldner, Gesamtschuldner, Gläubigermehrheit, Teilgläubiger, Gesamtgläubiger, Mitgläubiger

3. Fragen und Aufgaben

131. Nennen Sie die Voraussetzungen für eine Gesamtschuldnerschaft.

---

132. Was bewirkt die Leistung eines Gesamtschuldners an den Gläubiger?

---

133. Worin unterscheiden sich Gesamtgläubiger von den Mitgläubigern?

G. Wechsel von Schuldner und Gläubiger

1. Schuldnerwechsel

Der Schuldnerwechsel ist gesetzlich in den §§ 414 ff. BGB geregelt. Die Schuldübernahme erfolgt entweder aufgrund eines Vertrages zwischen dem Gläubiger und dem Übernehmer gemäß § 414 BGB oder durch eine Vereinbarung zwischen dem (alten) Schuldner und dem Übernehmer (neuer Schuldner), § 415 Abs. 1 BGB. Allerdings ist im letztgenannten Fall grundsätzlich die **Genehmigung** des Gläubigers erforderlich (Ausnahme: § 416 Abs. 1 S. 2 BGB). Sicherungsrechte (zum Beispiel Bürgschaften) für die Schuld erlöschen, § 418 BGB. Der Übernehmer kann dem Gläubiger gemäß § 417 Abs. 1 S. 1 BGB alle Einwendungen des alten Schuldners entgegenhalten. Beispiel: Verjährung der Forderung.

Bildlich kann man sich die Schuldübernahme folgendermaßen vorstellen:

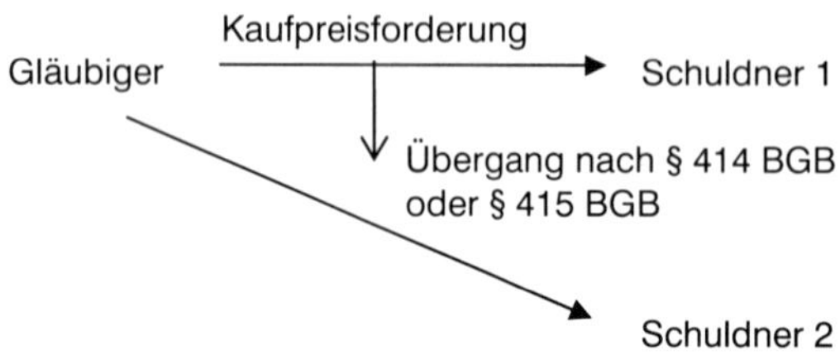

2. Gläubigerwechsel

Der Wechsel des Gläubigers kann durch Rechtsgeschäft oder gesetzlich erfolgen.

rechtsgeschäftlich, §§ 398 ff. BGB

Abtretung einer Forderung des alten Gläubigers (Zedenten) an den neuen Gläubiger (Zessionar). Anmerkung: Die Abtretung ist das Verfügungsgeschäft, das Kausalgeschäft kann zum Beispiel eine Schenkung sein.

Folge: Der neue Gläubiger tritt an die Stelle des alten Gläubigers. Nebenrechte (zum Beispiel Bürgschaften) gehen mit über, § 401 BGB. Anmerkung: Keine Abtretung in folgenden Fällen möglich: Inhaltsänderung der Forderung, § 399 S. 1 BGB (zum Beispiel höchstpersönliche Ansprüche), Vereinbarung eines Abtretungsverbotes, § 399 S. 2 BGB (Ausnahme: § 354 a S. 2 HGB), unpfändbare Forderung, § 400 BGB.

Schuldnerschutz erfolgt über §§ 404 ff. BGB:

§ 404 BGB: Einwendungen bleiben erhalten; § 406 BGB: Aufrechnung (siehe IV.I.1) mit Forderung gegen den alten Gläubiger gegenüber dem neuen Gläubiger möglich; § 407 BGB: Rechtshandlungen des Schuldners gegenüber dem bisherigen Gläubiger bei Unkenntnis der Abtretung muss der neue Gläubiger gegen sich gelten lassen.

Hinweis:

Die Schuldübernahme ist vom Schuldbeitritt zu unterscheiden. Der Gläubiger erhält einen zusätzlichen Schuldner. Der rechtsgeschäftliche Beitritt ist im BGB nicht geregelt. Ein Vertrag des Beitretenden mit dem Gläubiger und/oder dem Schuldner ist aber aufgrund der Privatautonomie möglich, §§ 311, 241 BGB. Einen gesetzlichen Schuldbeitritt gibt es in den Fällen der §§ 546 Abs. 2, 604 Abs. 4 BGB und §§ 25, 28, 130 HGB.

Vertiefungshinweis: Müssig, Wirtschaftsprivatrecht, 167 ff.; Coester-Waltjen, Die Abtretung, Jura 2003, 23 ff.; zu § 354 a HGB: Brox, Handelsrecht, S. 197 ff.

gesetzlich

Forderungsübergang erfolgt unabhängig von einer Vereinbarung zwischen dem Alt- und Neugläubiger, sogenannte cessio legis. Beispiel: §§ 426 Abs. 2, 774 Abs. 1 BGB.

Gemäß § 412 BGB finden bestimmte Vorschriften hinsichtlich der rechtsgeschäftlichen Übertragung entsprechende Anwendung.

Folgende Skizze verdeutlicht den Forderungsübergang:

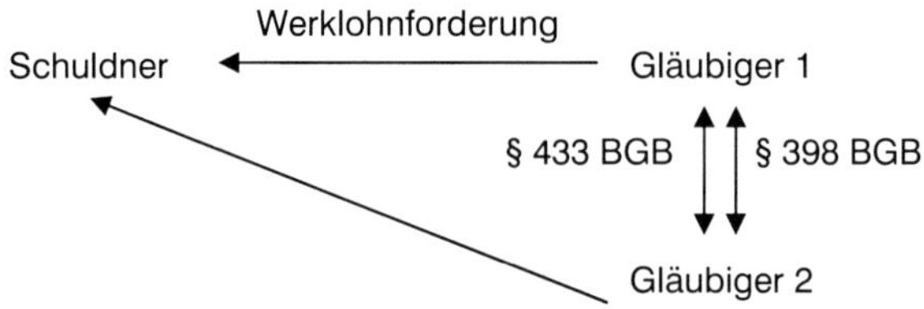

Schlüsselwörter: Schuldnerwechsel, Schuldübernahme, Gläubigerwechsel, Abtretung, cessio legis

3. Fragen und Aufgaben

a) Aufgaben zur Lernkontrolle

134. Wo ist der Schuldnerwechsel geregelt?

---

135. Welche vertraglichen Vereinbarungen kommen für einen wirksamen Schuldnerwechsel in Betracht?

---

136. Rechtsfolgen eines Schuldnerwechsels?

---

137. Wie kann es zu einem Gläubigerwechsel kommen?

---

138. Rechtsfolgen eines Gläubigerwechsels?

---

139. Auf welche Weise wird der Schuldner geschützt?

---

b) Übungsfall

Bauunternehmer A verpflichtet sich, für die Bauträgergesellschaft B zahlreiche Wohngebäude zu erstellen. A und B vereinbaren ein Abtretungsverbot. Demnach soll es dem A verwehrt sein, die Werklohnforderungen gegenüber der B an Dritte abzutreten. Als Bauunternehmer B in Zahlungsschwierigkeiten gerät und einen Kredit aufnehmen muss, tritt er dennoch seine Lohnforderungen gegen B an die Bank C als Sicherheit ab. B zahlt nach Fertigstellung der Wohngebäude die vereinbarte Summe an A, obwohl sie wusste, dass A die Forderung an die Bank C abgetreten hatte. Ist B von ihrer Zahlungspflicht befreit worden?

Lösung

Es ist fraglich, ob die Zahlung der B an den A zum Erlöschen der Werklohnforderung (§§ 631 Abs. 1 BGB) durch Erfüllung (§ 362 Abs. 1 BGB) geführt haben könnte. A und B haben sich über die Erstellung von Gebäuden und damit über die Herstellung von Werken geeinigt. Zwischen A und B ist folglich ein Werkvertrag nach § 631 BGB zustande gekommen. Aus diesem Werkvertrag war B verpflichtet, die vereinbarte Werklohnforderung an A zu zahlen. Mit Begleichung der Forderung gegenüber A wäre B zwar grundsätzlich von ihrer Vertragsverpflichtung gemäß § 362 Abs. 1 BGB befreit worden. Der Erfüllungswirkung könnte hier jedoch die Abtretung der Werklohnforderung an die Bank C entgegenstehen.

Zu klären ist zunächst, ob A zum Zeitpunkt der Zahlung durch B überhaupt noch Gläubiger war. Durch die Abtretung könnte C Forderungsinhaberin geworden sein. Hier ist zwischen den Parteien ein Abtretungsverbot vereinbart worden. Nach § 399 BGB ist eine Abtretung bei Vereinbarung eines Abtretungsverbotes dinglich unwirksam, d. h. ein Dritter kann grundsätzlich nicht Inhaber der Forderung werden. Anders wäre dies jedoch, wenn zwischen den Parteien ein Rechtsgeschäft abgeschlossen wurde, welches für beide ein Handelsgeschäft darstellt. Nach § 354 a S. 1 HGB ist die Abtretung einer Geldforderung dann trotz des Abtretungsverbotes wirksam. Sowohl A als auch B betreiben ein Handelsgewerbe und sind demnach Kaufleute gemäß § 1 Abs. 1 HGB. Der Werkvertrag gehörte für A und B zum Betrieb ihrer Handelsgewerbe und stellte demnach ein beiderseitiges Handelsgeschäft nach § 343 Abs. 1 HBG dar. Die Abtretung der Forderung an C war nach § 354 a S. 1 HGB wirksam. Zum Zeitpunkt der Zahlung war A nicht mehr Forderungsinhaber und damit nicht mehr Gläubiger.

Fraglich ist, ob B dennoch mit befreiender Wirkung an den ursprünglichen Forderungsinhaber A zahlen konnte. Nach § 407 BGB müsste die C als neue Gläubigerin die Zahlung der B an den bisherigen Gläubiger A grundsätzlich gegen sich gelten lassen. C als neue Schuldnerin könnte dann nicht mehr gegen die B vorgehen. Dies gilt jedoch nicht, wenn B von der Abtretung Kenntnis hatte (§ 407 Abs. 1 BGB). B wusste, dass A die Forderung an C abgetreten hatte und war demnach bösgläubig. Eine Befreiungswirkung nach § 407 Abs. 1 BGB zugunsten der B ist nicht eingetreten. B könnte jedoch gemäß § 354 a S. 2 HGB von der Zahlungspflicht befreit sein. Bei beiderseitigen Handelsgeschäften und Vereinbarung eines Abtretungsverbotes wird der Schuldner durch Leistung an den bisherigen Gläubiger auch dann befreit, wenn er von der Abtretung Kenntnis hatte. B ist damit von ihrer vertraglichen Leistungspflicht durch Erfüllung befreit worden.

H. Beteiligung Dritter

1. Leistung durch Dritte

Sofern der Schuldner nicht persönlich zu leisten hat, kann auch ein Dritter die Leistung bewirken, § 267 Abs. 1 S. 1 BGB. Der Dritte kann unabhängig vom Willen des Schuldners leisten, wobei der Gläubiger die Leistung ablehnen kann, wenn der Schuldner der Drittleistung widerspricht, § 267 Abs. 1 S. 2, Abs. 2 BGB.

Beispiele: persönliche Leistungspflicht: Dienstvertrag, § 613 S. 1 BGB; Auftrag, § 664 Abs. 1 S. 1 BGB; Hinterlegung, § 691 BGB; geschäftsführender Gesellschafter der GbR, § 713 BGB.

2. Leistung an Dritte

Der Schuldner hat grundsätzlich gegenüber dem Gläubiger seine Schuld zu erfüllen, § 362 Abs. 1 BGB. Mit vorheriger **Einwilligung** bzw. nachträglicher **Genehmigung** des Gläubigers kann der Schuldner aber zwecks Erfüllung auch an einen Dritten leisten, §§ 362 Abs. 2, 185 BGB.

3. Vertrag zugunsten Dritter

Die Vertragsparteien können einen Vertrag zugunsten – nicht zu Lasten – einer dritten Person abschließen. Der Schuldner hat dann an den Dritten die vereinbarte Leistung zu erbringen, § 328 BGB. Beispiele: K kauft für D ein Auto bei V. V soll das Auto gleich an D ausliefern; M schließt bei dem Versicherer V eine Lebensversicherung zugunsten seiner Ehefrau E ab. Allerdings muss sich der Dritte nichts aufdrängen lassen – selbst wenn es ihn vermeintlich begünstigt. Er kann gegenüber dem Gläubiger/Versprechenden erklären, dass er das Recht zurückweise.

Wichtig ist es, die einzelnen Vertragsverhältnisse bzw. Beziehungen der beteiligten Personen auseinander zu halten. Beim oben genannten Autokauf liegt zwischen V und K ein Kaufvertrag vor, § 433 BGB. Da V dem K verspricht, dem D das Auto zu übergeben, bezeichnet man V als Versprechenden und K als Versprechungsempfänger. Der Kaufvertrag ist das so genannte Deckungsverhältnis. Das Rechtsverhältnis zwischen K und D nennt man Valutaverhältnis. Es bezeichnet den Grund, weshalb der Versprechungsempfänger dem Dritten etwas zukommen lässt. (Im vorliegenden Fall kann das zum Beispiel ein Schenkungsvertrag sein.)

Zwischen V und D gibt es keine vertraglichen Beziehungen. Das Deckungsverhältnis wird vollzogen, indem V dem D die Leistung erbringt (Vollzugsverhältnis). Allerdings sind sowohl der Dritte als auch der Versprechende verpflichtet, die zur erfolgreichen Abwicklung des Geschäftes erforderlichen Nebenpflichten einzuhalten.

Zur Verdeutlichung der rechtlichen Beziehungen folgende Skizze:

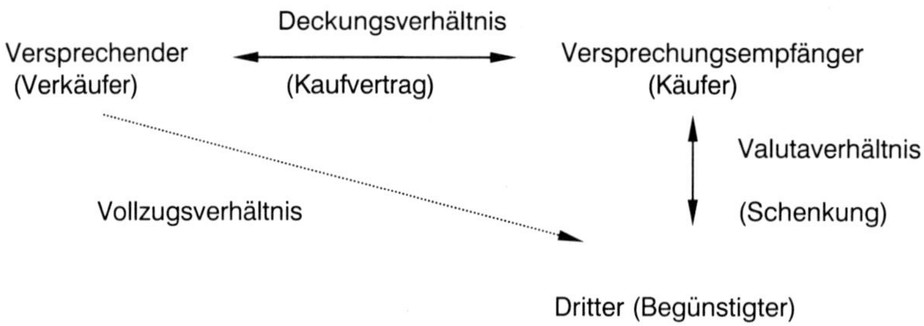

Hat der Dritte gegenüber dem Versprechenden ein eigenes Forderungsrecht (zum Beispiel Übergabe des Autos; Auszahlung der Versicherungssumme), so spricht man von einem echten Vertrag zugunsten Dritter. Kann lediglich der Versprechungsempfänger von dem Versprechenden fordern, an den Dritten die Leistung zu erbringen, so liegt ein unechter Vertrag zugunsten Dritter vor.

Welche Konstellation im Einzelfall vorliegt, richtet sich nach der Ausgestaltung des jeweiligen Vertrages, § 328 Abs. 2 BGB. Für bestimmte Fälle gibt es gesetzliche Auslegungsregeln:

- Erfüllungsübernahme, § 329 BGB: Der Übernehmer verpflichtet sich einem Schuldner gegenüber, dessen Verbindlichkeiten zu übernehmen. Der Gläubiger des Schuldners hat im Zweifel kein eigenes Forderungsrecht gegenüber dem Übernehmer -> unechter Vertrag zugunsten Dritter.
- Lebensversicherungs- oder Leibrentenvertrag, § 330 BGB: Im Zweifel echter Vertrag zugunsten Dritter; ebenso: Leistung nach dem Todesfall, § 331 BGB.

4. Vertrag mit Schutzwirkung zugunsten Dritter

Beim Vertrag mit Schutzwirkung zugunsten Dritter wird eine dritte Person in den Schutzbereich eines Vertrages einbezogen. Der Dritte hat zwar keinen Anspruch auf die vertragliche Leistung, er partizipiert aber an den vertraglichen Obhuts-, Sorgfalts- und Schutzpflichten. Werden diese Pflichten verletzt, so kann er unter bestimmen Voraussetzungen eigene vertragliche Schadensersatzansprüche geltend machen, §§ 280 Abs. 1, 311 Abs. 2, 3, 241 Abs. 2 BGB. Anmerkung: Zwar kommen daneben möglicherweise noch Schadensersatzansprüche deliktischer Art in Betracht, §§ 823 ff. BGB. Allerdings können die vertraglichen Anspruchsgrundlagen für den Dritten günstiger sein. So wird zum Beispiel das Verschulden gem. § 280 Abs. 1 S. 2 BGB vermutet und es liegt am Schuldner, sich zu entlasten. Im Deliktsrecht muss der Gläubiger beweisen, dass schuldhaft gehandelt wurde.

Da eine Ausweitung der vertraglichen Sorgfaltspflichten der Vertragsparteien gegenüber Dritten vermieden werden soll, bedarf es folgender Voraussetzungen, um einen Vertrag mit Schutzwirkung zugunsten Dritter anzunehmen:

Leistungsnähe	Der Dritte muss bestimmungsgemäß mit den vertraglichen Hauptleistungspflichten in Kontakt kommen.
Gläubigerinteresse	Der Gläubiger muss ein Interesse daran haben, dass der Dritte in den vertraglichen Schutzbereich einbezogen wird. Fallgruppen: enge persönliche Beziehungen bzw. Fürsorgeverhältnisse, Beispiel: Familienangehörige, Arbeitnehmer; ausdrückliche oder stillschweigende Einbeziehung des Dritten in den Schutzbereich. Unter bestimmten Voraussetzungen wird eine Schutzwirkung auch dann angenommen werden, wenn die Interessen des Dritten gegenläufig zu denen des Gläubigers sind, BGH NJW 1995, 392.
Erkennbarkeit	Für den Schuldner müssen die Gläubigernähe und das Schutzinteresse erkennbar sein.
Schutzbedürftigkeit	Dem Dritten dürfen keine eigenen vertragliche Ansprüche mit gleichwertigem Inhalt zustehen

Ein Vertrag mit Schutzwirkung zugunsten Dritter wird zum Beispiel bei einem Wohnraummietvertrag zwischen Mieter und Vermieter zugunsten der mitwohnenden Familienangehörigen des Mieters angenommen.

Die Rechtsbeziehungen der Beteiligten kann man sich folgendermaßen vergegenwärtigen:

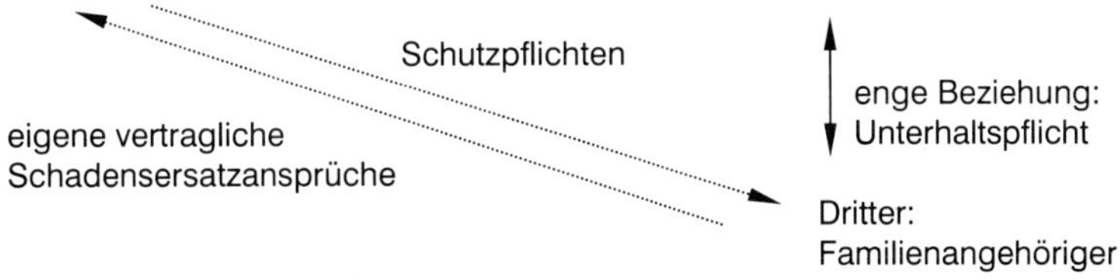

Weitere Beispiele: Girovertrag zwischen dem Bankkunden und seiner Bank bei Lastschriftverfahren: Schutzwirkung für den Gläubiger des Bankkunden. Die Schuldnerbank haftet dem Gläubiger (BGHZ 69, 82); Sachverständigenauskünfte: In den Auskunftsvertrag eines Sachverständigen oder Wirtschaftsprüfers sind auch diejenigen einbezogen, die aufgrund der Auskunft erwartungsgemäß vermögensrechtliche Entscheidungen getroffen haben, zum Beispiel Kreditgeber bei Vertrag zwischen Sachverständigem und Immobilieneigentümer (BGH NJW 1998, 1059).

Schlüsselwörter: Vertrag zugunsten Dritter, Deckungsverhältnis, Valutaverhältnis, Vertrag mit Schutzwirkung zugunsten Dritter Fragen und Aufgaben

5. Fragen und Aufgaben

Aufgaben zur Lernkontrolle

140. *Kann die vertraglich geschuldete Leistung auch durch eine andere Person als den Schuldner erbracht werden?*

---

141. *Was versteht man unter einem Vertrag zu Gunsten Dritter? Bezeichnen Sie die einzelnen Rechtsverhältnisse bei dieser Konstellation (eventuell mit Hilfe einer Skizze).*

---

142. *Worin besteht der Unterschied zwischen einem echten und einem unechten Vertrag zu Gunsten Dritter?*

---

143. *Welche Voraussetzungen müssen erfüllt sein, damit ein Dritter in den Schutzbereich eines Vertrages einbezogen wird?*

I. Beendigung des Schuldverhältnisses

1. Einführung

Ein Schuldverhältnis kann auf verschiedene Weise beendet werden.

Erfüllung, § 362 BGB

Wenn der Schuldner seine Leistungspflicht zur richtigen Zeit, am richtigen Ort und in der richtigen Art und Weise erbringt, so erlischt das Schuldverhältnis.

Beispiel: Zahlung des Kaufpreises.

Leistung an Erfüllungs statt, § 364 Abs. 1 BGB

Der Gläubiger kann auch eine andere als die geschuldete Leistung als Erfüllung annehmen. Die Schuld erlischt dann, als ob die tatsächlich geschuldete Leistung erbracht worden wäre.

Beispiel: Statt der vereinbarten Geldzahlung nimmt der Gläubiger Sachleistungen (ein Gemälde) an.

Anmerkung: Davon ist die Leistung erfüllungshalber zu unterscheiden, § 364 Abs. 2 BGB: Auch hier nimmt der Gläubiger eine andere als die geschuldete Leistung an. Das Schuldverhältnis erlischt jedoch erst, wenn sich der Gläubiger aus dem erfüllungshalber Geleisteten befriedigt hat. Beispiel: Hingabe eines Wechsels, Schecks.

Hinterlegung bei ausgeschlossener Rückgabe, §§ 372, 378 BGB

Befindet sich der Gläubiger im Annahmeverzug (ausführlich: V.D.1), so kann der Schuldner bestimmte hinterlegungsfähige Sachen (siehe § 372 BGB und § 373 HGB) beim Amtsgericht hinterlegen. Bei ausgeschlossener Rücknahme wird er von seiner Verbindlichkeit befreit und das Schuldverhältnis erlischt.

Aufrechnung, §§ 387 ff. BGB

Wenn sich zwei Personen gegenseitig gleichartige Leistungen schulden, kann jeder Teil seine Forderung gegen die Forderung des anderen Teils aufrechnen. Vertiefungshinweis: Coester-Waltjen, Die Aufrechnung, Jura 2003, 23 ff.

Die Voraussetzungen für eine wirksame Aufrechnung sind:

1. Aufrechnungslage, § 387 BGB:

- Gegenseitigkeit der Forderungen: d. h., sie müssen zwischen denselben Personen bestehen.
- Gleichartigkeit der Forderungen (Beispiel: Geldforderungen).
- Erfüllbarkeit der Hauptforderung

(= Forderung des Aufrechnungsgegners/ Gläubigers).

- Fälligkeit und Einredefreiheit (§ 390 BGB) der Gegenforderung (= Forderung des Aufrechnenden/Schuldners).

2. Aufrechnungserklärung, § 388 BGB

Einseitige empfangsbedürftige Willenserklärung des Aufrechnenden gegenüber dem Aufrechnungsgegner.

3. Kein Aufrechnungsverbot

Beispiel: keine Aufrechnung gegen Forderung aus unerlaubter Handlung, § 393 BGB; siehe ferner: §§ 391 Abs. 2, 392, 394 BGB.

Anmerkung: Die Aufrechnung kann auch kraft Parteivereinbarung ausgeschlossen werden, bei AGB ist jedoch § 309 Nr. 3 BGB zu beachten. Dieser Grundsatz gilt auch unter Kaufleuten.

Soweit sich die Forderungen decken, erlöschen sie rückwirkend zum Zeitpunkt der erstmaligen Aufrechenbarkeit (Aufrechnungslage), § 389 BGB.

Hinweis: Eine besondere Aufrechnungsform ist das Kontokorrent, §§ 355 ff. HGB (Beispiel: Girokonto).

Erlass und negatives Schuldanerkenntnis

Der Gläubiger kann dem Schuldner vertraglich die Schuld erlassen, § 397 Abs. 1 BGB. Er kann auch durch Vertrag mit dem Schuldner anerkennen, dass das Schuldverhältnis nicht bestehe, § 397 Abs. 2 BGB.

Vergleich

Die Parteien können auch vertraglich den Streit oder die Ungewissheit über ein Rechtsverhältnis im Wege des gegenseitigen Nachgebens beseitigen: Vergleich gemäß § 779 Abs. 1 BGB. Soweit nachgegeben wird, erlöschen die Forderungen.

Rücktritt

Das Schuldverhältnis kann auch durch Ausübung des gesetzlichen (§§ 323 ff., 437 Nr. 2, 634 Nr. 3 BGB) oder vertraglich vereinbarten Rücktrittsrechts beendet werden. Der Rücktritt wird durch eine einseitige empfangsbedürftige Willenserklärung gegenüber dem anderen Teil erklärt.

Folge des Rücktritts ist, dass die Parteien die empfangenen Leistungen zurückzugewähren und die gezogenen Nutzungen herauszugeben haben, § 346 Abs. 1 BGB. Ist die Rückgabe des Erlangten nicht möglich oder hat sich der empfangene Gegenstand zum Beispiel verschlechtert, so kommt möglicherweise Wertersatz in Betracht, § 346 Abs. 2 und 3 BGB.

Kündigung

Bestimmte Schuldverhältnisse (Beispiel: Dauerschuldverhältnisse wie Mietvertrag und Arbeitsvertrag, aber auch Werkvertrag [§ 643 BGB] oder Reisevertrag [§ 651 e BGB]) können durch Kündigung für die Zukunft beendet werden (ex nunc). Eine Rückabwicklung der erbrachten Leistungen findet nicht statt. Die Kündigung ist wie der Rücktritt eine einseitige empfangsbedürftige Willenserklärung. Eine ordentliche Kündigung bedarf grundsätzlich der Einhaltung einer Kündigungsfrist, die außerordentliche Kündigung kann aus wichtigem Grund grundsätzlich fristlos erfolgen (siehe §§ 542 Abs. 1, 580 BGB – § 543 BGB).

Novation

Die Parteien haben auch die Möglichkeit, das bestehende Schuldverhältnis in ein anderes umzuwandeln. Das alte wird dadurch einvernehmlich aufgehoben. Beispiel: Umwandlung einer Werklohnforderung in ein Darlehen.

Konfusion

Bei einem Schuldverhältnis müssen Gläubiger und Schuldner personenverschieden sein. Kommt es zur Personenidentität, erlischt ebenfalls das Schuldverhältnis. Beispiel: Der Gläubiger einer Kaufpreisforderung beerbt den Schuldner, § 1922 BGB.

Zeitablauf und Bedingungseintritt

War das Schuldverhältnis befristet eingegangen, endet es mit dem Ablauf der vereinbarten Laufzeit. Beispiel: Miete, Leihe, Pacht, Darlehen.

Ist das Schuldverhältnis unter einer auflösenden Bedingung geschlossen worden, § 158 Abs. 2 BGB, so endet es mit Eintritt der Bedingung. Beispiel: Arbeitsvertrag zwecks Urlaubsvertretung. Beendigung, wenn der Urlauber aus dem Urlaub zurückkehrt.

Schlüsselwörter: Erfüllung, Leistung an Erfüllung statt, Leistung erfüllungshalber, Hinterlegung, Aufrechnung, Erlass, negatives Schuldanerkenntnis, Vergleich, Rücktritt, Kündigung, Novation, Konfusion

2. Fragen und Aufgaben

a) Aufgaben zur Lernkontrolle

144. Auf welche Weise kann ein Schuldverhältnis beendet werden?

---

145. Nennen Sie den Unterschied zwischen der Leistung an Erfüllung statt und der Leistung erfüllungshalber.

---

146. Welche Voraussetzungen müssen für eine wirksame Aufrechnung erfüllt sein?

---

b) Übungsfälle

Fall 1

B veräußerte seinen gebrauchten Pkw an A für 1000 €. Vereinbart war, dass A den Kaufpreis innerhalb von einem Monat nach der Übergabe zahlen sollte. Auch zwei Monate nach der Übergabe des Pkw konnte B keinen Zahlungseingang feststellen. B stellte A zur Rede. Dabei geriet er in Wut und verpasste dem A einen Faustschlag ins Gesicht. B erlitt eine Platzwunde. Ihm entstanden Behandlungskosten in Höhe von 750 €. Zudem verlangt er von A ein (angemessenes) Schmerzensgeld in Höhe von 250 €. B erklärt, er rechne gegenüber diesen Forderungen mit seiner Kaufpreisforderung auf. Ist die Aufrechnung des B erfolgreich?

Lösung

Fraglich ist, ob B gegen die Forderungen des A mit seiner Kaufpreisforderung aufrechnen konnte. Eine Aufrechnungslage besteht: A hat gegen B Ansprüche auf Schadensersatz und Schmerzensgeld aus einer vorsätzlichen unerlaubten Handlung (§§ 823 Abs. 1, 253 Abs. 2 BGB, gesetzliches Schuldverhältnis), die er gegen B geltend macht (Hauptforderungen). B hat seinerseits gegen A einen Anspruch auf Kaufpreiszahlung aus dem Kaufvertrag (§ 433 Abs. 2 BGB, Gegenforderung). Durch die Aufrechnung des B könnten die zur Aufrechnung gestellten Ansprüche gemäß § 389 BGB erloschen sein. Dem Untergang dieser Ansprüche könnte hier allerdings § 393 BGB entgegenstehen: Der Schuldner kann nicht gegen eine Hauptforderung aufrechnen, die aus einer vorsätzlichen unerlaubten Handlung resultiert. Durch diesen Aufrechnungsausschluss soll eine sanktionslose Privatrache verhindert werden. Der Geschädigte soll ohne Erörterung eventueller Gegenansprüche des Schädigers zu seinem Recht kommen. Die Aufrechnung des B war unwirksam. Er muss weiterhin an A zahlen.

Fall 2

Abwandlung zu Fall 1: Als B die Kaufpreisforderung erneut gegen A geltend macht, rechnet A seinerseits mit seinen Ansprüchen auf Schadensersatz und Schmerzensgeld, auf die B bislang noch nicht gezahlt hat, auf. Ist die Aufrechnung des A erfolgreich?

Lösung

Die Aufrechnung des A hat Erfolg. Die Ansprüche von A und B sind durch die Aufrechnung erloschen. Der Aufrechnungsausschluss gemäß § 393 BGB wendet sich nur gegen denjenigen, der die unerlaubte Handlung begangen hat: Wer einen anderen durch eine vorsätzliche unerlaubte Handlung geschädigt hat, soll nicht in den Genuss der Aufrechnungsmöglichkeit kommen. Der Geschädigte kann jedoch aufrechnen.

Fall 3

X verpflichtete sich, für Y eine Computerreparatur vorzunehmen. Dabei wurde zwischen den Parteien ein Werklohn in Höhe von 100 € vereinbart. Später verkaufte Y dem X einen CD-Player für 100 €. Nach Übergabe des CD-Players verlangt Y nun von X die Zahlung des Kaufpreises. X erklärt, er rechne mit der Werklohnforderung auf. Die Reparatur ist bislang noch nicht ausgeführt worden. Hat die Aufrechnung des X Erfolg?

Lösung

Fraglich ist, ob die Ansprüche der Parteien durch Aufrechnung gemäß §§ 387, 389 BGB erloschen sind. Zunächst müsste eine Aufrechnungslage bestanden haben. Hier standen sich gegenseitige Ansprüche der Parteien gegenüber. Diese Ansprüche waren auf Geldleistung gerichtet und damit gleichartig. Der Kaufpreis konnte mangels anderer Umstände gemäß § 271 Abs. 1 BGB sofort gezahlt werden. Die Hauptforderung war damit erfüllbar. Zweifelhaft ist allerdings, ob die Gegenforderung fällig und einredefrei war. Die werkvertragliche Vergütung ist grundsätzlich bei der Abnahme des Werkes zu entrichten (§ 641 Abs. 1 S. 1 BGB). Solange X die Reparatur noch nicht ausgeführt und Y das Werk nicht abgenommen hat, hat X demnach keinen fälligen Anspruch auf die Werklohnforderung. Es war keine Aufrechnungslage gegeben. Die Aufrechnung des X blieb erfolglos.

Fall 4

Abwandlung zu Fall 3: X nahm für Y die Reparatur vor. Er übergab Y am 15.7.2000 den reparierten Computer. Am 20.11.2003 kaufte X von Y den CD-Player und ließ ihn sich übergeben. Am 3.2.2004 verlangte Y den Kaufpreis in Höhe von 100 €. X erklärte die Aufrechnung mit seiner Werklohnforderung. Y berief sich auf die Verjährung der Forderung. Führte die Aufrechnung des X zum Erlöschen der Ansprüche?

Lösung

Die Werklohnforderung (Gegenforderung) des X war mit Ablauf des 31.12.2003 verjährt (§§ 195, 199 BGB). Jedoch entstand die Kaufpreisforderung (Hauptforderung) bereits im November 2003. Nach § 215 BGB ist die Aufrechnung auch mit einer verjährten Gegenforderung möglich, wenn die Aufrechnung zu einem Zeitpunkt möglich war, als die Gegenforderung noch nicht verjährt war. X konnte erstmals am 20.11.2003 aufrechnen, also zu einer Zeit, als die Gegenforderung noch nicht verjährt war. Die Aufrechnung des X war demnach erfolgreich und brachte die Ansprüche zum Erlöschen.

KAPITEL V

LEISTUNGSSTÖRUNGEN

V. LEISTUNGSSTÖRUNGEN

A. Einführung

Im Rahmen der Abwicklung eines Schuldverhältnisses kann es vorkommen, dass der Schuldner seine Leistung nicht ordnungsgemäß erbringt. So kann etwa die Lieferung einer Sache gar nicht bzw. verspätet erfolgen oder die Ware kann mangelhaft sein.

Die Rechtsfolgen, die das Gesetz an diese Leistungsstörungen anknüpft, sind vielfältig. Der Gläubiger kann zum Beispiel unter gewissen Voraussetzungen Schadensersatz verlangen, er kann möglicherweise von einem Vertrag zurücktreten oder er hat einen Anspruch auf Ersatz seiner Aufwendungen.

Man teilt die Leistungsstörungen folgendermaßen ein:

- Unmöglichkeit
- Verzug des Schuldners
- Verzug des Gläubigers
- Schlechtleistung
- Verletzung von Neben- und Sorgfaltspflichten
- Verschulden bei der Vertragsanbahnung
- Störung der Geschäftsgrundlage

In den folgenden Abschnitten werden die einzelnen Leistungsstörungen und die damit einhergehenden Rechtsfolgen näher erläutert.

Vertiefungshinweise:

- Otto, Die Grundstrukturen des neuen Leistungsstörungsrechts, Jura 2002, 1 f.,
- Reischl, Grundfälle zum neuen Schuldrecht, Jus 2003, 40 ff., 250 ff., 453 ff., 667, 865 ff.,
- Mattheus, Schuldrechtsmodernisierung 2001/2003 Die Neuordnung des allgemeinen Leistungsstörungsrechts, JuS 2003, 209 ff.

Schlüsselwörter: Leistungsstörung

B. Unmöglichkeit

1. Definition und Arten

Kann die geschuldete Leistung nicht (mehr) erbracht werden, so spricht man von Unmöglichkeit. Das ist nicht der Fall, wenn der Leistung nur ein vorübergehendes Hindernis entgegensteht, sie aber letztlich nachholbar ist. Beispiel: Der Verkäufer wird wegen eines Streiks nicht beliefert und kann die Ware erst ein paar Tage später dem Käufer übereignen.

Bei der Frage, ob eine Leistung unmöglich ist, müssen die Stück- und die Gattungsschuld auseinander gehalten werden, siehe IV.B.3. Liegt nach erfolgter Konkretisierung (§ 243 Abs. 2 BGB) eine Stückschuld vor, so ist im Fall deren Untergangs Unmöglichkeit gegeben. Beispiel: Der Gemüsegroßhändler G hat die vom Einzelhändler E bestellten 50 kg italienische Auberginen in Kisten abgefüllt und auf seinem Hof zur Abholung bereitgestellt, so dass sie bereits konkretisiert worden sind und damit eine Stückschuld darstellen. Ein LKW-Fahrer übersieht die Kiste bei einem Wendemanöver und überfährt sie samt Inhalt. Die bereitgestellte Kiste kann nicht mehr geliefert werden. Hinsichtlich dieser Stückschuld ist also Unmöglichkeit eingetreten.

Handelt es sich hingegen mangels Konkretisierung noch um eine Gattungsschuld, dann steht der Leistung kein Hindernis entgegen (sofern nicht die gesamte Gattung untergegangen ist). Beispiel: E bestellt bei G 500 kg italienische Erdbeeren. Ein Kühlhaus des G gerät in Brand und die darin gelagerten Erdbeeren sind zerstört. Mangels Konkretisierung liegt kein Fall der Unmöglichkeit vor. G kann noch Erdbeeren aus Italien bestellen und dem E liefern.

Der Grund für die Unmöglichkeit kann unterschiedlicher Natur sein:

Tatsächliche Unmöglichkeit:

Die Leistung kann naturgesetzlich nicht erbracht werden.

Beispiel: Der verkaufte PKW wird vor Übergabe zu Schrott gefahren. Der Patient ist geheilt, als der Arzt kommt (Zweckerreichung). Der Patient ist gestorben, als der Arzt kommt (Zweckfortfall).

Rechtliche Unmöglichkeit:

Aus Rechtsgründen kann die Leistung nicht erbracht werden.

Beispiel: Import- oder Exportverbote.

Man unterscheidet außerdem, ob die Leistung für den Schuldner objektiv oder subjektiv unmöglich ist:

Objektive Unmöglichkeit:	Subjektive Unmöglichkeit:
Die Leistung ist für jedermann unmöglich.	Die Leistung ist nur für den Schuldner unmöglich.
Beispiel: Der verkaufte Wagen wird zu Schrott gefahren.	Beispiel: Der verkaufte Wagen wird von einem Unbekannten gestohlen: Die Übergabe der Sache ist dem Dieb möglich, dem Schuldner aber nicht.

Schließlich wird danach differenziert, ob im Falle eines Vertragsverhältnisses die Leistung vor Vertragsschluss (anfänglich) oder im Anschluss daran (nachträglich) unmöglich wurde.

Vertiefungshinweis:

- Schwarze, Unmöglichkeit, Unvermögen und ähnliche Leistungshindernisse im neuen Leistungsstörungsrecht, Jura 2002, 73 ff.

2. Rechtsfolgen

a) Schuldnerpflichten

Ist die Leistung unmöglich, so wird der Schuldner von seiner Leistungspflicht frei, § 275 Abs. 1 BGB. Irrelevant ist, wann die Unmöglichkeit eingetreten ist, welche Ursache sie hat, ob sie objektiver oder subjektiver Natur ist oder ob der Schuldner die Unmöglichkeit zu vertreten hat oder nicht. Beispiel: Der Verkäufer fährt den verkauften Gebrauchtwagen auf dem Weg zur Übergabe zu Schrott. Der Käufer kann vom Schuldner nicht die Übereignung und Übergabe des Autos verlangen, § 275 Abs. 1 BGB.

Ist die Leistungserbringung zwar theoretisch möglich, stehen aber der damit verbundene Aufwand und der Wert der Leistung in einem offensichtlichen Missverhältnis zueinander, dann liegt zwar keine Unmöglichkeit vor, der Schuldner kann aber die Leistung dennoch verweigern, § 275 Abs. 2 BGB. Anmerkung: Er muss sich im Gegensatz zu § 275 Abs. 1 BGB auf sein Verweigerungsrecht einredeweise berufen. Beispiel: Der veräußerte Ring befindet sich auf dem Meeresgrund. Er kann nur durch eine komplizierte und kostenintensive Maßnahme geborgen werden, die den Wert des Ringes um ein Vielfaches übersteigen würde.

Dem Schuldner steht außerdem ein Leistungsverweigerungsrecht zu, wenn er die Leistung persönlich zu erbringen hat, dies ihm aber aus bestimmten Gründen nicht zumutbar ist, § 275 Abs. 2 BGB. Beispiel: Das Kind der engagierten Pianistin erkrankt am Tag des Konzertes schwer.

b) Gläubigerrechte

Die Rechte des Gläubigers bestimmen sich gemäß § 275 Abs. 4 BGB nach den §§ 280, 283-285 BGB:

Er kann unter den Voraussetzungen des § 280 Abs. 1 BGB Schadensersatz statt der Leistung (positives Interesse) verlangen, § 283 BGB (siehe IV.E.1).

Vertiefungshinweis:

- Hirsch, Schadensersatz statt der Leistung, Jura 2003, 289 ff.

Beispiel: Der Gläubiger wollte die zerstörte (und daher nicht gelieferte) Kaufsache weiterverkaufen und hätte einen Gewinn in Höhe von 500 Euro gemacht. Da er so zu stellen ist, wie er bei ordnungsgemäßer Erfüllung stehen würde, kann er den entgangenen Gewinn geltend machen.

Anstelle von Schadensersatz statt der Leistung kann er auch Ersatz vergeblicher Aufwendungen verlangen, § 284 BGB. Hinweis: Aufwendungen sind im Hinblick auf den Vertrag erbrachte Vermögensopfer. Zu ersetzen sind jedoch nur diejenigen Aufwendungen, die der Gläubiger billigerweise machen durfte.

Beispiel: Der Gläubiger hat für ein (gestohlenes und daher nicht geliefertes) Gemälde (Wert: 8.000 Euro) einen Rahmen (Preis: 1.000 Euro) anfertigen lassen. Die Kosten für den Rahmen kann er ersetzt verlangen.

Schließlich besteht noch die Möglichkeit, die Herausgabe eines Ersatzes nach § 285 BGB zu fordern: Erlangt der Schuldner für den unmöglichen Leistungsgegenstand einen Ersatz oder Ersatzanspruch, so kann der Gläubiger Herausgabe des als Ersatz Empfangenen oder Abtretung des Ersatzanspruches verlangen (stellvertretendes commodum). Beispiel: Versicherungssumme für abgebranntes Haus oder zerstörten PKW.

c) Einführung: § 280 BGB als Generalklausel für Schadensersatz

§ 280 Abs. 1 S. 1 BGB stellt im System der Leistungsstörungen die zentrale Anspruchsnorm dar: Der Schuldner hat im Falle der Verletzung einer Pflicht aus einem Schuldverhältnis dem Gläubiger den hierdurch entstehenden Schaden zu ersetzen. Dies gilt nur dann nicht, wenn der Schuldner die Pflichtverletzung nicht nach § 276 BGB zu vertreten hat, § 280 Abs. 1 S. 2 BGB.

Anmerkung: Das Gesetz geht grundsätzlich von einem schuldhaften Verhalten des Schuldners aus. Er muss somit darlegen und beweisen, dass er nicht schuldhaft gehandelt hat.

Als Pflichtverletzung im Sinne des § 280 BGB kommen insbesondere die Nichterfüllung (Verzug und Unmöglichkeit), die Schlechterfüllung und die Verletzung von Nebenpflichten in Betracht. Welchen Inhalt die jeweiligen Pflichten haben, ergibt sich aus dem konkreten Schuldverhältnis und den betreffenden Normen.

Folgende Punkte müssen erfüllt sein, damit der Gläubiger Schadensersatz verlangen kann:

Schuldverhältnis	**Vertraglich oder gesetzlich**
rechtswidrige Pflichtverletzung	zum Beispiel Nichterfüllung (Bsp.: Verzug, Unmöglichkeit), Schlechterfüllung, Nebenpflichtverletzung
Verschulden	vermutetes Verschulden, § 280 Abs. 1 S. 2 BGB
zurechenbarer Schaden	haftungsausfüllende Kausalität zwischen Rechtsgutsverletzung und Schaden

Voraussetzung ist ferner, dass sich die Pflichtverletzung nach Entstehen des Schuldverhältnisses ereignet.

Je nachdem, welches Interesse der Gläubiger geltend macht, muss genau differenziert werden:

- § 280 Abs. 1 BGB allein ist die Anspruchsgrundlage für den Schadensersatz, der *neben* der vertraglichen Hauptleistung verlangt wird.
- Darüber hinaus stellen § 280 Abs. 2 und 3 BGB zusätzliche Anforderungen auf: Wird *Verzögerungsschaden* begehrt, so muss Verzug vorliegen, § 280 Abs. 2, 286 BGB. *Schadensersatz statt der Leistung* (also anstelle und nicht neben der Erfüllung) kann in den Fällen und unter den Voraussetzungen der §§ 281-283 BGB, *Schadensersatz statt der ganzen Leistung* (bei Teilleistungen) im Falle des § 281 BGB gefordert werden.

3. Besonderheiten bei Verträgen

a) Anfängliche Unmöglichkeit

Liegt im Rahmen eines vertraglichen Schuldverhältnisses anfängliche Unmöglichkeit vor, so bestimmt § 311 a Abs. 2 BGB die Rechte des Gläubigers. Anmerkung: § 280 Abs. 1 BGB ist nicht einschlägig, da sich die Pflichtverletzung vor dem Entstehen des Schuldverhältnisses ereignete.

Danach kann der Gläubiger nach seiner Wahl Schadensersatz statt der Leistung oder Aufwendungsersatz verlangen. Dies gilt jedoch nicht, wenn der Schuldner das Leistungshindernis bei Vertragsschluss nicht kannte und seine Unkenntnis nicht zu vertreten hat. Beispiel: V verkauft an K seinen PKW, der fünf Minuten vor Vertragsschluss gestohlen wurde. Eine halbe Stunde vor Vertragsschluss hatte aber V seinen Wagen ordnungsgemäß in der Garage abgestellt.

b) Gegenseitige Verträge

Stehen die Leistungspflichten der Parteien im Gegenseitigkeitsverhältnis, so bestimmt § 326 Abs. 1 S. 1 BGB, dass der Gläubiger einer unmöglichen Leistung von seiner Gegenleistungspflicht befreit wird. Beispiel: Der Käufer des gestohlenen Autos muss den Kaufpreis nicht bezahlen.

Hiervon gibt es jedoch einige ***Ausnahmen:***

§ 326 Abs. 2 S. 1 BGB: Der Schuldner behält den Anspruch auf die Gegenleistung, wenn der Gläubiger die Unmöglichkeit zu verantworten hat oder wenn die vom Schuldner nicht zu vertretende Unmöglichkeit während des Gläubigerverzugs eintrat, siehe § 293 BGB und ausführlich V.D.2 und V.D.3.c.

Ebenso verbleibt die so genannte Preisgefahr beim Gläubiger in den Fällen der §§ 446, 447 BGB, ausführlich: VI.B.4 und V.B.4.b (2).

Außerdem bleibt der Gläubiger zur Gegenleistung verpflichtet, wenn er vom Schuldner das stellvertretende commodum gemäß § 285 BGB verlangt, § 326 Abs. 3 BGB.

Neben den oben genannten Ansprüchen hat der Gläubiger das Recht, vom Vertrag zurückzutreten, §§ 326 Abs. 5, 323 BGB.

Anmerkung: Der Rücktritt ist aber ausgeschlossen, wenn der Gläubiger die Unmöglichkeit zu vertreten hat oder wenn die Unmöglichkeit während des Gläubigerverzuges eintritt und vom Schuldner nicht zu vertreten ist, § 323 Abs. 5 BGB.

Schlüsselwörter: Unmöglichkeit, Schadensersatz, Schadensersatz statt der Leistung, Schadensersatz statt der ganzen Leistung, Ersatz vergeblicher Aufwendungen, stellvertretendes commodum

4. Fragen und Aufgaben

a) Aufgaben zur Lernkontrolle

147. Wann liegt Unmöglichkeit vor? Nennen Sie einige Gründe.

---

148. Welche Arten von Unmöglichkeit gibt es?

---

149. *Was passiert mit der Leistungspflicht des Schuldners im Fall der Unmöglichkeit?*

---

150. *Unter welchen Voraussetzungen kann der Gläubiger im Fall der nachträglichen Unmöglichkeit Schadensersatz verlangen?*

---

151. *Nennen Sie die Anspruchsgrundlage für Schadensersatz im Fall der anfänglichen Unmöglichkeit.*

---

152. *Welches zusätzliche Recht hat der Gläubiger im Rahmen eines gegenseitigen Vertrages?*

---

153. *Gemäß § 326 Abs. 1 S. 1 BGB ist der Gläubiger nicht zur Gegenleistung verpflichtet, wenn der Schuldner nach § 275 Abs. 1-3 BGB nicht zu leisten braucht. Gibt es Ausnahmen?*

---

b) Übungsfälle

Fall 1

Der Antiquitätenhändler A verkauft am 2.5. an den Kunstauktionator K ein altes Gemälde zu einem Preis in Höhe von 30.000 Euro. Sie vereinbaren, dass A am 5.5. das Kunstwerk zu K bringen soll. In der Nacht vom 4.5. zum 5.5. wird in das Geschäft des A eingebrochen. Die Einbrecher entwenden dabei unter anderem auch das besagte Gemälde. Sowohl die Diebe als auch das Werk bleiben unauffindbar.

A verlangt von K den vereinbarten Kaufpreis, weil er für das Verschwinden des Bildes nichts könne. Er habe – was zutrifft – sein Geschäft ordnungsgemäß abgeschlossen. Wie ist die Rechtslage?

Lösung

A könnte von K 30.000 Euro gemäß § 433 Abs. 2 BGB verlangen. Zwischen den beiden wurde ein Kaufvertrag über das Bild zu einem Preis in Höhe von 30.000 Euro geschlossen. Der Anspruch auf die Kaufpreiszahlung ist jedoch möglicherweise nach § 326 Abs. 1 S. 1 BGB untergegangen: Braucht der Schuldner nämlich nach § 275 Abs. 1 BGB nicht zu leisten, so entfällt der Anspruch auf die Gegenleistung. Folglich müsste die Leistung für A unmöglich sein. Die Leistungspflicht des A bezog sich auf das spezielle Gemälde, dass sich K ausgesucht hatte. Da das gestohlene Bild nicht auffindbar ist, kann A seiner Leistungspflicht nicht mehr nachkommen (subjektive nachträgli-

che Unmöglichkeit). Er braucht seine Leistung nach § 275 Abs. 1 BGB nicht zu erbringen. Demnach verliert er seinen Anspruch auf die Kaufpreiszahlung.

Fall 2

Wie Fall 1. Diesmal haben A und K vereinbart, dass A das Bild dem K durch einen Dritten schicken soll. A verpackt das Gemälde ordnungsgemäß und übergibt es dem zuverlässigen Transporteur T. Auf dem Weg zu S wird der T schuldhaft in einen Unfall verwickelt. Dabei wird das Gemälde irreparabel zerstört. Muss K dennoch den Kaufpreis an A zahlen?

Lösung

Grundsätzlich wird der Gläubiger von seiner Gegenleistungspflicht (Kaufpreiszahlung) gemäß § 326 Abs. 1 S. 1 BGB befreit, wenn für den Schuldner die Leistung im Sinne des § 275 Abs. 1 BGB unmöglich wird. Allerdings könnte diese Gefahr (Preisgefahr) gemäß § 447 Abs. 1 BGB auf K übergegangen sein: Versendet der Verkäufer auf Verlangen des Käufers die verkaufte Sache nach einem anderen Ort als dem Erfüllungsort (= Leistungsort), so geht die Preisgefahr über, sobald der Verkäufer die Sache der Transportperson ausliefert. Das heißt, der Käufer muss den Kaufpreis für die verkaufte Sache zahlen, ohne einen Gegenwert zu erhalten. A und K müssten also eine Schickschuld vereinbart haben. Leistungsort müsste der Wohnsitz des Schuldners (A), Erfolgsort müsste der Wohnsitz des Gläubigers (K) sein. Die beiden verabredeten, dass das Gemälde mittels einer Transportperson zu K geschickt werden sollte. A hatte die Verpflichtung, an seinem Wohn- bzw. Geschäftssitz das Gemälde einer zuverlässigen Transportperson zu übergeben (Leistungsort). Die Lieferung sollte am Wohnsitz des K erfolgen (Erfolgsort). Leistungs- und Erfolgsort fielen auseinander, so dass die Gefahr des zufälligen Unterganges auf den K überging, als das Gemälde dem T übergeben wurde. Demnach ist K – als Ausnahme zu § 326 Abs. 1 S. 1 BGB – zur Zahlung des Kaufpreises weiterhin verpflichtet.

Anmerkung: K muss also den Kaufpreis zahlen, obgleich er das Bild nicht bekommt. Sofern es sich bei der vertraglichen Beziehung zwischen A und T um einen Frachtvertrag im Sinne des HGB handelt, kann K seinen Schaden gemäß § 425 HGB i. V. m. § 421 Abs. 1 S. 2 HGB gegenüber dem T geltend machen.

War T lediglich als Privatperson tätig, dann hilft das Institut der ***Drittschadensliquidation*** *weiter. A hat unter folgenden Voraussetzungen den Schaden des K bei T zu liquidieren:*

(1) A muss einen Anspruch gegen T haben, aber keinen Schaden.

(2) K muss einen Schaden haben, aber keinen Anspruch.

(3) Es muss sich aus der Sicht des T um eine zufällige Schadensverlagerung handeln.

zu 1: T hat das Eigentum des A schuldhaft zerstört, so dass dieser aus Vertrag (§ 280 Abs. 1 BGB) und Delikt (§ 823 Abs. 1 BGB) einen Schadensersatzanspruch gegen T hat. Allerdings hat A keinen Schaden, da er ja den Kaufpreis erhält.

zu 2: K muss den Kaufpreis zahlen, ohne das Gemälde zu erhalten. Dies stellt für ihn eine Vermögenseinbuße dar. Er hat aber gegen T weder aus Vertrag noch aus Delikt irgendwelche Ansprüche. (A war mangels Übergabe des Bildes noch nicht Eigentümer.)

zu 3: Ein Fall der zufälligen Schadensverlagerung ist gegeben: Nur aufgrund der Regelung des § 447 BGB sind Ersatzberechtigter und Geschädigter nicht identisch. Daraus soll dem T kein Vorteil erwachsen.

Rechtsfolge: A kann von T verlangen, dem K Schadensersatz zu leisten. Er kann auch seinen Anspruch an den K abtreten, wozu er nach § 285 BGB verpflichtet ist.

Vertiefungshinweis:

- Oetker, Versendungskauf, Frachtrecht und Drittschadensliquidation, JuS 2001, 833 ff.

C. Schuldnerverzug

1. Voraussetzungen

Erfüllt der Schuldner seine Leistungspflicht nicht, obgleich ihm dies möglich ist, so befindet er sich unter den Voraussetzungen des § 286 BGB in Verzug. Es bietet sich hierbei folgendes Prüfungsschema an:

Fälliger und durchsetzbarer Anspruch	vereinbarte Leistungszeit bzw. § 271 BGB
Nichtleistung trotz Leistungsmöglichkeit	Keine Unmöglichkeit; Leistung muss nachholbar sein
Mahnung	Eindeutige Aufforderung, bestimmte Leistung zu erbringen. Warnfunktion bezüglich nachteiliger Folgen im Fall der Nichtleistung. Entbehrlich in den Fällen des § 286 Abs. 2 BGB.

Vertretenmüssen	Gesetz vermutet das Verschulden. Der Schuldner muss beweisen, dass er die Verzögerung nicht zu vertreten hat, § 286 Abs. 4 BGB. Der Schuldner hat während des Verzugs jede Fahrlässigkeit zu vertreten, § 287 S. 1 BGB. Er haftet auch für die durch Zufall eintretenden Leistungshindernisse, es sei denn der Schaden wäre auch bei rechtzeitiger Leistung eingetreten, § 287 S. 2 BGB.

Beispiel: V verkauft an K eine Maschine. Am 1.7. soll V dem K die Maschine liefern. Kommt V seiner Pflicht nicht nach, befindet er sich – ohne Mahnung, § 286 Abs. 2 Nr. 1 BGB – in Verzug. War keine Zeit bestimmt, dann kommt V erst durch eine Mahnung in Verzug.

Anmerkung: Besonderheiten gelten bei der Schuld einer Entgeltforderung. Gemäß § 286 Abs. 3 BGB kommt der Schuldner einer solchen Forderung spätestens in Verzug, wenn er nicht innerhalb von 30 Tagen nach Fälligkeit und Zugang einer Rechnung oder gleichwertigen Zahlungsaufforderung leistet.

Vertiefungshinweis:

- Krause, Leistungsverzögerungen im neuen Schuldrecht, Jura 2002, 217 ff., 299 ff.

2. Rechtsfolgen

a) Verzögerungsschaden

Erfolgt die Leistung des Schuldners verspätet, so entsteht dem Gläubiger aufgrund der Verzögerung nicht selten ein Schaden. Beispiel: Das verkaufte Auto wird zu spät geliefert, und der Gläubiger musste in der Zwischenzeit einen Mietwagen benutzen. Die Kosten für das Ersatzfahrzeug möchte der Gläubiger ersetzt haben.

Unter den Voraussetzungen der §§ 280 Abs. 1 und 2, 286 BGB kann der Gläubiger den Verzögerungsschaden neben der eigentlichen Hauptleistung (zum Beispiel Lieferung des Autos) geltend machen.

Anmerkung: Folgende Prüfungsschritte sind für den Verzugsschaden zu beachten: Neben den Voraussetzungen des § 280 Abs. 1 BGB (Schema V.B.2.c) müssen noch die Tatbestandsmerkmale des § 286 BGB vorliegen (Schema V.C.1.).

b) Schadensersatz statt der Leistung

Es kann aber auch vorkommen, dass der Gläubiger an der Leistung des Schuldners kein Interesse mehr hat und nur noch Schadensersatz vom Schuldner begehrt. Dieser Schadensersatz statt der Leistung (Schadensersatz wegen Nichtleistung nach Fristsetzung) ist auf das positive Interesse gerichtet und steht dem Gläubiger gemäß §§ 280 Abs. 1 und 3, 281 Abs. 1 BGB zu.

Anmerkung: Die Verzögerung der Leistung ist unter den Ausdruck „Nichterbringen der fälligen Leistung" in § 281 Abs. 1 S. 1 BGB zu fassen. Damit ist nicht (auch) die Unmöglichkeit gemeint, denn hierfür ist § 283 BGB einschlägig, siehe oben V.B.2.b.

Neben den Voraussetzungen des § 280 Abs. 1 BGB ist es erforderlich, dass der Schuldner nicht oder nicht wie geschuldet geleistet hat (verzögerte Leistung) und der Gläubiger nach § 281 Abs. 1 S. 1 BGB erfolglos eine angemessene Frist zur Leistung bestimmt hat. In bestimmten Fällen ist die Fristsetzung entbehrlich, § 281 Abs. 2 BGB.

Sobald der Gläubiger Schadensersatz statt der Leistung verlangt, ist der Anspruch auf die Leistung ausgeschlossen, § 281 Abs. 4 BGB. Der Umfang des Schadensersatzes statt der Leistung beläuft sich auf das positive Interesse. Der Gläubiger ist also so zu stellen, wie er bei ordnungsgemäßer Erfüllung stehen würde.

Beispiel: Der Käufer eines PKW wollte diesen gewinnbringend weiterverkaufen. Kommt dieses Geschäft aufgrund der verzögerten Leistung des Verkäufers nicht zustande, so kann der Käufer den entgangenen Gewinn als Schadensersatz statt der Leistung verlangen.

3. Besonderheiten beim Vertrag

Liegt ein gegenseitiger Vertrag vor und verzögert der Schuldner seine Leistung, so kann der Gläubiger auch vom Vertrag zurücktreten, § 323 Abs. 1 BGB. Es bedarf aber auch hier einer Fristsetzung, die in den Fällen des § 323 Abs. 2 BGB entbehrlich ist.

Übt der Gläubiger das Rücktrittsrecht aus, so ist er nicht gehindert, daneben noch Schadensersatz zu verlangen, § 325 BGB.

4. Übersicht: Schadensersatzberechnung beim gegenseitigen Vertrag

Bei einem gegenseitigen Vertrag wird der Schadensersatz statt der Leistung nach der abgeschwächten Differenztheorie berechnet. Er richtet sich auf das positive Interesse (Erfüllungsinteresse) und ergibt für den Gläubiger grundsätzlich eine einseitige Geldforderung. Die Berechnung dieses einseitigen Anspruchs erfolgt durch die Ermittlung der Differenz zwischen der Vermögenslage des Gläubigers bei ordnungsgemäßer Erfüllung (Wert der Leistung des Schuldners) und der tatsächlichen Vermögenslage des Gläubigers nach Nichterfüllung (Wert der ersparten Gegenleistung, Wert der ersparten Aufwendungen, zuzüglich etwaiger Folgeschäden).

Schadensersatz statt der Leistung	= Wert der Leistung des Schuldners
	– Wert der ersparten Gegenleistung und ersparten Aufwendungen
	+ Folgeschäden

Beispiel: Wert des verkauften Autos: 5.000 Euro, noch nicht gezahlter Kaufpreis: 4.000 Euro. Folge: Schaden = 1.000 Euro.

Von dieser Berechnung werden zwei Ausnahmen gemacht:

- Schadensersatz nach der Surrogationstheorie (Austauschmethode): Der Gläubiger ist berechtigt – nicht verpflichtet – dem Schuldner die Gegenleistung anzubieten. Es erfolgt dann ein Austausch der Leistungen, indem der Schuldner Ersatz („Surrogat") wegen der weggefallenen Verbindlichkeit (Wertersatz zuzüglich etwaiger Folgeschäden) leistet. Beispiel: A und B haben einen Tausch vereinbart: A soll dem B sein gebrauchtes Auto geben, B verpflichtet sich im Gegenzug, dem A sein Motorrad zu überlassen. Hat B gegen A einen Anspruch auf Schadensersatz statt der Leistung, dann kann er ihm sein Motorrad geben und Wertersatz für das Auto verlangen.
- Rückforderungsrecht des Gläubigers: Macht der Gläubiger neben dem Schadensersatz statt der Leistung von seinem Rücktrittsrecht Gebrauch, dann kann er zum Beispiel eine bereits übereignete Sache zurückverlangen und im übrigen Schadensersatz statt der Leistung nach der Differenzmethode fordern. Er muss sich aber auf den Anspruch den Wert der zurückerlangten Sache anrechnen lassen.

Vertiefungshinweis:

- Musielak, Grundkurs BGB, Rn. 439 f.

Schlüsselwörter: Schuldnerverzug, Verzögerungsschaden, Schadensersatz statt der Leistung, abgeschwächte Differenztheorie, Surrogationstheorie

5. Fragen und Aufgaben

a) Aufgaben zur Lernkontrolle

154. Wann gerät ein Schuldner mit seiner Leistung in Verzug?

---

155. Der Gläubiger kann im Fall des Verzugs Schadensersatz verlangen. Welche Arten von Schadensersatz kennt das Gesetz? Nennen Sie die Voraussetzungen.

---

156. Welches zusätzliche Recht steht dem Gläubiger bei einem gegenseitigen Vertrag zu?

---

157. Wie wird der Schadensersatz statt der Leistung im gegenseitigen Vertrag berechnet?

---

b) Vertiefungsfragen

Frage 1

Einzelhändler H will vom Lebensmittelfabrikanten L Schokoladen-Osterhasen bestellen. Da H einen möglichst guten Umsatz erreichen will, vereinbart er mit L, dass die Lieferung der Hasen bereits 8 Wochen vor Ostern erfolgen soll. Auf dem schriftlichen Kaufvertrag wurde als Termin der 24.2 mit dem Zusatz „genau“ vereinbart. Während der Vertragsverhandlungen hat der H den U darauf hingewiesen, dass die rechtzeitige Lieferung für ihn von großer Bedeutung ist, da er nur so den einkalkulierten Umsatz erzielen könne.

Wenige Wochen vor dem besagten Termin fallen zwei Maschinen bei L aufgrund eines Defektes aus. Die Produktion steht einige Zeit still. Am Tag des vereinbarten Liefertermins teilt L dem H mit, dass er erst drei Wochen vor Ostern die Ware liefern könne. H ist daraufhin nicht mehr an einer Lieferung interessiert und erklärt umgehend den Rücktritt. Hat er dieses Recht?

Antwort:

H konnte gemäß § 323 Abs. 1 BGB vom Kaufvertrag zurücktreten: L war mit seiner Leistungspflicht in Verzug geraten, als er zum vereinbarten Termin die Hasen nicht lieferte, § 286 Abs. 1, 2 Nr. 1 BGB. Eine Fristsetzung vor Erklärung des Rücktritts war gemäß § 323 Abs. 2 Nr. 2 BGB entbehrlich, da H den Fortbestand seines Leistungsinteresses an die Rechtzeitigkeit der Leistung gebunden hatte. Dies war dem L auch bewusst, da er während der Vertragsverhandlungen darauf hingewiesen wurde, und darüber hinaus wurde im Vertrag die Klausel „genau" verwendet. Das Geschäft sollte daher mit der zeitgerechten Leistung stehen und fallen (relatives Fixgeschäft).

Frage 2

Unternehmer U hat einen Geschäftstermin im Ausland. Damit er den Abflug des gebuchten Flugzeugs nicht verpasst, bestellt er am Vorabend ein Taxi für den nächsten Morgen (8:00 Uhr). Da U ein guter Kunde ist, wird ein günstiger Festpreis in Höhe von 30 Euro vereinbart. Der Taxifahrer verspätet sich und erreicht die Wohnung von U erst um 8:30 Uhr. Er trifft den U aber nicht mehr an, da dieser wegen der Verspätung ein anderes Taxi bestellen musste, um noch rechtzeitig den Flughafen zu erreichen. U musste für die Taxifahrt einen höheren Preis als den mit T vereinbarten entrichten. Kann er die Differenz als Schaden geltend machen?

Antwort:

U kann gemäß §§ 283, 280 Abs. 1 und 3 BGB Schadensersatz verlangen. Die Leistungspflicht des T ist infolge des Zeitablaufs unmöglich geworden. Zwar könnte er ihn nach wie vor zum Flughafen fahren. Für U würde das aber keinen Sinn ergeben, da für diesen die Einhaltung der Leistungszeit so wesentlich war (Erreichen eines bestimmten Fluges), dass eine verspätete Leistung keine Erfüllung mehr darstellt. Es handelt sich hierbei um ein so genanntes absolutes Fixgeschäft. Sofern T nicht beweisen kann, dass er die Verspätung nicht zu vertreten hat, hat er dem U dessen Schaden zu ersetzen.

c) Übungsfälle

Fall 1

Geizig (G) verkauft an Vergesslich (V) eine Ladung Ziegelsteine zu einem Preis von 4.000 Euro. Sie vereinbaren, dass V die Steine in absehbarer Zeit abholen soll. Da V die Steine nicht dringend braucht, vergisst er, sie abzuholen. G benötigt jedoch den Platz, den die Steine auf seinem Hof einnehmen, für anderes Material. Um sicher zu gehen, beauftragt er den Rechtsanwalt R, V daran zu erinnern, die Steine umgehend zu holen. Als V den Brief des Anwalts erhält, lässt er sich noch zwei Wochen Zeit, bis er die Steine wegbringt. G ärgert sich über die Verzögerung und verlangt von V die Rechtsanwaltskosten. Kann er das?

Lösung

G könnte von V die Rechtsanwaltskosten gemäß §§ 280 Abs. 1 und 2, 286 BGB verlangen (Verzögerungsschaden). Hierzu müsste V schuldhaft die Pflicht im Rahmen eines Schuldverhältnisses verletzt und sich während dieser Zeit in Verzug befunden haben. Zwischen den beiden wurde ein Kaufvertrag geschlossen, so dass ein Schuldver-

hältnis vorliegt. V hat auch erst zwei Wochen nach der Aufforderung des R die Steine abgeholt. Das Schreiben ist als Mahnung zu verstehen, so dass sich V gemäß § 286 Abs. 1 BGB im Verzug befand, als er die Steine wegbrachte. Die Mahnung war auch nicht nach § 286 Abs. 2 BGB entbehrlich, da sie keinen festen Termin vereinbart hatten. Der Verzögerungsschaden erfasst alle Posten, die während des Verzugs entstanden sind. Da aber V erst durch das Schreiben in Verzug geraten ist, handelt es sich bei den Rechtsanwaltskosten nicht um einen Verzögerungsschaden. Anmerkung: Etwas Anderes würde gelten, wenn der V trotz der Mahnung die Steine nicht abgeholt und G den Anwalt mit einem weiteren Schreiben beauftragt hätte. Die Kosten für die zweite Mahnung sind ersatzfähig.

Fall 2

E, Inhaber eines Elektrogeschäftes, bestellt beim Großhändler G 30 Kaffeemaschinen zu einem Preis von 600 Euro. Die Zahlung soll bei der Lieferung erfolgen. G kommt aber seiner Verpflichtung nicht nach. E erfährt währenddessen von einem sensationell günstigen Kaffeemaschinen-Angebot eines anderen Großhändlers (H). Da sich E dieses Schnäppchen nicht entgehen lassen will, bestellt er bei H 30 Maschinen (Preis: 400 Euro). Er setzt den G davon in Kenntnis und erklärt ihm, dass er am Vertrag nicht mehr festhalte. G indes besteht auf Abnahme und Zahlung der Maschinen. Wie ist die Rechtslage?

Lösung

G könnte von E Zahlung des Kaufpreises in Höhe von 600 Euro und Abnahme der Kaffeemaschinen verlangen, § 433 Abs. 2 BGB. Die beiden haben einen dementsprechenden Kaufvertrag geschlossen. Fraglich ist, ob E zwischenzeitlich wirksam zurückgetreten ist, so dass der Kaufpreisanspruch untergegangen ist. Die Aussage des E, er halte am Vertrag nicht mehr fest, ist als Rücktrittserklärung auszulegen, § 349 BGB. Als Rücktrittsgrund könnte § 323 Abs. 1 BGB in Betracht kommen: Danach ist der Gläubiger berechtigt, vom Vertrag zurücktreten, wenn der Schuldner die fällige Leistung nicht erbringt. Im vorliegenden Fall ist G seiner fälligen Leistungspflicht (Lieferung der Maschinen) nicht nachgekommen. E müsste jedoch dem G eine angemessene Frist zur Leistung gesetzt haben. Dies ist nicht erfolgt, so dass zu prüfen ist, ob die Fristsetzung nach § 323 Abs. 3 Nr. 1-3 BGB entbehrlich war. Relevant könnte lediglich Nr. 3 sein, denn G hat weder die Leistung endgültig und ernsthaft verweigert (Nr. 1), noch haben die Parteien einen bestimmten Termin vereinbart (Nr. 2). Es müssten also Umstände vorliegen, die unter Abwägung der beiderseitigen Interessen den sofortigen Rücktritt rechtfertigen. Man könnte erwägen, das günstige Angebot des H als einen derartigen besonderen Umstand zu werten. Allerdings würde das zum einen die Interessen des Schuldners unangemessen verkürzen und zum anderen ist Nr. 3 als Auffangtatbestand zu betrachten. Danach muss der Gläubiger infolge des Verzugs kein Interesse mehr an der Lieferung haben. (Beispiel: Die Kunden des Gläubigers verweigern wegen der Verzögerung die Abnahme. Oder: Saisonartikel werden aufgrund der Verzögerung unver-

käuflich.) Im vorliegenden Fall hatte aber E nur deshalb kein Interesse an den Maschinen des G, weil er von dem günstigeren Angebot des H erfahren hatte. Aus Gründen des Schuldnerschutzes war daher die Fristsetzung nicht entbehrlich, und G kann Bezahlung und Abnahme der Maschinen von E verlangen.

D. Gläubigerverzug

1. Begriff und Voraussetzungen

Nimmt der Gläubiger die ordnungsgemäß angebotene Leistung nicht an, so gerät er in Annahmeverzug, § 293 BGB. Die Annahme der Leistung stellt grundsätzlich eine Obliegenheit und keine Pflicht dar. Das heißt, dass der Gläubiger zur Leistungsannahme nur berechtigt, nicht jedoch verpflichtet ist. Im Einzelfall kann die Annahme jedoch eine Leistungspflicht des Gläubigers darstellen. Beispiel: Beim Kaufvertrag ist der Käufer nach § 433 Abs. 2 BGB verpflichtet, dem Verkäufer die gekaufte Sache abzunehmen. Die Abnahme der Kaufsache ist nicht nur eine Obliegenheit, sondern eine Schuldnerpflicht des Käufers. Verzögert er die Abnahme, so kann er unter Umständen sowohl in den Annahme-, als auch in den Schuldnerverzug geraten.

Annahmeverzug liegt unter folgenden Voraussetzungen vor, §§ 293-299 BGB:

Leistungsberechtigung des Schuldners	Die Leistung muss bereits erfüllbar sein, siehe hierzu § 271 Abs. 2 BGB und § 299 BGB.
Leistungsvermögen des Schuldners	Der Schuldner muss zur Leistung bereit und imstande sein, § 297 BGB. Die Leistung muss nachholbar sein, sonst: Unmöglichkeit.
Ordnungsgemäßes Leistungsangebot	Tatsächliches (§ 294 BGB) oder wörtliches (§ 295 BGB) Angebot, eventuell entbehrlich nach § 296 BGB (siehe unten)
Nichtannahme der Leistung	Verschuldensunabhängig

Der Schuldner muss dem Gläubiger die Leistung, so wie sie zu bewirken ist, tatsächlich anbieten, § 294 BGB. Er muss also dem Gläubiger die Möglichkeit verschaffen, nur noch zugreifen zu müssen. Beispiel: V fährt mit dem verkauften Auto zwecks Übergabe zu K. Dieser muss das Auto nur noch in Empfang nehmen.

Ausnahmsweise reicht es aus, wenn der Schuldner seine Leistung nur wörtlich anbietet, § 295 BGB. Zum einen ist dies möglich, wenn der Gläubiger bereits erklärt hat, dass er die Leistung nicht annehmen werde. Zum anderen genügt ein wörtliches Angebot, wenn zur Bewirkung der Leistung eine Handlung des Gläubigers nötig ist. Beispiel: Zwischen V und K wurde vereinbart, dass K das Auto bei V abholen sollte (Holschuld). Fordert V nun K telefonisch auf, das Auto bei ihm abzuholen, liegt ein wörtliches Angebot vor. Kommt K dem nicht nach, gerät er in Verzug.

Schließlich ist ein Angebot entbehrlich, wenn der Gläubiger eine Mitwirkungshandlung unterlässt, für die eine Zeit nach dem Kalender bestimmt ist, § 296 BGB. Beispiel: A beauftragt den B zum Ausheben seines Grundstückes. Die erforderlichen Gerätschaften will A bis zum 1.7. selbst besorgen. Gelingt ihm das nicht, gerät er auch ohne ein Angebot des B in Annahmeverzug.

2. Rechtsfolgen

Der Schuldner ist trotz des Annahmeverzuges weiterhin zur Leistung verpflichtet. Ausnahme: Dienstvertrag, § 615 BGB.

Allerdings hat er während des Gläubigerverzugs nur Vorsatz und grobe Fahrlässigkeit zu vertreten, § 300 Abs. 1 BGB. (Anmerkung: einfache Fahrlässigkeit = Verletzung der im Verkehr erforderlichen Sorgfalt; grobe Fahrlässigkeit = Verletzung der im Verkehr erforderlichen Sorgfalt in besonders schwerem Maße.) Beispiel: Zerstört der Schuldner während des Annahmeverzugs leicht fahrlässig die Ware, so hat er dies nicht zu vertreten, § 300 Abs. 1 BGB. Der Gläubiger kann daher keinen Schadensersatz nach § 280 Abs. 1 BGB verlangen.

Schließlich geht die so genannte Leistungsgefahr bei Gattungsschulden auf den Gläubiger über, § 300 Abs. 2 BGB. Bietet der Schuldner eine (noch nicht nach § 243 Abs. 2 BGB konkretisierte) Gattungssache dem Gläubiger erfolglos an und geht die Sache während des Gläubigerverzugs zufällig oder infolge leichten Verschuldens (§ 300 Abs. 1 BGB) unter, dann wird er von seiner Leistungspflicht frei. Gäbe es den § 300 Abs. 2 BGB nicht, dann müsste der Schuldner eine neue Gattungssache beschaffen. Bei Gattungsschulden hat er nämlich das Beschaffungsrisiko zu tragen und kann sich auf Unvermögen nicht berufen, § 276 Abs. 1 S. 1 BGB.

Ob der Gläubiger die Gegenleistung noch erbringen muss (so genannte Preisgefahr), richtet sich nach § 326 Abs. 2 BGB, ausführlich V.B.3.b.

Anmerkung: Der Anwendungsbereich des § 300 Abs. 2 BGB ist eher gering, da der Schuldner durch das Leistungsangebot oft schon das seinerseits Erforderliche getan hat und damit Konkretisierung zur Stückschuld nach § 243 Abs. 2 BGB eingetreten ist. § 300 Abs. 2 BGB ist nur einschlägig, wenn es trotz des Angebotes noch nicht zu einer Konkretisierung kam. Beispiel: Der Gläubiger einer Gattungssache bei Schickschuld gerät durch wörtliches Angebot in Annahmeverzug.

Der Schuldner hatte die Sache bereits ausgesondert, aber noch nicht abgeschickt: noch keine Konkretisierung zur Stückschuld.

Der Schuldner darf die von ihm zu leistenden Gegenstände im übrigen nach Maßgabe der §§ 372 ff. BGB bzw. §§ 373 ff. HGB hinterlegen. Zum darüber hinaus möglichen kaufmännischen Selbsthilfeverkauf nach § 373 Abs. 2 HGB siehe ausführlich Müssig S. 208 f. Bei Grundstücken kann der Schuldner gemäß § 303 BGB den Besitz aufgeben.

Des Weiteren muss der Schuldner einer verzinslichen Geldschuld während des Gläubigerverzugs keine Zinsen entrichten, § 301 BGB. Außerdem kann er vom Gläubiger die Mehraufwendungen ersetzt verlangen, die er für das erfolglose Angebot sowie für die Aufbewahrung der geschuldeten Sache machen musste, § 304 BGB.

Schlüsselwörter: Gläubigerverzug, Annahmeverzug, Leistungsgefahr

3. Fragen und Aufgaben

a) Aufgaben zur Lernkontrolle

158. Was versteht man unter dem Begriff „Gläubigerverzug"?

---

159. Nennen Sie die Voraussetzungen für den Gläubigerverzug.

---

160. Muss der Schuldner die Leistung immer tatsächlich anbieten?

---

161. Wie haftet der Schuldner während des Annahmeverzugs?

---

162. Wer trägt die Leistungsgefahr für Gattungsschulden beim Annahmeverzug?

---

163. Was kann der Schuldner vom Gläubiger verlangen, wenn sich dieser im Annahmeverzug befindet?

---

b) Vertiefungsfrage

Am 25.5. kauft der Einzelhändler E beim Fernseherhersteller F 20 Fernsehgeräte (Preis: 20.000 Euro). Sie vereinbaren, dass E die Geräte am 4.6. bei F abholen soll.

Nach wenigen Tagen bereut E den Kauf. Er erscheint nicht zum vereinbarten Termin und weigert sich, die Geräte abzuholen sowie den Kaufpreis zu zahlen. F möchte die Geräte unbedingt loswerden und überlegt, welche Möglichkeiten er hat.

Antwort

Da F die Geräte nicht behalten möchte, ist er an einem Rücktritt, der gegebenenfalls nach § 323 BGB möglich sein könnte, nicht interessiert.

Er könnte aber unter Umständen einen Selbsthilfeverkauf nach § 373 Abs. 2 HGB durchführen. Voraussetzung hierzu ist, dass sich der Käufer eines kaufmännischen Verkäufers im Annahmeverzug befindet. F ist mangels anderweitiger Angaben als Kaufmann im Sinne des § 1 Abs. 1 HGB zu betrachten. Da E zum vereinbarten Termin nicht erschien und sich weigerte, die Ware abzunehmen, befand er sich gemäß §§ 293, 296 BGB im Annahmeverzug.

Der Selbsthilfeverkauf kann auf folgende Weise erfolgen:

- *Öffentliche Versteigerung nach vorheriger Androhung (siehe hierzu § 373 Abs. 4, S. 1 HGB).*
- Freihändiger Verkauf nach vorheriger Androhung, wenn die Ware einen Börsen- oder Marktwert hat. Der Verkauf muss durch einen dazu öffentlich ermächtigten Handelsmakler oder durch eine zur öffentlichen Versteigerung befugte Person stattfinden.

Folge eines ordnungsgemäßen Selbsthilfeverkaufs ist, dass der Schuldner von seiner Lieferpflicht befreit wird. Er hat seine vertragliche Pflicht erfüllt und kann daher vom Gläubiger den Kaufpreis verlangen. Gemäß § 373 Abs. 3 HGB erfolgt der Selbsthilfeverkauf für Rechnung des säumigen Gläubigers. Das bedeutet, dass der Verkäufer im Auftrag des Käufers tätig wird und nach § 667 BGB verpflichtet ist, dem Käufer das Erlangte (also den Erlös) herauszugeben. Der Verkäufer hat daher die Möglichkeit, mit seinem Kaufpreisanspruch gegen den Anspruch des Käufers auf den Erlös aufzurechnen, §§ 387 ff. BGB. Ist der Verkaufserlös geringer als der Kaufpreis, so schuldet der Käufer den Differenzbetrag. Ist der Verkaufserlös größer, so steht der Überschuss dem Käufer zu.

Dem F ist also zu raten, sich der Fernseher im Wege des Selbsthilfeverkaufs zu entledigen. Anmerkung: Daneben könnte er auch die Sachen nach § 373 Abs. 1 HGB hinterlegen. Dies könnte eine Privatperson nicht, da nach dem BGB nur Geld, Wertpapiere und Urkunden hinterlegt werden können, § 372 S. 1 BGB.

Vertiefungshinweis:

- Brox, Handelsrecht, S. 204 ff.

c) Übungsfall

V verkauft an K 100 Lagen speziell angefertigte Holzbretter. Sie verabreden, dass K die Bretter am 5.8. abholen soll. In der Zwischenzeit soll V die Bretter in seiner Halle einlagern. Da K beruflich stark beansprucht ist, kann er den Termin nicht einhalten. In der Nacht vom 5. auf den 6.8. gerät die Halle des V in Brand, und die eingelagerten Bretter werden vollständig zerstört. Den Brand hatte V durch leichte Fahrlässigkeit verursacht.

Als K am 8.8. zu V fährt, um die Bretter zu holen, erfährt er von dem Brand. V besteht dennoch auf die Bezahlung der Bretter. Zu Recht?

Lösung

V könnte von K den Kaufpreis für die Bretter gemäß § 433 Abs. 2 BGB verlangen. Zwischen den beiden wurde ein dementsprechender Kaufvertrag geschlossen. Allerdings könnte der Kaufpreisanspruch erloschen sein nach § 326 Abs. 1 S. 1 BGB: Braucht ein Schuldner nämlich nach § 275 Abs. 1 BGB nicht zu leisten, so entfällt der Anspruch auf die Gegenleistung.

Weil die eingelagerten Bretter durch den Brand zerstört wurden, ist dem K die vertragliche Verpflichtung (Übereignung der speziell angefertigten Bretter) unmöglich geworden. Er ist von seiner Leistungspflicht befreit. Demnach hätte V keinen Kaufpreisanspruch. Fraglich ist jedoch, ob sich aus § 326 Abs. 2 S. 1 2. Fall BGB etwas Anderes ergibt: Tritt der Umstand, aufgrund dessen der Schuldner nach § 275 Abs. 1 BGB nicht zu leisten braucht, zu einer Zeit ein, zu welcher der Gläubiger im Annahmeverzug ist, und hat der Schuldner diesen Umstand nicht zu vertreten, so behält er den Anspruch auf die Gegenleistung. Im vorliegenden Fall befand sich K im Annahmeverzug gemäß § 296 BGB, als er die Bretter zum vereinbarten Termin nicht abholte. V hatte den Brand leicht fahrlässig verursacht. Da er aber während des Annahmeverzugs nur Vorsatz und grobe Fahrlässigkeit zu vertreten hat, § 300 Abs. 1 BGB, ist er für den Umstand, der die Unmöglichkeit verursacht hat, nicht verantwortlich. Folglich kann V den Kaufpreis für die Bretter verlangen.

E. Mängelgewährleistung

Erbringt der Schuldner eine mangelhafte Leistung (Schlechterfüllung), dann ist der Gläubiger regelmäßig daran interessiert, keine nachteiligen Folgen hinnehmen zu müssen. Er möchte zum Beispiel Schadensersatz beanspruchen oder sich vielleicht sogar vom Vertrag lösen. Beispiel: Verkauf eines defekten Computers, Herstellung eines undichten Daches, Vermietung einer mit Schimmel befallenen Wohnung.

Gesetzliche Regelungen über die Gewährleistungsrechte des Gläubigers gibt es für den Kaufvertrag (§§ 434 ff. BGB), den Mietvertrag (§§ 536 ff. BGB), den Werkvertrag (§§ 633 ff. BGB) und den Reisevertrag (§§ 651 c ff. BGB). Dabei verweisen das Kauf- und das Werkvertragsrecht auf die §§ 280 ff., 311 a BGB. Für den Miet- und den Reisevertrag gibt es besondere Bestimmungen.

Alle übrigen Vertragstypen – zum Beispiel Geschäftsbesorgungsvertrag oder Dienstvertrag – haben keine eigenen Gewährleistungsregeln, so dass die eben erläuterten Vorschriften der §§ 280 ff., 311 a BGB unmittelbar Anwendung finden.

Die näheren Ausführungen der Mängelgewährleistung werden bei der Darstellung der einzelnen Vertragstypen (siehe VI) vorgenommen.

Schlüsselwörter: Mängelgewährleistung

F. Verletzung von Nebenpflichten

1. Einführung

Der Schuldner hat nicht nur die Hauptleistung zu erbringen, sondern muss darüber hinaus auch noch Nebenpflichten beachten.

- Zum einen hat er die so genannten *leistungsbezogenen* Nebenpflichten einzuhalten. Das sind solche Pflichten, die zu einer erfolgreichen Durchführung des Schuldverhältnisses beitragen sollen. Sie sind gerichtet auf die Vorbereitung, Herbeiführung und Sicherung des Leistungserfolges. *Beispiel:* verständliche Gebrauchsanweisung oder ausreichende Verpackung.
- Zum anderen gibt es die so genannten *leistungsbegleitenden* Nebenpflichten (auch nichtleistungsbezogene Nebenpflichten genannt). Hierbei handelt es sich um *Schutzpflichten,* die den Beteiligten vor Körper- und Eigentumsverletzungen bzw. vor Fehlinvestitionen bewahren sollen, § 241 Abs. 2 BGB.

  Beispiel: Der Handwerker hat neben der fachgerechten Ausführung seiner Arbeit auch darauf zu achten, dass zum Beispiel die Einrichtungsgegenstände des Auftraggebers nicht beschädigt werden.

  Anmerkung: Die Abgrenzung der beiden Pflichten voneinander kann im Einzelfall schwierig sein. So kann eine unzureichende Gebrauchsanweisung zu einer Beeinträchtigung der Inbetriebnahme der Sache führen. Gleichzeitig kann aber auch die Integrität des Benutzers der Sache gefährdet sein, wenn es sich beim Leistungsgegenstand um eine gefährliche Maschine handelt.

Verletzt nun der Schuldner entweder eine leistungsbezogene Nebenpflicht oder eine Schutzpflicht nach § 241 Abs. 2 BGB, dann kann der Gläubiger Schadensersatz neben der Leistung nach § 280 Abs. 1 BGB verlangen. Das Gesetz differenziert hier nicht nach der Art der Pflichtverletzung, sondern erfasst beide Arten von Nebenpflichten.

Anders verhält es sich jedoch, wenn Schadensersatz statt der Leistung gefordert wird:

- Handelt es sich um *leistungsbezogene* Nebenpflichten, dann müssen die Voraussetzungen des § 281 BGB erfüllt sein. Das heißt, es muss insbesondere eine Frist gesetzt worden sein.
- Werden *Schutzpflichten* nach § 241 Abs. 2 BGB verletzt, richtet sich der Anspruch auf Schadensersatz statt der Leistung nach § 282 BGB: Ist die Leistung durch den Schuldner nicht mehr zumutbar, dann kann der Gläubiger unter den Voraussetzungen des § 280 Abs. 1 BGB Schadensersatz statt der Leistung beanspruchen.

Schlüsselwörter: Nebenpflichten, Schutzpflichten

2. Fragen und Aufgaben

a) Aufgaben zur Lernkontrolle

164. Welche Arten von Nebenpflichten gibt es?

---

165. Nach welcher Vorschrift kann der Gläubiger Schadensersatz (neben der Leistung) verlangen, wenn eine Nebenpflicht verletzt wird?

---

166. Welche Normen sind einschlägig, wenn es um Schadensersatz statt der Leistung geht?

---

b) Übungsfälle

Fall 1

Reich (R) möchte sein Haus renovieren lassen und beauftragt hierzu den Malermeister Schusslig (S). S soll mit dem Wohnzimmer beginnen. Als er es beladen mit Leiter und Farbeimer betritt, beschädigt er eine wertvolle alte Glasvitrine. Der Schaden beläuft sich auf 2.000 Euro. Kann R diesen Betrag gegenüber S geltend machen?

Variante: *Nicht S, sondern sein sorgfältig ausgesuchter und beaufsichtigter Lehrling L beschädigt die Vitrine. R wendet sich wiederum an S. Muss dieser den Schaden ersetzen?*

Lösung

Ausgangsfall: R könnte den Schaden in Höhe von 2.000 Euro von S gemäß § 280 Abs. 1 BGB verlangen. S müsste hierzu eine Pflicht aus einem Schuldverhältnis schuldhaft verletzt haben. Der Vertrag über die Malerarbeiten ist als Werkvertrag (§ 631 BGB) zu beurteilen und stellt somit ein Schuldverhältnis dar. Als S die Glasvitrine beschädigte, beging er eine Pflichtverletzung: Er ist neben der fachgerechten Ausführung der Malerarbeiten auch verpflichtet, auf die Rechtsgüter seines Vertragspartners Rücksicht zu nehmen (nichtleistungsbezogene Nebenpflicht, § 241 Abs. 2 BGB). Es ist auch davon auszugehen, dass S schuldhaft gehandelt hatte, § 280 Abs. 1 S. 2 BGB. Die Beschädigung der Vitrine hatte zur Folge, dass dem R ein Schaden in Höhe von 2.000 Euro entstanden ist. Diesen kann er neben der eigentlichen Vertragsleistung von S verlangen. (Anmerkung: Daneben kann er auch noch aus Delikt Schadensersatz fordern, § 823 Abs. 1 BGB. Allerdings muss hier R beweisen, dass S schuldhaft gehandelt hat. Bei der vertraglichen Haftung nach § 280 Abs. 1 BGB wird das Verschulden des S vermutet und S muss sich entlasten, § 280 Abs. 1 S. 2 BGB.)

Variante: Auch in der Abwandlung muss R dem S den Schaden ersetzen. Das Verschulden des L wird dem S über § 278 BGB zugerechnet. (Anmerkung: Eine ***deliktische Haftung*** *des S nach § 831 BGB scheidet aus, da er bei der Auswahl des L die erforderliche Sorgfalt beobachtet hat und sich S insoweit exkulpieren, d. h. entlasten kann.)*

Fall 2

Wie Fall 1, allerdings bleibt es nicht bei der Beschädigung der Vitrine. R mahnt den S zur Vorsicht und S verhält sich derart ungeschickt, dass ein Farbeimer umkippt und ein wertvoller Perserteppich beschädigt wird. Außerdem raucht S bei der Arbeit und hat die Angewohnheit, seine Zigaretten auf dem Fußboden auszudrücken. Dadurch entstehen Schäden am Parkett. R ist empört und weigert sich, die Renovierung weiter durch S ausführen zu lassen. Er beauftragt einen anderen Maler, der aber teurer ist als M. Kann R die Schäden an seiner Einrichtung (10.000 Euro) und die Mehrkosten (250 Euro) von S ersetzt verlangen? S hatte lediglich die Farben angerührt und Proben an die Wand gestrichen.

Lösung:

Die Schäden an der Einrichtung kann R wie in Fall 1 gemäß § 280 Abs. 1 BGB ersetzt verlangen. Die Mehrkosten für den anderen Maler hingegen kann er nach dieser Anspruchsgrundlage jedoch nicht geltend machen, da es sich hierbei um einen Schadensersatz statt der Leistung handelt.

Diesen könnte er aber möglicherweise gemäß § 282 BGB fordern. Verletzt nämlich der Schuldner eine Pflicht nach § 241 Abs. 2 BGB, so kann der Gläubiger unter den Voraussetzungen des § 280 Abs. 1 BGB Schadensersatz statt der Leistung verlangen, wenn ihm die Leistung nicht mehr zumutbar ist. Im vorliegenden Fall ist S seiner Pflicht, auf Rechtsgüter des R Rücksicht zu nehmen, in einigen Fällen nicht nachgekommen: Beschädigung der Vitrine, des Teppichs und einiger Teile des Parketts. Diese Verstöße müssten derart gravierend sein, dass dem R die Ausführung der Malerarbeiten durch S nicht mehr zumutbar ist. Wann man von Unzumutbarkeit sprechen kann, hängt von den Umständen des Einzelfalles ab. Hier wurden innerhalb kurzer Zeit wertvolle Gegenstände beschädigt. Trotz der Mahnung des R zur Vorsicht, gab S auf die Rechtsgüter des R nicht in ausreichendem Maße Acht. Darüber hinaus setzte sich S über die Interessen des R in erheblicher Weise hinweg, als er seine Zigaretten auf dem Parkett ausdrückte. Die Zusammenschau all dieser Vorfälle lassen die Pflichtverletzungen des S als derart wesentlich erscheinen, dass die weitere Ausführung der Arbeiten durch ihn für R unzumutbar ist. Dieser kann daher die Mehrkosten ersetzt verlangen. (Anmerkung: (1) Zwar erfordert § 282 BGB keine Fristsetzung, allerdings ergibt sich aus dem Zumutbarkeitskriterium, dass eine Abmahnung grundsätzlich erforderlich ist. Bei groben Pflichtverletzungen ist sie entbehrlich. (2) S hatte mit der eigentlichen Arbeit – Streichen der Wände – noch nicht begonnen. Hätte er jedoch schon Leistungen zum Teil erbracht, dann würden diese entsprechend § 281 Abs. 1 BGB nach Rücktrittsrecht abgewickelt werden.)

G. Verschulden bei der Vertragsverhandlung

1. Einführung

Bereits mit der Aufnahme von Vertragsverhandlungen oder einem ähnlichen geschäftlichen Kontakt entsteht ein vertragsähnliches Vertrauensverhältnis, wodurch die Beteiligten angehalten sind, auf die Rechtsgüter bzw. rechtlich geschützten Interessen des anderen Teils Rücksicht zu nehmen. Das Verschulden bei Vertragsverhandlungen bezeichnet man als culpa in contrahendo (kurz: c.i.c.).

Vertiefungshinweis:

- Schwab, Grundfälle zu culpa in contrahendo, Sachwalterhaftung und Vertrag mit Schutzwirkung für Dritte nach dem neuen Schuldrecht, JuS 2002, 773 ff., 872 ff.

Nach § 311 Abs. 2 BGB kommt es zu einem derartigen vorvertraglichen Schuldverhältnis mit den Pflichten aus § 241 Abs. 2 BGB in folgenden Fällen:

Aufnahme von Vertragsverhandlungen, § 311 Abs. 2 Nr. 1 BGB	Beispiel: Maßnahmen eines Teils, die den anderen zum Vertragsschluss veranlassen sollen (Werbung, Prospekte).

Anbahnung eines Vertrages, bei welchem der eine Teil im Hinblick auf eine etwaige rechtsgeschäftliche Beziehung dem anderen Teil die Möglichkeit zur Einwirkung auf seine Rechtsgüter gewährt, § 311 Abs. 2 Nr. 2 BGB	Beispiel: Kunde betritt mit Kaufabsicht ein Geschäft und wird durch unsachgemäß aufgestelltes Regal verletzt.
Ähnliche geschäftliche Kontakte, § 311 Abs. 2 Nr. 3 BGB	Auffangtatbestand, soziale Kontakte reichen aber nicht aus.

Die Pflichten, die im vorvertraglichen Schuldverhältnis beachtet werden müssen, sind vielfältig.

Folgende Fallgruppen von Pflichtverletzungen sind häufig einschlägig:

- Verletzung von Schutzpflichten.
- Verletzung von Aufklärungs- und Informationspflichten.
- grundloser Abbruch von Vertragsverhandlungen, nachdem vorher das Vertrauen des anderen geweckt worden ist.
- Die Unwirksamkeit eines Vertrages beruht auf einem Umstand, der aus der Sphäre einer Partei stammt. *Beispiel*: vorsätzliche Verwendung sittenwidriger Vertragsbedingungen.
- Irreführende Werbung oder falsche Angaben in Prospekten.

Hat die schuldhafte Pflichtverletzung zur Folge, dass ein zurechenbarer Schaden entstanden ist, dann ist der Geschädigte unter den Voraussetzungen des § 280 Abs. 1 BGB so zu stellen ist, wie er ohne das schädigende Verhalten des anderen Teils stehen würde.

Grundsätzlich ist der Vertrauensschaden (negatives Interesse) zu ersetzen. Allerdings ist das Erfüllungsinteresse (positives Interesse) zu ersetzen, wenn der Vertrag ohne die Pflichtverletzung zu günstigeren Bedingungen zustande gekommen oder wirksam wäre. Es kann auch die Befreiung von der vertraglichen Bindung in Betracht kommen. Wenn jedoch der Geschädigte trotz der ungünstigen Vertragsbedingungen am Vertrag festhalten will, dann hat er die Möglichkeit, eine Anpassung des Vertrages zu verlangen.

Schlüsselwörter: culpa in contrahendo

2. Fragen und Aufgaben

a) Aufgaben zur Lernkontrolle

167. In welchen Fällen haften die Beteiligten im vorvertraglichen Bereich?

168. Wie wird diese Haftung bezeichnet?

169. Welche Fallgruppen von Pflichtverletzungen kennen Sie?

b) Vertiefungsfrage

A verkauft an B seinen alten PKW. B leistet eine Anzahlung in Höhe von 500 Euro. Die Übereignung des Wagens soll zwei Wochen später erfolgen, da B noch auf eine Geschäftsreise muss. Während seiner Reise verliert B das Interesse an dem Wagen und eröffnet dem A bei seiner Rückkehr, dass er den Kauf rückgängig machen möchte. A ist indes wenig begeistert von dem Vorschlag. Er bietet dem B aber an, dass dieser den Wagen in seinem (des A) Namen weiterverkaufen könne. B findet schließlich C als Käufer für das Auto und schließt mit diesem als Vertreter des A den Kaufvertrag. Während der Verkaufsgespräche versichert der B dem C, dass der Wagen unfallfrei sei. Tatsächlich war der Wagen schon einmal in einen schweren Unfall verwickelt, was der B fahrlässig nicht wusste. Den von C entrichteten Kaufpreis verwendet B unter anderem zum Ausgleich seiner bereits gezahlten Anzahlung. Schon nach wenigen Tagen erfährt C von den wahren Umständen. Da A mittellos ist, möchte er von B Schadensersatz verlangen. Zu Recht?

Antwort

C könnte einen Schadensersatzanspruch gegen B gemäß §§ 311 Abs. 2 Nr. 1, Abs. 3, 280 Abs. 1 BGB haben. Hierzu ist erforderlich, dass B eine Pflicht aus einem Schuldverhältnis verletzt hat. Da B als Vertreter des A gehandelt hatte, ist zwischen A und C mit der Aufnahme der Vertragsverhandlungen ein Schuldverhältnis gemäß § 311 Abs. 2 Nr. 1 BGB entstanden. Dies hat zu Folge, dass die Pflichten aus § 241 Abs. 2 BGB zu beachten sind. Fraglich ist, ob ein derartiges Schuldverhältnis auch zwischen B und C existiert. § 311 Abs. 3 BGB räumt diese Möglichkeit ein. Danach kann ein Schuldverhältnis mit Pflichten nach § 241 Abs. 2 BGB auch zu Personen entstehen, die nicht selbst Vertragspartei werden sollen. In unserem Fall war B ja nur Vertreter. Allerdings schränkt das Gesetz die Inanspruchnahme Dritter dahingehend ein, dass der Dritte zum Beispiel in besonderem Maße Vertrauen für sich in Anspruch nimmt und dadurch die Vertragsverhandlungen erheblich beeinflusst. B hat jedoch lediglich das normale Verhandlungsvertrauen beansprucht. Er hat nämlich nicht eine zusätzliche, von ihm ausgehende Gewähr für den Bestand und die Erfüllung des Rechtsgeschäfts geboten. Das Gesetz lässt nach seinem Wortlaut jedoch eine Dritthaftung auch in anderen Fällen zu („insbesondere"). Eine Eigenhaftung des Dritten wird bejaht, wenn dieser ein besonderes wirtschaftliches Eigeninteresse an dem Geschäft hat. In unserem Fall war B sozusagen in eigener Sache tätig, da die Folgen des Kaufvertrages zwischen A und C auch ihn trafen. Zwar ist er mangels Übereignung des Wagens nicht Eigentümer geworden, allerdings handelte es sich ja wirtschaftlich um seinen PKW, und auch der Verkaufserlös sollte ihm zukommen. Folglich besteht auch zwischen B und C ein vorvertragliches Schuldverhältnis mit den Pflichten aus § 241 Abs. 2 BGB. Da er den C betreffend den Unfall schuldhaft falsch informiert hatte, ist er ihm gegenüber zum Ersatz des entstandenen Schadens verpflichtet.

c) Übungsfälle

Fall 1

Frau A betritt das Geschäft des K, um dort nach einem Geburtstagsgeschenk für ihren Ehemann zu suchen. Es herrscht reger Geschäftsbetrieb. A begibt sich in die Herrenmodeabteilung. Dort angelangt, rutscht sie auf einer seit längerer Zeit am Boden liegenden Bananenschale aus und fällt zu Boden. Dabei wird ihre Brille beschädigt. Die Reparatur kostete 50 €. Bestehen (vor)vertragliche Ansprüche der A gegen K?

Lösung

Hier könnte ein Schadensersatzanspruch gemäß § 280 Abs. 1 BGB gegeben sein. Fraglich ist zunächst, ob ein Schuldverhältnis zwischen A und K zustande gekommen ist. A machte sich nur auf die Suche nach einem Geschenk und hatte mit K noch keinen Vertrag geschlossen. Allerdings handelte es sich hier um einen Fall der Vertragsanbahnung nach § 311 Abs. 2 Nr. 2 BGB: A hatte einen Vertragsabschluss ernsthaft ins Auge gefasst. Damit lag ein vorvertragliches Schuldverhältnis vor. Es müsste auch eine rechtswidrige Pflichtverletzung des K nach §§ 311 Abs. 2, 241 Abs. 2 BGB vorliegen. Die Pflichtverletzung liegt hier in der Verletzung einer vorvertraglichen Schutzpflicht: K oblag es, für die Verkehrssicherheit seiner Räume Sorge zu tragen (so genannte Verkehrssicherungspflicht; siehe näher Palandt-Grüneberg, BGB, § 280 Rn. 28, Palandt-Sprau, BGB, § 823 Rn. 45 ff.). Er öffnete seine Geschäftsräume für eine unbestimmte Anzahl von Kunden und musste daher seinen Geschäftsbetrieb so organisieren, dass keiner der Kunden zu Schaden kommen konnte. Der Maßstab für seine Verkehrssicherungspflicht richtet sich dabei an der Zumutbarkeit (Palandt-Sprau, BGB, § 823 Rn. 45 ff.). K sorgte nicht dafür, dass der Boden auf herumliegenden Abfall kontrolliert und gereinigt wurde. Das wäre allerdings von ihm zu erwarten gewesen, da er seinen Betrieb für eine unbestimmte Anzahl von Personen öffnete, die Verursachung von Verunreinigungen des Bodens bei regem Geschäftsbetrieb zu erwarten war und Kunden gewöhnlich ihre Aufmerksamkeit auf die Ansicht der Waren lenken. Das Verschulden wird nach § 280 Abs. 1 S. 2 BGB vermutet. K hat demnach der A den durch den Sturz zurechenbar verursachten Schaden in Höhe von 50 € zu ersetzen.

Fall 2

Abwandlung zu Fall 1: Frau A betritt mit ihrer 5-jährigen Tochter T die Geschäftsräume des K, um dort nach einem Geschenk für ihren Ehemann zu suchen. T kommt durch die Bananenschale zu Fall. Die Brille der T wird bei dem Sturz beschädigt. Hat T vorvertragliche Ansprüche gegen K?

Lösung

T ist in den Schutzbereich des vorvertraglichen Schuldverhältnisses einbezogen worden (Vertrag mit Schutzwirkung zugunsten Dritter, siehe IV.H.4; Palandt-Grüneberg, BGB, § 311 Rn. 26, § 328 Rn. 13, 15). Sie hat demgemäß einen eigenen Anspruch auf Schadensersatz wegen vorvertraglicher Pflichtverletzung aus §§ 311 Abs. 2, 241 Abs. 2, 280 Abs. 1 BGB.

Fall 3

X veräußert dem Y sämtliche Geschäftsanteile seines Unternehmens. Dabei verschwieg er, dass auf dem Unternehmen eine erhebliche Steuerschuld lastete, welche dessen Überlebensfähigkeit ernstlich gefährdete. Y beglich diese Schuld. Hat er einen (vor)vertraglichen Schadensersatzanspruch gegen X?

Lösung

(1) Ein vertraglicher Gewährleistungsanspruch ist nicht gegeben, da sich die Schuldenfreiheit nicht auf die Beschaffenheit des Unternehmens selbst, sondern auf dessen Wert bezog (zum Sachmangel siehe unter VI.B.5; vgl. auch Palandt-Grüneberg, BGB, § 311 Rn. 41 ff.).

(2) Allerdings verletzte X seine vorvertragliche Aufklärungspflicht, als er dem Y die Steuerschuld verschwieg. Zwar muss jede Vertragspartei selbst darauf achten, welche vertraglichen Vereinbarungen getroffen werden und ob der Vertrag wirtschaftlich sinnvoll ist. Die andere Partei ist auch nicht ohne weiteres verpflichtet, ihre Schwächen bei den Vertragsverhandlungen zu offenbaren. Jedoch bestehen Aufklärungspflichten, soweit der andere nach Treu und Glauben darauf vertrauen durfte, dass er unterrichtet wird. Y durfte darauf vertrauen, dass X ihn über die existenzgefährdenden Schulden informierte (siehe BGH, DB 2002, 942 f.). Dies stellte aus Sicht des Y einen wesentlichen Umstand für den Vertragsabschluss dar. Es liegt eine Pflichtverletzung im vorvertraglichen Schuldverhältnis vor. Das Verschulden des X wird nach § 280 Abs. 1 S. 2 BGB vermutet. Er hat sich hier auch nicht entlastet. Damit hat Y gegen X einen Schadensersatzanspruch gemäß §§ 280 Abs. 1, 311 Abs. 2, 241 Abs. 2 BGB.

H. Störung der Geschäftsgrundlage

1. Einführung

Während der Laufzeit eines Vertrages können sich Umstände verändern, die Auswirkungen auf die Vertragsabwicklung haben. Grundsätzlich trägt jede Partei ihr Leistungsrisiko allein. Sie hat nach dem Grundsatz der Vertragstreue (**pacta sunt servanda**) ihre vertraglichen Pflichten ordnungsgemäß zu erfüllen. Allerdings können nach dem Vertragsschluss Situationen auftreten, in denen es dennoch angebracht erscheint, den Vertrag an die veränderten Verhältnisse anzupassen oder dem benachteiligten Teil ein Rücktrittsrecht zu gewähren. Das Gesetz räumt in § 313 BGB unter folgenden Voraussetzungen diese Möglichkeit ein:

- schwerwiegende Veränderungen der Umstände, die vertragliche Grundlage waren (§ 313 Abs. 1 BGB, objektive Geschäftsgrundlage) oder
- wesentliche Vorstellungen, die zur Grundlage des Vertrages geworden sind, stellen sich als falsch heraus (§ 313 Abs. 2 BGB, subjektive Geschäftsgrundlage)
- Die Parteien hätten bei Kenntnis dieser Umstände den Vertrag nicht bzw. mit einem anderen Inhalt geschlossen.
- Das Festhalten am Vertrag ist für eine Partei nicht zumutbar.

Rechtsfolge: Anspruch auf Vertragsanpassung; wenn nicht möglich oder unzumutbar: Rücktritts- bzw. Kündigungsrecht, § 313 Abs. 1 und 3 BGB.

Anmerkung: Die Regelungen über die Störung der Geschäftsgrundlage sollen nach dem Willen des Gesetzgebers Ausnahmecharakter haben. Vorab muss somit geprüft werden, ob vertragliche Vereinbarungen der Parteien Vorrang genießen könnten oder gesetzliche Regelungen wie zum Beispiel **Auslegung**, Unmöglichkeit, Anfechtung, Rücktritt, Verzug oder Mängelgewährleistung eingreifen. Ist dies nicht der Fall, so greift § 313 BGB ein, wenn die allgemeine Risikoverteilung nachhaltig beeinträchtigt ist.

Fallgruppen:

Äquivalenzstörung

Die Gleichwertigkeit von Leistung und Gegenleistung bei gegenseitigen Verträgen wird schwerwiegend gestört. Beispiel: A vermietet an B Geschäftsräume. In der Miete sind auch die Heizungskosten enthalten. Aufgrund einer Ölkrise steigen die Energiekosten so erheblich an, dass diese für das Mietobjekt für A höher sind als der mit B vereinbarte Mietzins.

Übermäßige Leistungserschwerung

Grundsätzlich trägt der Schuldner das Aufwandsrisiko. Ausnahme: Umstände, die außerhalb des Risikobereichs des Schuldners liegen, haben ein krasses Missverhältnis zwischen Leistung und Gegenleistung zur Folge. Beispiel: Übermäßiges Ansteigen der Herstellungskosten um 60%, Beschlagnahme der Vorräte.

Gemeinsamer Motivirrtum

Grundsätzlich sind Vorstellungen, die sich eine Partei über den Beweggrund (z. B. Wert des Kaufgegenstandes, Berechnungsfehler) für das Rechtsgeschäft gemacht hat, irrelevant (unbeachtlicher Motivirrtum). Unterliegen allerdings beide Vertragsparteien dem Irrtum, kommt § 313 Abs. 2 BGB zur Anwendung. Beispiel: Bauer B verkauft an den Kartoffelchips-Hersteller K Kartoffeln, die er in seiner Scheune eingelagert hat. Beide gehen davon aus, dass die Menge insgesamt zwei LKW-Ladungen ausmacht und vereinbaren dafür einen Festpreis. Beim Abtransport stellt sich heraus, dass die Kartoffelmenge so groß ist, dass drei LKW beladen werden.

Störung des Verwendungszwecks

Der Leistungserfolg kann noch herbeigeführt werden, für den Gläubiger ist dies aber nicht von Interesse (Zweckstörung). Grundsätzlich trägt zwar der Gläubiger das Verwendungsrisiko. Die von einer Partei beabsichtigte Verwendung des Vertragsgegenstandes wird aber dann zur Geschäftsgrundlage, wenn die andere Partei sich die geplante Verwendung soweit zu eigen macht, dass Bestehen auf eine unveränderte Vertragsdurchführung widersprüchliches Verhalten bedeuten würde (z. B. wegen der Berücksichtigung bei der Preisbemessung oder aufgrund anderer Umstände).

Beispiel: Engagement von Musikern für eine Faschingsveranstaltung, die wegen des Golfkrieges ausfällt.

Schlüsselwörter: Störung der Geschäftsgrundlage

2. Fragen und Aufgaben

a) Aufgaben zur Lernkontrolle

170. Unter welchen Voraussetzungen kann ein Vertragspartner vom anderen die Anpassung des Vertrages verlangen?

---

171. Nennen Sie einige Fallgruppen.

---

b) Übungsfälle

Fall 1

Der Inhaber eines Frisörsalons F möchte seinen Betrieb vergrößern. Da er davon ausgeht, seine Rücklagen würden ihm das ermöglichen, bestellt er beim Großhändler G fünf hochwertige Frisör-Stühle. Nach einer erneuten Kalkulation bemerkt jedoch F, dass er sich in einigen Punkten erheblich verrechnet hat und stellt fest, dass er die Erweiterung seines Geschäfts aus eigenen Mitteln nicht finanzieren kann. Da für F dadurch sein Vorhaben hinfällig geworden ist, wendet er sich an G und erklärt ihm, dass er die Stühle nicht haben wolle. G indes besteht auf Abnahme und Bezahlung der Stühle. Zu Recht?

Lösung

G könnte von F Abnahme und Bezahlung der Stühle gemäß § 433 Abs. 2 BGB verlangen. Zwischen den beiden wurde ein entsprechender Kaufvertrag geschlossen. Fraglich ist, ob der Anspruch untergegangen ist. Eine Anfechtung seitens des F scheidet aus, da er bei der Bestellung keinem Irrtum i. S. d § 119 BGB unterlag. Er unterlag vielmehr einem unbeachtlichen Motivirrtum Fraglich ist, ob F vom Vertrag zurücktreten konnte. Gemäß § 313 Abs. 3 BGB kann bei Störung der Geschäftsgrundlage der benachteiligte Teil vom Vertrag zurücktreten, wenn eine Anpassung des Vertrages nicht möglich oder nicht zumutbar ist. Einschlägig könnte lediglich § 313 Abs. 2 BGB sein, da § 313 Abs. 1 BGB von einem nachträglichen Wegfall der Geschäftsgrundlage ausgeht. Allerdings erfasst § 313 Abs. 2 BGB nur den gemeinsamen Irrtum, nicht dagegen den einseitigen Motivirrtum. Demnach konnte F auch nicht vom Vertrag zurücktreten. G hat gegenüber G einen Anspruch auf Zahlung und Abnahme der Stühle.

Fall 2

A wohnt in Hannover und vermietet an B ein Fenster seiner Wohnung für den Vormittag des Christopher-Street-Day-Umzuges. Die Straße vor dem Wohnhaus des A ist Teil des geplanten Streckenverlaufs. Da der Menschenandrang größer als erwartet wird, leiten die zuständigen Ordnungskräfte den Zug um, mit der Folge, dass kein Mensch am Haus des A vorbeizieht. Als A von B die vereinbarte Miete in Höhe von 50 Euro verlangt, weigert sich dieser. Zu Recht?

Lösung

A und B haben einen Mietvertrag nach § 535 BGB geschlossen, wonach der B als Mieter verpflichtet ist, den vereinbarten Mietzins zu entrichten. Fraglich ist, ob der Umstand, dass die Veranstaltung umgeleitet wurde, zu einem anderen Ergebnis führt. Möglicherweise hat der B die Möglichkeit, vom Vertrag zurückzutreten, § 313 Abs. 3 BGB. Dann müsste es zu einer Störung der Geschäftsgrundlage gekommen sein. Dies ist gemäß § 313 BGB dann der Fall, wenn sich die Umstände, die zur Grundlage des Vertrages geworden sind, nach Vertragsschluss schwerwiegend verändern und die Parteien den Vertrag nicht in dieser Form geschlossen hätten, wenn sie die Veränderung vorausgesehen hätten. Die von B beabsichtigte Verwendung des Fensters müsste demnach zur Geschäftsgrundlage geworden sein. Allein der Umstand, dass A von der Absicht des B wusste, reicht nicht aus. Vielmehr ist erforderlich, dass A sich den geplanten Verwendungszweck soweit zu eigen gemacht haben muss, dass sein Verlangen, den Vertrag trotz der aufgetretenen Störungen unverändert durchzuführen, gegen das Verbot widersprüchlichen Verhaltens verstoßen würde (Störung des Verwendungszweckes). Da A wusste, dass er den Mietpreis in Höhe von 50 Euro nur aufgrund der Veranstaltung verlangen konnte, wurde der von B geplante Verwendungszweck bei der Preisbemessung berücksichtigt. Es wäre nicht interessengerecht, wenn er trotz der Umleitung den Mietzins weiterhin verlangen könnte. Da eine Anpassung des Vertrages ausscheidet, ist dem B die Möglichkeit eröffnet, vom Vertrag zurückzutreten. Durch seine Weigerung, die Miete zu zahlen, hat er den Rücktritt konkludent erklärt, § 349 BGB. A hat somit keinen Anspruch auf Zahlung der 50 Euro aus § 535 BGB.

KAPITEL VI

SCHULDRECHT BT – AUSWAHL WIRTSCHAFTSRELEVANTER VERTRAGSTYPEN

Das nächste Kapitel befasst sich mit einigen typischen, weit verbreiten Verträgen: Kaufvertrag, Werkvertrag, Dienstvertrag, Mietvertrag, Leasingvertrag, Pachtvertrag, Leihvertrag, Darlehensvertrag, Bürgschaftsvertrag, Auftrag und Geschäftsbesorgungsvertrag. Nach dem Studium der nächsten Unterkapitel sollten Sie sich die behandelten Vertragstypen, deren Voraussetzungen und Gewährleistungsregelungen eingeprägt haben.

VI. SCHULDRECHT BT – AUSWAHL WIRTSCHAFTSRELEVANTER VERTRAGSTYPEN

A. Einführung

Aufgrund der Privatautonomie haben Rechtssubjekte die Möglichkeit, ihre Rechtsgeschäfte grundsätzlich nach ihren Vorstellungen zu gestalten. Grenzen bilden dabei unter anderem die §§ 134, 138 BGB (*Vertiefungshinweis*: Paulus/Zenker, Grenzen der Privatautonomie, JuS 2001, 1 ff.; siehe auch III.A.1).

Da es Geschäftsarten gibt, die besonders häufig getätigt werden, sind bestimmte Vertragstypen gesetzlich geregelt (typische Verträge, Bsp.: Kaufvertrag § 433 BGB). Das Gesetz legt die Rechte und Pflichten der Beteiligten fest, so dass die Vertragsparteien nicht jeden einzelnen Aspekt, insbesondere etwaige Leistungsstörungen, regeln müssen. Sofern sich aus dem Gesetz nichts Gegenteiliges ergibt, können die Parteien aber von den gesetzlichen Vorgaben abweichende Regelungen treffen.

Alle anderen Verträge bezeichnet man als atypische Verträge. Darunter gibt es einige Vertragsarten, die zwar nicht gesetzlich geregelt sind, aufgrund der Häufigkeit im Rechts- und Wirtschaftsverkehr aber bereits als verkehrstypische Verträge bezeichnet werden können (Bsp.: Leasingvertrag). Teilweise sind diese Verträge Neubildungen, teilweise handelt es sich bei ihnen um Abwandlungen der normierten Verträge.

Schlüsselwörter: typischer Vertrag, verkehrstypischer Vertrag, atypischer Vertrag

B. Kaufvertrag

1. Vertragsgegenstand

Der Kaufvertrag ist ein Umsatzgeschäft, das im Rechtsverkehr am Häufigsten abgeschlossen wird. Gesetzlich ist er geregelt im BGB unter §§ 433 ff., handelsrechtliche Besonderheiten normiert das HGB in den §§ 377 ff. Vertragsgegenstand können Sachgüter, Rechte sowie sonstige Gegenstände sein, §§ 433, 453 BGB.

Beispiele: Sachgüter: Buch, Haus, Pkw; Rechte: Forderungen, Urheberrecht, **Hypothek**; sonstige Gegenstände: Unternehmen, Software, Elektrizität.

Vertiefungshinweis:

- Coester-Waltjen, Der Kaufvertrag, Jura 2002, 534 ff.

2. Pflichten der Vertragsparteien

a) Verkäufer

Der Verkäufer hat nach § 433 Abs. 1 S. 1 BGB die Verpflichtung, dem Käufer die Sache zu übergeben und Eigentum daran zu verschaffen. Die Sache muss gemäß § 433 Abs. 1 S. 2 BGB frei von Sach- und Rechtsmängeln sein. Man bezeichnet diese Pflichten als Hauptleistungspflichten (siehe IV.B.2) des Verkäufers. Sie sind nach § 320 BGB Zug um Zug gegen Erbringung der Hauptleistungspflichten des Käufers (siehe IV.B.2) zu erfüllen. Beim Kaufvertrag handelt es sich um das Verpflichtungsgeschäft. Wie die Übereignung (Verfügungs- bzw. Erfüllungsgeschäft) zu erfolgen hat, richtet sich nach den Vorschriften des Sachenrechts. Beispiel: Bewegliche Sachen werden gemäß §§ 929 ff. BGB mittels Einigung und Übergabe durch den Eigentümer bzw. Verfügungsbefugten übereignet; Grundstücke durch Einigung (**Auflassung**) und Eintragung ins **Grundbuch**, §§ 873, 925 BGB; Forderungen durch Abtretung gemäß § 398 BGB.

Darüber hinaus hat der Verkäufer noch zahlreiche Nebenpflichten (siehe IV.B.2) zu erfüllen. Beispiele: Verpackung; Untersuchung von gefährlichen Vorrichtungen; gegebenenfalls Aushändigung von Urkunden; umfangreiche Beratung und Aufklärung beim Kauf eines technischen Gerätes (siehe Palandt-*Weidenkaff*, BGB, § 433 Rn. 22 ff.).

b) Käufer

Der Käufer muss gemäß § 433 Abs. 2 BGB dem Verkäufer den Kaufpreis zahlen und die Sache abnehmen. Nur bei der Kaufpreiszahlung handelt es sich um eine Hauptleistungspflicht, die Abnahme ist eine Nebenpflicht.

Den Käufer treffen darüber hinaus zahlreiche weitere Nebenpflichten, um eine ordnungsgemäße Vertragsdurchführung gewährleisten zu können. Beispiele: Kaufpreisverzinsung beim zweiseitigen Handelsgeschäft ab Fälligkeit, § 353 HGB; Übernahme der Versendungs- und Abnahmekosten, § 448 BGB (siehe Palandt-*Weidenkaff*, BGB, § 433 Rn. 49 ff.).

3. Arten

Einige kaufrechtliche Konstellationen hat der Gesetzgeber besonders geregelt. Beispielhaft sollen drei Arten vorgestellt werden.

Vertiefungshinweis:

- Klunzinger, Einführung in das Bürgerliche Recht, S. 351 ff.

a) Kauf unter Eigentumsvorbehalt, § 449 BGB

Grundsätzlich muss der Käufer Zug und Zug gegen Übereignung der Sache den Kaufpreis zahlen. Vor allem bei teuren Wirtschaftsgütern, die sich erst durch ihren Gebrauch amortisieren, ist der Käufer daran interessiert, nicht sofort den vollen Kaufpreis zahlen zu müssen. Die Parteien können im Fall des Verkaufs einer beweglichen Sache einen Eigentumsvorbehalt vereinbaren: Der Verkäufer behält sich bis zur vollständigen Kaufpreiszahlung das Eigentum an der Sache vor. Die Eigentumsübertragung, also das Erfüllungsgeschäft, erfolgt dann unter der aufschiebenden Bedingung (§ 158 Abs. 1 BGB) der Kaufpreiszahlung. Der Verkäufer bleibt also zunächst Eigentümer, der Käufer kann das Kaufobjekt aber schon nutzen. In der Praxis zahlt der Käufer dann den Kaufpreis in Raten. Sobald er die letzte Rate beglichen hat, wird er Eigentümer der Sache, ohne dass es einer weiteren Handlung des Verkäufers bedarf. Bis zum Eigentumserwerb steht dem Käufer ein Anwartschaftsrecht zu. (Definition: Von einem mehraktigen Entstehungstatbestand eines Rechts sind schon so viele Erfordernisse erfüllt, dass der Veräußerer die Rechtsposition des Erwerbers nicht mehr einseitig vernichten kann. Es handelt sich hierbei um ein wesensgleiches Minus zum Vollrecht. Der Vorbehaltskäufer kann dieses Recht entsprechend §§ 929 ff. BGB übertragen.)

Kommt der Käufer seiner Pflicht, den Kaufpreis zu zahlen nicht nach, so steht dem Verkäufer gemäß § 323 BGB das Recht zu, vom Vertrag zurückzutreten. Die Sache kann er dann gemäß § 985 BGB bzw. § 346 BGB zurückfordern, § 449 Abs. 2 BGB. Ist die Kaufpreisforderung bereits verjährt, dann kann der Verkäufer dennoch gemäß §§ 449 Abs. 2, 216 Abs. 2 S. 2, 218 Abs. 1 S. 3 BGB zurücktreten.

Anmerkung: Häufig ist der Käufer daran interessiert, die unter Eigentumsvorbehalt erworbene Sache weiter zu veräußern oder zu verarbeiten. Das ist problematisch, da er ja noch nicht Eigentümer der Sache und damit an sich weder zur Veräußerung noch zur Verarbeitung berechtigt ist. Die Vertragsparteien können aber in einem derartigen Fall einen so genannten verlängerten Eigentumsvorbehalt vereinbaren. Das bedeutet, dass der Verkäufer (der ja wegen des Eigentumsvorbehaltes noch Eigentümer der Sache ist) dem Käufer „erlaubt", den Kaufgegenstand (wie ein Eigentümer) an Dritte zu veräußern oder zu verarbeiten. Der Verkäufer verliert dadurch zwar das Eigentum an die Dritten gemäß §§ 929 ff. BGB und bei Verarbeitung nach § 950 BGB. Im Gegenzug zur Erlaubnis, den Kaufgegenstand weiterzuveräußern oder zu verarbeiten, tritt der Käufer dem Verkäufer allerdings die zukünftigen Forderungen aus dem Weiterverkauf der Sache gemäß § 398 BGB im Voraus ab (Sicherungsabtretung) bzw. überträgt ihm vorab das Eigentum an den neu herzustellenden Sachen gemäß §§ 929, 930 BGB (Sicherungsübereignung). Probleme ergeben sich, wenn der verlängerte Eigentumsvorbehalt mit einer **Globalzession** kollidiert.

Vertiefungshinweis:

- Müssig, Wirtschaftsprivatrecht, S. 239 ff.,
- Leible/Sosnitza, Grundfälle zum Recht des Eigentumsvorbehaltes, JuS 2001, 244 ff., 341 ff., 449 ff., 556 ff.,
- Bonin, Probleme des vertragswidrigen Eigentumsvorbehalts, JuS 2002, 438 ff.

b) Kauf auf Probe, §§ 454 f. BGB

Beim Kauf auf Probe entscheidet der Käufer darüber, ob er die angebotene Sache haben möchte oder nicht. Im Zweifel ist der Kaufvertrag unter der aufschiebenden Bedingung der Billigung geschlossen, § 454 Abs. 1 BGB. Die Billigung der Kaufsache steht im Belieben des Käufers. Der Verkäufer ist verpflichtet, die Untersuchung des Kaufobjekts zu gestatten, § 454 Abs. 2 BGB. Die Billigung ist fristgebunden, § 455 S. 1 BGB. War die Sache dem Käufer zwecks Probe oder Besichtigung übergeben, dann gilt sein Schweigen als Billigung, § 455 S. 2 BGB

c) Verbrauchsgüterkauf, §§ 474 ff. BGB

Aus Gründen des Verbraucherschutzes gelten die besonderen Vorschriften der §§ 474 ff. BGB, wenn ein Verbraucher (§ 13 BGB) von einem Unternehmer (§ 14 BGB) eine bewegliche Sache kauft. Zahlreiche kaufrechtliche Normen sind nach § 475 BGB zugunsten des Verbrauchers nicht abdingbar. Der Übergang der Preisgefahr gemäß § 447 BGB gilt beim Verbrauchsgüterkauf nicht, § 474 Abs. 2 BGB. Schließlich besteht im Rahmen der Mängelgewährleistung für die ersten sechs Monate eine **Beweislastumkehr** hinsichtlich des Mangels zugunsten des Verbrauchers, § 476 BGB.

Oft sind eine Reihe von Verträgen zwischen Unternehmern geschlossen worden, bis ein Verbraucher die Sache erwirbt. Gibt dieser die Sache wegen eines Mangels seinem unternehmerischen Verkäufer zurück, so kann dieser unter Umständen Rückgriff bei seinem Lieferanten nehmen, § 478 BGB.

4. Gefahrtragung

Bei der Gefahrtragung im Kaufrecht geht es darum, wer vor Erfüllung des Vertrages das wirtschaftliche Risiko des zufälligen Untergangs der Kaufsache trägt. Ein zufälliger Untergang liegt vor, wenn die Leistung unmöglich (§ 275 I-III BGB) wird, ohne dass dies von den Parteien zu vertreten ist (Bsp.: Kaufsache wird vor Übergabe gestohlen).

Grundsatz	Wird der Verkäufer wegen zufälligen Untergangs der Kaufsache nach § 275 Abs. 1-3 BGB von seiner Leistungspflicht befreit, so geht sein Anspruch auf Zahlung des Kaufpreises unter. Der Käufer bekommt nichts, zahlt nichts, hat aber auch keine weiteren Ansprüche gegen den Verkäufer.

Die Leistungsgefahr, d. h. die Gefahr des zufälligen Untergangs der Sache, trägt beim Kaufvertrag der Käufer. Der Käufer muss es hinnehmen, dass er die Kaufsache nicht mehr erlangen kann. Den Nichterhalt der Kaufsache muss er zwar in jedem Fall der Unmöglichkeit hinnehmen. Jedoch besteht beim zufälligen Untergang der Kaufsache die Besonderheit, dass auch Sekundärleistungsansprüche (z. B. Schadensersatz nach §§ 275 Abs. 4, 280 Abs. 1, 283 BGB) mangels Verschuldens des Verkäufers ausscheiden.

Im Gegenzug ist der Käufer dann jedoch nicht zur Kaufpreiszahlung verpflichtet, § 275 Abs. 4, § 326 Abs. 1 S. 1 BGB. Die Preisgefahr (auch Gegenleistungsgefahr genannt), d. h. das Risiko des Unterganges der Gegenleistungspflicht bei gegenseitigen Verträgen, trägt in einem solchen Fall nämlich der Verkäufer. Der Verkäufer muss somit seinerseits hinnehmen, den Kaufpreis nicht zu bekommen.

Ausnahme	Der Käufer muss den Kaufpreis dennoch zahlen, wenn die Preisgefahr auf ihn übergegangen ist.

Die Preisgefahr geht dann auf den Käufer über, wenn ihm die Sache übergeben wurde, § 446 BGB. Das heißt, dass der Käufer trotz des zufälligen Untergangs der Kaufsache den Kaufpreis bezahlen muss, wenn die Kaufsache an ihn übergeben worden ist. Ebenso geht die Preisgefahr in den Fällen des Versendungskaufes (§ 447 BGB, siehe V.B.4.b (2)) und des Gläubigerverzuges (§§ 326 Abs. 2, 293 BGB, siehe V.D.3.c) auf den Käufer über.

Vertiefungshinweis:

- Wertenbruch, Gefahrtragung beim Versendungskauf nach dem neuen Schuldrecht, JuS 2003, 625 ff.

5. Mängelgewährleistung

Der Verkäufer hat die Kaufsache frei von Sach- und Rechtsmängeln zu übereignen. Kommt er dieser Pflicht nicht nach, so stehen dem Käufer die Gewährleistungsrechte zu, § 437 ff. BGB. Maßgeblicher Zeitpunkt für das Erfordernis der Mangelfreiheit ist der Gefahrübergang, §§ 434 Abs. 1 S. 1, 446 BGB.

a) Sachmangel

Ob ein Sachmangel vorliegt, bestimmt sich in erster Linie nach der Parteiabrede:

- Eine Sache ist mangelfrei, wenn sie bei Gefahrübergang die *vereinbarte Beschaffenheit* besitzt (subjektiver Fehlerbegriff), § 434 Abs. 1 S. 1 BGB. *Beispiel*: Der verkaufte Schrank ist nicht wie abgesprochen aus Massivholz, sondern nur furniert. Hier fehlt die vereinbarte Beschaffenheit.
- Haben die Vertragspartner keine Vereinbarung getroffen, dann ist eine Sache ohne Mangel, wenn sie zum *vertraglichen Verwendungszweck* geeignet ist, § 434 Abs. 1 S. 2 Nr. 1 BGB. *Beispiel*: Das für die Reparatur der Maschine Typ XYZ gekaufte Ersatzteil passt nicht und kann demnach nicht eingebaut werden. Keine Eignung zum vertraglichen Verwendungszweck.
- Im übrigen ist die Sache mangelfrei, wenn sie sich für die *gewöhnliche Verwendung* eignet und eine Beschaffenheit aufweist, die bei Sachen der gleichen Art üblich ist und die der Käufer nach der Art der Sache erwarten kann (objektiver Fehlerbegriff), § 434 Abs. 1 S. 2 Nr. 2 BGB. *Beispiel*: Der gebrauchte Kleinwagen, Alter 5 Jahre, Kaufpreis 5000 €, hat ohne Wissen der Vertragsparteien einen Motorschaden. Er lässt sich noch fahren, dies würde aber zu einer kürzeren „Lebensdauer“ des Pkw führen. Bei einem 5 Jahre alten Kleinwagen für 5000 € kann der Käufer üblicherweise erwarten, dass keine Motorschäden vorhanden sind.
- Hierbei ist zu beachten, dass die Kaufsache auch dann von der üblichen Beschaffenheit abweicht, wenn sie von öffentlichen Äußerungen des Verkäufers, Herstellers oder seines Gehilfen abweicht, § 434 Abs. 1 S. 3 BGB. *Beispiele*: Prospekt, Katalog, Werbesendung.
- Ein Sachmangel liegt darüber hinaus vor, wenn eine *vereinbarte Montage* unsachgemäß durchgeführt wird, § 434 Abs. 2 S. 1 BGB. Ebenso verhält es sich, wenn aufgrund einer *mangelhaften Montageanleitung* die Sache fehlerhaft montiert wird (so genannte IKEA-Klausel), § 434 Abs. 2 S. 2 BGB.
- Schließlich liegt ein Mangel vor, wenn eine *zu geringe Menge* oder eine *andere Sache* geliefert wird, § 434 Abs. 3 BGB.

b) Rechtsmangel

Die Kaufsache muss auch frei von Rechtsmängeln sein. Dritte dürfen demnach kein Recht in Bezug auf die Sache gegenüber dem Käufer geltend machen können, § 435 BGB. Beispiel: Sache gehört nicht dem Verkäufer.

c) Gewährleistungsrechte des Käufers

Dem Käufer stehen im Falle einer mangelhaften Sache nach § 437 Nr. 1-3 BGB folgende Rechte zu:

- Nacherfüllung, § 439 BGB,
- Rücktritt, §§ 440, 323, 326 Abs. 5 BGB oder Minderung, § 441 BGB,
- Schadensersatz, §§ 440, 280, 281, 283 und 311 a BGB oder Ersatz vergeblicher Aufwendungen, § 284 BGB.

§ 437 BGB verweist hinsichtlich der Voraussetzungen für den Schadensersatz, den Rücktritt und den Ersatz vergeblicher Aufwendungen auf das allgemeine Leistungsstörungsrecht. Die oben dargestellten Prüfungsschemata können demnach übernommen werden. Hinweis: Ist die Sache mangelhaft, so handelt es sich um eine Pflichtverletzung im Sinne des § 280 Abs. 1 BGB, die Sache wird „nicht wie geschuldet" im Sinne des § 281 BGB, bzw. „nicht vertragsgemäß" im Sinne des § 323 BGB erbracht.

Der Käufer kann die oben genannten Rechte nicht geltend machen, wenn er bei Vertragsschluss den Mangel kannte, § 442 Abs. 1 S. 1 BGB. Anmerkung: Wenn ihm der Mangel infolge grober Fahrlässigkeit unbekannt geblieben ist, dann stehen ihm die Rechte nur zu, wenn der Verkäufer den Mangel arglistig verschwiegen oder eine Garantie übernommen hat, § 442 Abs. 1 S. 2 BGB.

Eine Beschränkung der Käuferrechte ist grundsätzlich zulässig. Allerdings gibt es hiervon einige Ausnahmen, zum Beispiel §§ 444, 475, 309 Nr. 8 b BGB. Beweispflichtig dafür, dass der Mangel bei der Übergabe vorlag, ist der Käufer. Dies gilt jedoch nicht beim Verbrauchsgüterkauf während der ersten sechs Monate nach Gefahrübergang: Zugunsten des Käufers wird vermutet, dass der Mangel bei Gefahrübergang bereits vorhanden war, § 476 BGB.

Die Gewährleistungsrechte können nicht endlos geltend gemacht werden, sie unterliegen der Verjährung nach § 438 BGB. Wichtig sind folgende Verjährungsfristen: bei beweglichen Sachen zwei Jahre, bei Bauwerken bzw. Sachen für Bauwerke fünf Jahre.

Anmerkung: Da es sich beim Rücktritt und bei der Minderung um **Gestaltungsrechte** handelt, die als solche nicht der Verjährung unterliegen können, greifen die Sonderregelungen der §§ 438 Abs. 4 und 5 BGB ein. Danach sind Rücktritt und Minderung unwirksam, wenn der Anspruch auf die Leistung oder Nacherfüllung verjährt ist und der Verkäufer sich auf Verjährung beruft. *Vertiefungshinweis*: Lange, Basiswissen, S. 122 ff.

(1) Nacherfüllung

Zunächst hat der Käufer einer fehlerhaften Sache seinen Nacherfüllungsanspruch gegenüber dem Verkäufer geltend zu machen, § 437 Nr. 1 BGB. Er kann nur in bestimmten Fällen sofort zurücktreten oder Schadensersatz verlangen (siehe VI.B.5.c)(2) und VI.B.5.c)(4).

Der Käufer hat grundsätzlich die Wahl zwischen der Nacherfüllung durch Beseitigung des Mangels und der Nacherfüllung durch Lieferung einer mangelfreien Sache, § 439 Abs. 1 BGB. Eine Nacherfüllung scheidet von vornherein aus, wenn sie unmöglich ist. Beispiel: Nacherfüllung ist unmöglich, wenn sich herausstellt, dass das als Original verkaufte Gemälde eine Fälschung ist. Ist die vom Käufer gewählte Form mit unverhältnismäßigen Kosten verbunden, dann kann der Verkäufer sie verweigern. Er ist dann auf die andere Art der Nacherfüllung beschränkt, wobei ihm auch hier ein Verweigerungsrecht zusteht, § 439 Abs. 3 BGB. Beispiel: Die Reparatur eines Gegenstandes ist durch den Austausch eines Kabels möglich. Der Verkäufer muss dem Verlangen des Käufers, eine neue Sache zu liefern, nicht nachkommen.

(2) Rücktritt

Hat der Käufer kein Interesse mehr an der mangelhaften Kaufsache, so kann er grundsätzlich vom Vertrag zurücktreten, §§ 437 Nr. 2, 1. Alt., 323 BGB. Ein Rücktritt ist jedoch ausgeschlossen, wenn es sich um einen unerheblichen Fehler handelt, § 323 Abs. 5 S. 2 BGB.

Vor der Erklärung des Rücktritts muss der Käufer dem Verkäufer eine angemessene Frist zur Nacherfüllung gesetzt haben, § 323 Abs. 1 BGB.

Ausnahmen bestehen in folgenden Fällen:

- § 323 Abs. 2 Nr. 1-3 BGB: Schuldner bewirkt die Leistung nicht zu einem fest bestimmten Termin und Gläubiger hat vertraglich den Fortbestand seines Leistungsinteresses an die rechtzeitige Leistung gebunden.
- § 440 S. 1 BGB: Verkäufer verweigert beide Arten der Nacherfüllung gemäß § 439 Abs. 3 BGB; Fehlschlag der dem Käufer zustehenden Nacherfüllung (zwei erfolglose Nachbesserungsversuche, § 440 S. 2 BGB) oder deren Unzumutbarkeit für den Käufer.

§ 326 Abs. 5 BGB: Ist die Nacherfüllung gemäß § 275 Abs. 1-3 BGB nicht zu leisten, kann ohne Fristsetzung zurückgetreten werden.

(3) Minderung

Möchte der Käufer die Sache trotz des Mangels behalten, kann er statt zurückzutreten die Minderung erklären, § 441 BGB. Die Möglichkeit zu mindern besteht schon bei dem kleinsten Mangel. Gemäß § 441 Abs. 3 BGB wird der Kaufpreis relativ um den verminderten Wert des Kaufgegenstandes herabgesetzt; das heißt, der geminderte Kaufpreis verhält sich zum vereinbarten Kaufpreis wie der tatsächliche Wert der Sache zum Wert der Sache ohne Mangel. Zur Berechnung dient folgende Formel:

geminderter Preis / vereinbarter Preis = tatsächlicher Wert / Wert ohne Mangel

Beispiel: vereinbarter Kaufpreis: 1.000 Euro, Wert der Sache im mangelfreien Zustand: 1.200 Euro, Wert der mangelhaften Sache (tatsächlicher Wert): 900 Euro → geminderter Kaufpreis: 750 Euro.

(4) Schadensersatz

Der Käufer hat auch die Möglichkeit, Schadensersatz wegen der mangelhaften Sache zu fordern, §§ 437 Nr. 3, 1. Alt. , 440, 280 Abs. 1 S. 3, 281, 283 BGB und § 311 a BGB. Hierbei ist wichtig zu unterscheiden, welche Art von Schaden geltend gemacht wird, denn danach bestimmt sich die einschlägige Anspruchsgrundlage mit ihren speziellen Voraussetzungen. Schadensersatzansprüche bei behebbarem Mangel (keine Unmöglichkeit der Nacherfüllung):

Mangelschaden, § 281 BGB

Mangelschaden ist der Schaden, welcher der Kaufsache wegen der Minderwertigkeit unmittelbar anhaftet.

Schadensersatz statt der Leistung, § 281 Abs. 1 S. 1 BGB: Der Käufer macht die Differenz zwischen dem Wert der mangelhaften und dem Wert der mangelfreien Sache geltend oder verlangt die zur Behebung des Mangels erforderlichen Reparaturkosten.

Schadensersatz statt der ganzen Leistung, § 281 Abs. 1 S. 3 BGB: Der Käufer will am Vertrag nicht festhalten, d. h. er möchte die Kaufsache zurückgeben und begehrt das positive Interesse, d. h. er möchte so gestellt werden, als wenn ordnungsgemäß erfüllt worden wäre. Kombination von Schadensersatz und Rücktritt, § 281 Abs. 5 BGB.

Der Gläubiger muss dem Schuldner grundsätzlich eine angemessene Frist zur Leistung setzen, § 281 Abs. 1 S. 1 BGB. Dies ist entbehrlich, wenn der Schuldner die Leistung endgültig und ernsthaft verweigert oder wenn besondere Umstände vorliegen, die nach Abwägung der beiderseitigen Interessen die sofortige Geltendmachung des Anspruches rechtfertigen, § 281 Abs. 2 BGB.

Mangelfolgeschaden, § 280 Abs. 1 BGB

Ein Mangelfolgeschaden liegt vor, wenn aufgrund des Mangels Schäden an anderen Rechtsgütern als der Kaufsache entstanden sind. Beispiel: Die defekte Waschmaschine verursacht einen Wasserschaden an der Wand.

Anmerkung: Der Mangelfolgeschaden wird vom Mangelschaden folgendermaßen abgegrenzt: Alles was nach Behebung des Mangels an Schaden bleibt, ist ein Mangelfolgeschaden. Durch die Reparatur der Waschmaschine wird der Wasserschaden an der Wand nicht beseitigt.

Handelt es sich um einen unbehebbaren Mangel (Unmöglichkeit der Nacherfüllung), so sind folgende Anspruchsgrundlagen einschlägig:

- *Nach* Vertragsschluss entsteht ein unbehebbarer Mangel: Schadensersatz aufgrund Unmöglichkeit der Nacherfüllung gemäß §§ 437 Nr. 3, 1. Alt. , 283 BGB. *Beispiel*: Der Verkäufer eines unfallfreien Wagens verursacht nach Vertragsschluss mit dem Wagen einen Unfall.
- *Vor* Vertragsschluss bestand der unbehebbare Mangel bereits: Schadensersatz wegen anfänglicher Unmöglichkeit der Nacherfüllung nach § 311 a BGB. *Beispiel*: Das als Original verkaufte Gemälde erweist sich als Fälschung.

(5) Aufwendungsersatz

Unter den Voraussetzungen des § 284 BGB kann der Käufer schließlich Ersatz seiner vergeblichen Aufwendungen verlangen.

(6) Besonderheiten

Hat der Verkäufer nach § 443 BGB eine Garantie für die Beschaffenheit der Sache übernommen oder garantiert er, dass die Sache für eine bestimmte Dauer eine bestimmte Beschaffenheit behält, so stehen im Garantiefall dem Käufer die Rechte der Garantie zu – neben den allgemeinen Gewährleistungsrechten. Beispiel: Verkäufer übernimmt für die Mängelfreiheit eine dreijährige Garantie. Zeigt sich nach zweieinhalb Jahren ein Mangel, dann hätte der Käufer keine Gewährleistungsrechte, § 438 Abs. 1 Nr. 3 BGB. Hier kommt ihm die Garantie zugute.

d) Kaufmännische Untersuchungs- und Rügepflicht

Handelt es sich bei dem Kaufvertrag um ein beidseitiges Handelsgeschäft, so hat der Käufer unverzüglich nach Erhalt der Ware diese zu untersuchen. Ist ein Mangel erkennbar, so muss er dies dem Verkäufer unverzüglich anzeigen, § 377 Abs. 1 HGB. Auf diese Weise erfährt dieser bald, ob mit der Ware alles in Ordnung ist. Ist bei der unverzüglichen Untersuchung der Mangel nicht erkennbar gewesen, dann muss der Käufer dies unverzüglich nach seiner Entdeckung anzeigen, § 377 Abs. 3 HGB.

Unterlässt der Käufer die Anzeige gilt die Ware als genehmigt, § 377 Abs. 2 und 3 HGB. Das hat zur Folge, dass der Käufer später keine Gewährleistungsrechte gegenüber dem Verkäufer geltend machen kann.

6. Form- und Informationspflichten

Grundsätzlich bedarf der Kaufvertrag keiner bestimmten Form. Allerdings gibt es aus Rechtsschutzgründen einige Besonderheiten, die es beim Abschluss eines Kaufvertrages zu beachten gilt.

a) Grundstückskaufvertrag

Die vertragliche Verpflichtung, einem anderen das Eigentum an einem Grundstück zu übertragen, kann in Form eines Kaufvertrages erfolgen. Zu beachten ist, dass dann gemäß § 311 b Abs. 1 S. 1 BGB das Verpflichtungsgeschäft der notariellen Beurkundung bedarf. Wird diese Form nicht eingehalten, dann ist der Vertrag gemäß § 125 S. 1 BGB nichtig. Allerdings wird der Vertrag mit der **Auflassung** und der Eintragung ins **Grundbuch** nach §§ 873, 925 BGB (Erfüllungsgeschäft) gültig, so genannte Heilung.

b) Haustürgeschäfte

Häufig treten Verkaufswillige aus eigenem Entschluss an den potentiellen Käufer heran und beabsichtigen, ihn zum Kauf zu bewegen. Dabei erfolgt oftmals die Kontaktaufnahme an Orten, an denen mit derartigen Gesprächen nicht gerechnet wird. Es besteht die Gefahr, dass sich der Betroffene überrumpelt fühlt und in seiner Entscheidungsfreiheit beeinträchtigt wird. Beispiel: Klingeln an der Wohnungstür; Senioren-Kaffeefahrt; Ansprechen in der öffentlichen Fußgängerzone. Kommt in derartigen Situationen ein Vertrag zwischen einem Unternehmer und einem Verbraucher zustande, so steht diesem nach § 312 Abs. 1 i. V. m. § 355 BGB und § 312 Abs. 1 S. 2 i. V. m. § 356 BGB unter folgenden Voraussetzungen ein Widerrufs- bzw. Rückgaberecht zu:

- Haustürgeschäft im Sinne des § 312 Abs. 1 Nr. 1-3 BGB:
- Vertragspartner: Unternehmer und Verbraucher
- Vertragsgegenstand: entgeltliche Leistung. Beispiel: häufig Kaufvertrag, aber auch Werkvertrag, Mietvertrag, Partnervermittlungsvertrag.
- Verbraucher wurde zum Abschluss bestimmt
- durch mündliche Verhandlungen an seinem Arbeitsplatz oder im Bereich einer Privatwohnung oder
- anlässlich einer vom Unternehmer oder von einem Dritten zumindest auch im Interesse des Unternehmers durchgeführten Freizeitveranstaltung oder
- im Anschluss an ein überraschendes Ansprechen in Verkehrsmitteln oder im Bereich öffentlich zugänglicher Verkehrsflächen.

Rechtsfolge

- Pflicht des Unternehmers,den Verbraucher gem. § 360 BGB über sein Widerrufs- oder Rückgaberecht unter Hinweis auf die Rechtsfolgen des § 357 Abs. 1 und Abs. 3 BGB zu belehren, § 312 Abs. 2 S. 1 und 2 BGB
- Widerrufs- bzw. Rückgaberecht, § 312 Abs. 1 S. 1, 2 BGB.

Ausnahmen: Kein Widerrufs- bzw. Rückgaberecht in den Fällen des § 312 Abs. 3 BGB: Versicherungsverträge; mündliche Verhandlung (§ 312 Abs. 3 Nr. 1 BGB) erfolgte anlässlich einer vorhergehenden Bestellung des Verbrauchers; Leistungen werden sofort ausgetauscht und Entgelt nicht über 40 Euro; Willenserklärung des Verbrauchers ist notariell beurkundet.

Frist: grundsätzlich 14 Tage; Ausnahmen: siehe §§ 355 Abs. 2, 3 und 4 und 356 Abs. 2 BGB.

Vertiefungshinweis:

- Müssig, Wirtschaftsprivatrecht, S. 277 ff.,
- Musielak, Grundkurs BGB, Rn. 260 ff.,
- Lange, Basiswissen, S. 113 f.

c) Fernabsatzverträge

In zunehmendem Maße werden für Vertragsabschlüsse moderne Kommunikationsmittel verwendet. Beispiele: Kauf von Waren per Internet, Teleshopping oder Telefon.

Dem Umstand, dass Käufer und Verkäufer aufgrund dieser Vertriebsformen nicht persönlich in Kontakt treten und der Kunde die Waren nicht vor Vertragsschluss untersuchen kann, hat der Gesetzgeber in den Vorschriften über den Fernabsatzvertrag Rechnung getragen, §§ 312 b ff. BGB.

Fernabsatzvertrag, § 312 b Abs. 1 BGB

Vertragspartner: Unternehmer und Verbraucher.

Vertragsgegenstand: Lieferung von Waren oder Erbringung von Dienstleistungen, Ausnahme: § 312 b Abs. 3 BGB, *Beispiel*: Lieferung von Produkten des täglichen Bedarfs.

Vertragsschluss erfolgt unter ausschließlicher Verwendung von Fernkommunikationsmitteln gemäß § 312 b Abs. 2 BGB, d. h.: keine gleichzeitige körperliche Anwesenheit der Vertragspartner. *Beispiele*: Kataloge, Briefe, E-Mails, Telefon, Tele- und Mediendienste und im Rahmen eines für den Fernabsatz organisierten Vertriebs- oder Dienstleistungssystems.

Rechtsfolgen

Informationspflicht des Unternehmers, § 312c BGB: Der Unternehmer hat den Verbraucher nach Maßgabe des Art. 246 §§ 1 und 2 EGBGB zu unterrichten. Der Unternehmer muss dem Verbraucher rechtzeitig vor Abgabe von dessen Vertragserklärung in einer dem eingesetzten Fernkommunikationsmittel entsprechenden Weise klar und verständlich und unter Angabe des geschäftlichen Zwecks seine Identität, die ladungsfähige Anschrift seines Unternehmers, die wesentlichen Merkmale der Ware oder Dienstleistung, Informationen darüber, wie der Vertrag zustande kommt und weitere vertragliche Einzelheiten zur Verfügung stellen, Art. 246 § 1 EGBGB. Die Informationen sind in Textform zur Verfügung zu stellen, Art. 246 § 2 Abs. 1 EGBGB.

Widerrufsrecht gemäß § 312d Abs. 1 S. 1 i. V. m. § 355 BGB, Ausnahme: § 312d Abs. 4 BGB. Frist: 14 Tage, wenn dem Verbraucher spätestens bei Vertragsschluss eine den Anforderungen des § 360 Abs. 1 BGB entsprechende Widerrufsbelehrung in Textform mitgeteilt wird, § 355 Abs. 2 S. 1 BGB. .Bei Fernabsatzverträgen steht eine unverzüglich nach Vertragsschluss in Textform mitgeteilte Widerrufsbelehrung einer solchen bei Vertragsschluss gleich, wenn der Unternehmer den Verbraucher gem. Art. 246 § 1 Abs. 1 Nr. 10 EGBGB unterrichtet hat, § 355 Abs. 2 S. 2 BGB. Die Widerrufsfrist beträgt jedoch einen Monat, sofern die Widerrufsbelehrung dem Verbraucher nach diesem Zeitpunkt mitgeteilt wird, § 355 Abs. 2 S. 3 BGB, Anmerkung: Die Frist beginnt nach § 312d Abs. 2 BGB nicht vor Erhalt der ordnungsgemäßen Information im Sinne des Art. 246 § 2 EGBGB in Verbindung mit § 1 Abs. 1 und 2 EGBGB; bei Warenlieferung nicht vor deren Erhalt bzw. Zugang der ordnungsgemäßen Widerrufsbelehrung (§ 355 Abs. 3 und 4 BGB). Bei einer Warenlieferung ist die Einräumung eines Rückgaberechts nach § 356 BGB anstelle des Widerrufsrechts möglich, § 312d Abs. 1 S. 2 BGB.

Pflichten gemäß § 312e BGB bei Vertragsschluss im elektronischen Geschäftsverkehr:

Voraussetzung: Unternehmer bedient sich zum Zwecke des Abschusses des Vertrages über die Lieferung von Waren oder über die Erbringung von Dienstleistungen eines Tele- oder Mediendienstes. Beispiel: Telebanking.

Rechtsfolge: § 312e Abs. 1 S. 1 Nr. 1-4 BGB. Beispiel: Der Kunde muss technisch die Möglichkeit haben, Eingabefehler vor Abgabe seiner Bestellung erkennen und berichtigen zu können. Anmerkung: Vor Erfüllung dieser Pflichten, beginnt das Widerrufsrecht im Sinne des § 355 BGB nicht zu laufen, § 312e Abs. 3 S. 2 BGB.

Vertiefungshinweis:

- Müssig, Wirtschaftsprivatrecht, S. 106 ff.,
- Musielak, Grundkurs BGB, Rn. 264 ff.,
- Lange, Basiswissen, S. 114 ff.

d) Ratenlieferungsverträge

Haben der Unternehmer und der Verbraucher einen Ratenlieferungsvertrag im Sinne des § 510 BGB geschlossen, greifen ebenfalls Verbraucherschutzrechte ein.

Ratenlieferungsvertrag

Lieferung mehrerer als zusammengehörend verkaufter Sachen in Teilleistungen, das Entgelt für die Gesamtheit der Sache ist in Teilzahlungen zu entrichten oder regelmäßige Lieferung von Sachen gleicher Art oder Verpflichtung zum wiederkehrenden Erwerb oder Bezug von Sachen.

Ausnahme: § 510 Abs. 1 S. 2 BGB.

Rechtsfolge

Widerrufsrecht gemäß § 355 BGB i. V. m. § 510 Abs. 1 S. 1BGB

Schriftform, § 510 Abs. 2 S. 1 BGB. Ausnahme: Dem Verbraucher wird die Möglichkeit verschafft, die Vertragsbestimmungen einschließlich der AGB bei Vertragsschluss abzurufen und in wiedergabefähiger Form zu speichern, § 510 Abs. 2 S. 2 BGB

Vertiefungshinweis:

- Lange, Basiswissen, S. 115.

Schlüsselwörter: Kaufvertrag, Eigentumsvorbehalt, Anwartschaftsrecht, Kauf auf Probe, Verbrauchsgüterkauf, Leistungsgefahr, Preisgefahr, Sachmangel, Rechtsmangel, Nacherfüllung, Rücktritt, Minderung, Mangelschaden, Mangelfolgeschaden, Garantie, Untersuchungs- und Rügepflicht, Haustürgeschäft, Fernabsatzvertrag, Ratenlieferungsvertrag

7. Fragen und Aufgaben

a) Aufgaben zur Lernkontrolle

172. Was kann Vertragsgegenstand eines Kaufvertrages sein?

173. Nennen Sie die Hauptleistungspflichten der Vertragsparteien.

174. *Was versteht man unter einem Kauf auf Probe?*

175. *Erklären Sie den Kauf unter Eigentumsvorbehalt.*

176. *Definieren Sie den Verbrauchsgüterkauf. Welche Vorteile bringt dieser mit sich?*

177. *Ab wann trägt der Verkäufer nicht mehr die Preisgefahr?*

178. *Was versteht man unter einem Sachmangel?*

179. *Wann liegt ein Rechtsmangel vor?*

180. *Nennen Sie die Gewährleistungsrechte, die dem Käufer einer mangelhaften Sache zustehen.*

181. *Hat der Käufer die freie Wahl dieser Rechte?*

182. *Wann muss der Mangel vorliegen, damit die Gewährleistungsrechte eingreifen? Wer muss das beweisen?*

183. *Was muss ein Kaufmann beachten, wenn er von einem anderen Kaufmann Ware käuflich erwirbt?*

184. *Wann liegt ein Haustürgeschäft vor?*

185. *Was versteht man unter einem Fernabsatzvertrag? Welche Belehrungspflichten gilt es zu beachten?*

b) Vertiefungsfrage

Der Privatmann P kauft am 1.5. vom Computerhändler C einen neuen PC, den dieser vom Hersteller H am 1.2. erworben hatte. P hat nur kurze Zeit Freude an dem Gerät, denn schon am 1.6. stürzt der PC ständig ab. Es kann nicht geklärt werden, ob dies auf einen Hardwarefehler oder auf eine unsachgemäße Nutzung des PC zurückzuführen ist.

(Anmerkung: An der Software liegt es definitiv nicht.) C liefert am 1.8. dem P einen neuen PC und nimmt den defekten zurück. Er wendet sich am 1.9. nun an H und schildert ihm erstmals die näheren Umstände. Er erklärt den Rücktritt vom Vertrag und möchte gegen Rückgabe des PC den Kaufpreis erstattet haben. Zu Recht?

Antwort

C könnte von P Rückzahlung des Kaufpreises Zug um Zug gegen Rückgabe des defekten PC haben, §§ 346, 323 Abs. 1, 437 Abs. 1 Nr. 2, 1. Alt. BGB.

Hierzu müsste C wirksam vom Kaufvertrag mit H zurückgetreten sein. Als Rücktrittsgrund kommt möglicherweise die Mangelhaftigkeit der Kaufsache in Betracht, §§ 434 Abs. 1, 437 BGB.

Hier könnte mangels ausdrücklicher Vereinbarung einen Sachmangel im Sinne des § 434 Abs. 1 S. 2 Nr. 1 BGB bei Gefahrübergang vorgelegen haben: Im Fall einer nicht funktionierenden Hardware wäre der PC des H zum Weiterverkauf durch C nicht geeignet. Allerdings lässt sich nicht aufklären, ob der Absturz des PC tatsächlich auf einen Materialfehler zurückzuführen ist. Grundsätzlich ist für die Mangelhaftigkeit der Käufer beweispflichtig. Allerdings könnte sich aus § 478 Abs. 3 BGB etwas Anderes ergeben: Danach gilt die Regelung der ***Beweislastumkehr*** *des § 476 BGB auch zugunsten des Letztverkäufers gegenüber seinem Lieferanten.*

§ 478 BGB findet im vorliegenden Fall auch Anwendung, da es sich um einen Verbrauchsgüterkauf im Sinne des § 474 BGB zwischen C und P handelt: P war als Privatmann tätig und C veräußerte den PC in seiner Eigenschaft als Computerhändler.

Des Weiteren ist auch § 478 Abs. 1 BGB erfüllt: C musste den verkauften neu hergestellten PC aufgrund seines Mangels zurücknehmen, da P seinerseits gegenüber dem C berechtigterweise seine Gewährleistungsrechte geltend gemacht hatte, §§ 437 Nr. 1, 439 BGB.

Folglich gilt zugunsten des C die Beweislastumkehr des § 476 BGB, wenn sich innerhalb von sechs Monaten ab Übergabe des PC an den P der Fehler gezeigt hatte. Die Übergabe erfolgte am 1.5. Schon am 1.6. stürzte der PC ständig ab. Es wird also vermutet, dass der PC bereits am 1.5. mangelhaft war.

Somit konnte der C grundsätzlich vom Vertrag gemäß §§ 437 Nr. 2, 1. Alt. BGB zurücktreten. Eine Fristsetzung war gemäß § 478 Abs. 1 BGB entbehrlich. Allerdings ist zu beachten, dass es sich bei dem Kaufvertrag zwischen H und C um ein zweiseitiges Handelsgeschäft handelt: Sowohl C als auch H haben als Kaufleute agiert. Demnach ist zu prüfen, ob der C seiner Untersuchungs- und Rügepflicht im Sinne des § 377 HGB nachgekommen ist. Anfangs schien der PC in Ordnung zu sein. Als C jedoch am 1.6. von dem Mangel erfuhr, hätte er den H nach § 377 Abs. 3 HGB unverzüglich informieren müssen. Dies hat er jedoch unterlassen, so dass er aufgrund des § 377 Abs. 2 HGB keine Gewährleistungsrechte gegenüber H geltend machen kann. C konnte also nicht zurücktreten.

c) Übungsfälle

Fall 1

Musikliebhaber M kauft vom HiFi-Händler H einen CD-Player. Als M das Gerät zu Hause auspackt und eine CD einlegt, bemerkt er, dass der Laserstrahl nicht funktioniert. H ist empört über eine derart schlechte Qualität und möchte mit H nichts mehr zu tun haben. Er erklärt ihm gegenüber den Rücktritt und verlangt den Kaupreis gegen Rückgabe des CD-Players zurück. H hingegen ist anderer Ansicht: Zum einen meint er, M müsse erst einmal beweisen, dass das Gerät schon beim Kauf defekt war und außerdem könne M ja jederzeit einen neuen CD-Player haben. Zu Recht?

Lösung

G könnte gemäß §§ 437 Nr. 2, 1. Alt. BGB zurückgetreten sein. Dies wäre möglich, wenn der CD-Player bei Gefahrübergang mangelhaft gewesen ist. Ein Sachmangel liegt vor, wenn die Sache bei Gefahrübergang nicht die vereinbarte Beschaffenheit hat, § 434 Abs. 1 S. 1 BGB. H und M haben jedoch nicht ausdrücklich etwas bzgl. des CD-Players abgesprochen. In einem derartigen Fall ist eine Sache dann fehlerhaft, wenn sie sich zum vertraglichen Verwendungszweck nicht eignet, § 434 Abs. 1 S. 2 Nr. 1 BGB. Beim Verkauf eines CD-Players ist Zweck des Vertrages, dass das Gerät CDs abspielt. Da dies hier nicht der Fall ist, handelt es sich um einen Sachmangel. Allerdings bestreitet H, dass der Defekt bereits bei Gefahrübergang (Übergabe gemäß § 446 BGB) vorlag. Da derjenige, der sich auf die Mangelhaftigkeit beruft, diese auch zu beweisen hat, müsste M beweisen, dass das Gerät bereits mangelhaft war, als er es ausgehändigt bekam. Etwas Anderes könnte sich jedoch aus § 476 BGB ergeben: Zeigt sich nämlich bei einem Verbrauchsgüterkauf innerhalb von sechs Monaten seit Gefahrübergang ein Sachmangel, so wird vermutet, das die Sache bereits bei Gefahrübergang mangelhaft war. Bei dem Vertrag zwischen M und H handelt es sich um einen Verbrauchsgüterkauf im Sinne des § 474 BGB: M erwarb als Verbraucher (§ 13 BGB) von H als Unternehmer (§14 BGB) das Gerät. Den Defekt entdeckte M auch innerhalb der sechsmonatigen Frist. Folglich liegt es nun an H zu beweisen, dass der CD-Player bei Übergabe in einem einwandfreien Zustand war. Da ihm das nicht gelungen ist, ist letztlich davon auszugehen, das der CD-Player bereits bei Gefahrübergang einen Mangel hatte.

§ 437 BGB nennt die zahlreichen Gewährleistungsrechte des Käufers. Gemäß §§ 437 Nr. 2, 1. Alt, 323 BGB kann der Käufer der mangelhaften Sache zurücktreten. Allerdings hat M dem H keine angemessene Frist zur Nacherfüllung im Sinne des § 439 BGB gesetzt. M wollte nämlich mit H nichts mehr zu tun haben. Die Umstände machen auch eine Fristsetzung nicht nach § 323 Abs. 2 oder § 440 BGB entbehrlich, insbeson-

dere ist eine Nacherfüllung dem M nicht unzumutbar. Folglich konnte M vom Vertrag nicht zurücktreten.

Fall 2

K kauft beim Autohändler A einen gebrauchten PKW zu einem Preis in Höhe von 4.000 Euro. Auf Nachfrage des K versichert A, dass es sich um einen unfallfreien Wagen handelt. Tatsächlich war der Wagen aber schon einmal in einen Unfall verwickelt gewesen, was A bei der Durchsicht des Wagens auch hätte erkennen können. Als K den Wagen zum Reifenwechseln in eine Werkstatt bringt, erfährt er, dass es sich um einen Unfallwagen handelt. K ist sehr entrüstet, denn er hätte den Wagen einem Bekannten für 5.000 Euro verkaufen können. Dieser hat jedoch nach Aufklärung der Sachlage vom Kauf Abstand genommen. Kann A Schadensersatz verlangen?

Lösung

K könnte von A Schadensersatz statt der Leistung gemäß § 311 a Abs. 2 BGB verlangen. Hierzu müsste die Kaufsache mit einem anfänglichen unbehebbaren Mangel behaftet sein, §§ 311 a Abs. 1, 275 Abs. 1 BGB. Im vorliegenden Fall handelte es sich bereits vor Vertragsschluss bei dem besagten PKW um einen Unfallwagen. Der Mangel ist auch unbehebbar, da der Mangel nicht zu beseitigen ist und auch kein anderer Wagen stattdessen geliefert werden kann: Die Parteien haben sich ja ausdrücklich auf den speziellen Wagen geeinigt. Somit könnte K grundsätzlich den entgangenen Gewinn aus dem Weiterverkauf verlangen (1.000 Euro). Allerdings besteht kein Ersatzanspruch, wenn der Schuldner beweist, dass er den Mangel bei Vertragsschluss nicht kannte und seine Unkenntnis nicht zu vertreten hat. Zwar wusste anscheinend A nichts von dem Unfall, als Händler wäre er aber verpflichtet gewesen, sich zu vergewissern, in welchem Zustand sich der Wagen befindet. A wird sich folglich nicht entlasten können, so dass K seinen Schaden geltend machen kann.

Fall 3

Wie Fall 2 mit folgender Abwandlung: Diesmal handelt es sich zwar nicht um einen Unfallwagen, aber dafür sind die Bremsen defekt. Auch das hätte A erkennen können. Als K mit dem Wagen auf dem Weg zu einer Geburtstagsfeier ist, funktionieren die Bremsen nicht und K erleidet einen Unfall: Er bricht sich den rechten Arm und das linke Bein. Kann er Schadensersatz und Schmerzensgeld verlangen? Hinweis: Es sind nur vertragliche Anspruchsgrundlagen zu prüfen.

Lösung

K könnte von A die Arztkosten ersetzt verlangen gemäß § 280 Abs. 1 BGB. Weil A dem K ein defektes Auto verkaufte beging er eine Pflichtverletzung: Die Kaufsache muss nämlich frei von Sach- und Rechtsmängeln sein. Dies hat auch A gemäß § 276 BGB zu vertreten, da er in seiner Eigenschaft als Autohändler den Wagen nach Mängeln hätte untersuchen müssen. Aufgrund dieser Pflichtverletzung ist der K in seiner körperlichen Integrität beeinträchtigt worden (Mangelfolgeschaden). Folglich kann er die Arztkosten als Schadensersatz neben der eigentlichen Vertragsleistung verlangen.

C. Werkvertrag

1. Vertragsgegenstand

Der Werkvertrag ist ein Vertrag, bei dem die Herstellung eines bestimmten individuellen Werkes gegen Entgelt vereinbart wird, § 631 BGB. Kennzeichnend ist die Erfolgsbezogenheit: Die Arbeitsleistung soll zu einem konkreten Arbeitsergebnis (Erfolg) führen. Beispiel: Herstellung oder Reparatur einer Sache, Erstattung eines Gutachtens, Erstellung eines Datenverarbeitungsprogramms, Transport von Ware.

In Abgrenzung dazu ist beim Dienstvertrag (siehe VI.D.) zwar auch eine entgeltliche Tätigkeit geschuldet, es ist dort jedoch lediglich das bloße Tätigwerden erforderlich: ein bestimmter Erfolg ist zwar erwünscht, aber nicht Vertragsgegenstand. Beispiel: Tätigkeit als Geschäftsführer einer GmbH, Erteilung von Nachhilfeunterricht.

2. Vertragspflichten

a) Pflichten des Unternehmers

Der Unternehmer ist zur Herstellung des versprochenen Werkes verpflichtet, § 631 Abs. 1 BGB, und zwar frei von Sach- und Rechtsmängeln, § 633 Abs. 1 BGB. Zu diesen Hauptleistungspflichten kommen noch – abhängig vom Einzelfall – zahlreiche Nebenpflichten wie Aufklärungs-, Prüfungs- und Beratungspflichten sowie Obhuts- und Fürsorgepflichten.

b) Pflichten des Bestellers

Der Besteller ist verpflichtet, die vereinbarte Vergütung zu entrichten, § 631 Abs. 1 BGB, und das Werk abzunehmen, § 640 Abs. 1 BGB. Die Abnahmepflicht ist anders als im Kaufrecht stets Hauptleistungspflicht. Diese Hauptleistungspflichten stehen zu den Hauptleistungspflichten des Unternehmers im Gegenseitigkeitsverhältnis, das heißt, sie sind Zug um Zug zu erfüllen, § 320 BGB. Fällig ist die Entrichtung des Werklohns erst bei der Abnahme, § 641 Abs. 1 BGB (siehe VI.C.3).

Haben die Vertragsparteien keine Abrede über die Vergütungsregelung getroffen, so gilt eine Vereinbarung als stillschweigend vereinbart, wenn die Herstellung des Werkes den Umständen nach nur gegen eine Vergütung zu erwarten ist, § 632 Abs. 1 BGB.

Ist keine Vereinbarung über die Höhe getroffen worden, so gilt bei Vorhandensein einer Taxe (Vergütungssatz, z. B. HOAI bei Architekten) die taxmäßige, ansonsten die übliche Vergütung, § 632 Abs. 2 BGB.

Anmerkung: Für seine vertraglichen Geldforderungen hat der Unternehmer ein **Pfandrecht** (Werkunternehmerpfandrecht) an den von ihm hergestellten oder ausgebesserten beweglichen Sachen des Bestellers, wenn sie bei der Herstellung oder zum Zweck der Ausbesserung in seinen Besitz gelangt sind, § 647 BGB. Kommt der Besteller seiner Zahlungsverpflichtung nicht nach, so kann sich der Unternehmer aus dem Pfandrecht gemäß §§ 1228 ff. BGB befriedigen, § 1257 BGB. Bei Bauwerken kann der Unternehmer die Einräumung einer **Sicherungshypothek** verlangen, § 648 BGB.

Vertiefungshinweis:

- Müssig, Wirtschaftsprivatrecht, S. 247 ff.

3. Abnahme

Das Gesetz kennt zwei Formen der Abnahme: die rechtsgeschäftliche und die fingierte.

Rechtsgeschäftlich

Der Besteller nimmt das vertragsgemäß hergestellte Werk entgegen und erkennt es als vertragsgemäße Leistung an (Abnahmeerklärung), § 640 Abs. 1 S. 1 BGB. Beispiel: Der Besteller schaut sich seinen reparierten PKW an und erklärt dem Automechaniker: „Das haben Sie einwandfrei gemacht", anschließend fährt er mit dem Wagen vom Werkstattgelände. Die Abnahmeerklärung kann auch stillschweigend erfolgen. Beispiel: Zahlung der Vergütung, Unterzeichnung einer Ausführungsbestätigung nach Besichtigung des Werkes, Ingebrauchnahme nicht nur zu Testzwecken.

Handelt es sich um ein unkörperliches Werk, so ist eine Abnahme ausgeschlossen. An deren Stelle tritt die Vollendung des Werkes, § 646 BGB. Beispiel: Konzert, Frachtbeförderung.

Fingiert

Kommt der Besteller seiner Abnahmepflicht nicht nach, so kann der Unternehmer ihm eine angemessene Frist zur Abnahme setzen. Mit erfolglosem Fristablauf gilt das Werk als abgenommen (§ 640 Abs. 1 S. 3 BGB).

Anmerkung: Die Abnahmepflicht besteht erst dann, wenn das Werk abnahmefähig ist. Abnahmefähigkeit liegt vor, wenn das Werk mangelfrei ist, von unwesentlichen Mängeln abgesehen, § 640 Abs. 1 S. 2 BGB. Wann ein Mangel unwesentlich ist, richtet sich nach dem konkreten Einzelfall unter Abwägung der beiderseitigen Interessen. Ist das Werk nicht funktionsfähig bzw. gebrauchstauglich, so liegt in der Regel ein wesentlicher Mangel vor.

Das Institut der Fertigstellungsbescheinigung hat sich in der Praxis nicht bewährt, so dass § 641 a BGB durch das Gesetz zur Sicherung von Werkunternehmeransprüchen und zur verbesserten Durchsetzung von Forderungen vom 23.10.2008 (BGBl. I 2008, 2022) mit Wirkung zum 1.1.2009 aufgehoben wurde..

4. Gefahrtragung

a) Gefahrtragung gemäß § 644 BGB

Es kann vorkommen, dass das teilweise oder ganz fertig gestellte Werk untergeht, nicht mehr ausgeführt werden kann oder sich verschlechtert. Ob der Unternehmer in derartigen Fällen gleichwohl den vereinbarten Werklohn verlangen kann, richtet sich nach § 644 BGB (Vergütungsgefahr; entspricht der Preisgefahr beim Kaufvertrag, siehe VI.B.4).

Die Leistungsgefahr, also die Frage, ob der Unternehmer zur Neuherstellung verpflichtet bleibt, richtet sich grundsätzlich nach § 275 BGB. Ist die (Neu-) Herstellung allerdings noch möglich, so ist § 275 Abs. 1 BGB nicht einschlägig, da der Unternehmer aufgrund der Erfolgsbezogenheit der Leistung seiner Verpflichtung aus § 631 Abs. 1 BGB nachkommen muss. Die Leistungsgefahr fällt in diesem Fall mit der Vergütungsgefahr zusammen. Im Einzelnen:

(Neu-)Herstellung ist objektiv/subjektiv unmöglich geworden

Beispiel: Eine Statue soll restauriert werden. Kurz vor Vollendung wird in die Werkstatt des Unternehmers eingebrochen und die Statue verschwindet unauffindbar.

Leistungsgefahr: Der Unternehmer wird von seiner Leistungspflicht gemäß § 275 Abs. 1 BGB frei.

Vergütungsgefahr: Der *Unternehmer* trägt bis zur Abnahme die Vergütungsgefahr, § 644 BGB: Er bekommt keinen Lohn für die bisher erbrachte Arbeitsleistung. Die Preisgefahr geht auf den *Besteller* in den folgenden Fällen über: (1) nach erfolgter Abnahme, § 644 Abs. 1 S. 1 BGB; (2) Annahmeverzug, § 644 Abs. 1 S. 2 BGB; (3) bei Versendung auf Verlangen des Bestellers, § 644 Abs. 2 BGB.

(Neu-)Herstellung ist noch möglich.

Beispiel: Ein Unternehmer soll ein kleines Wochenendhaus aus handelsüblichem Holz errichten. Aufgrund eines Blitzschlages brennt der Rohbau nieder.

Leistungsgefahr: Da keine Unmöglichkeit vorliegt, bleibt der Unternehmer verpflichtet, das Werk herzustellen, § 631 Abs. 1 BGB. Er wird jedoch dann von seiner Leistungspflicht frei, wenn die Vergütungsgefahr auf den Besteller übergegangen ist.

Vergütungsgefahr: Unternehmer bis zu Abnahme, § 644 Abs. 1 S. 1 BGB; *Besteller* (1) nach Abnahme, § 640 Abs. 1 S. 1 BGB; (2) wenn er im Annahmeverzug ist, § 644 Abs. 1 S. 2 BGB oder (3) wenn die Sache auf sein Verlangen versendet wurde, § 644 Abs. 2 BGB.

b) Haftung des Bestellers gemäß § 645 Abs. 1 BGB

Die Ursache, die zu einem Schaden am Werk geführt hat, kann auf Umstände zurückzuführen sein, die dem Besteller zuzurechnen sind. Das Gesetz schützt unter folgenden Voraussetzungen die Interessen des Unternehmers:

- Der Untergang, die Verschlechterung oder Unausführbarkeit des Werkes ist auf einen *mangelhaften Stoff* zurückzuführen, den der *Besteller* geliefert hatte, § 645 S. 1, 1. Alt. BGB. Unter den Begriff „Stoff" sind alle Gegenstände zu fassen, aus denen bzw. durch die das Werk geschaffen werden soll. *Beispiel*: Baugrund für zu errichtendes Haus; Haus für Fassadenanstrich; Bretter für Regal.
- Der Schaden am Werk entstand aufgrund einer *Anweisung des Bestellers*, § 645 Abs. 1 S. 1, 2. Alt. BGB. Mittels einer Anweisung übernimmt der Besteller hinsichtlich der Art und Weise der Ausführung des Werkes das Risiko. *Beispiel*: Der Besteller besteht darauf, dass das Haus nach seinen Plänen errichtet wird. Da die Statik falsch berechnet wurde, stürzt es ein.

Hat der Unternehmer durch sein Verhalten also keinen Beitrag zum Schaden geleistet, so kann er einen Teil der Vergütung für seine bisherige Arbeitsleistung bzw. Aufwendungen verlangen. Anmerkung: Der Unternehmer ist verpflichtet, die Stoffeignung bzw. die Durchführbarkeit der Anweisung zu prüfen und gegebenenfalls seine Bedenken dem Besteller mitzuteilen.

Die Regelung des § 645 BGB ist entsprechend anwendbar, wenn es sich um eine vergleichbare Gefährdungslage handelt.

- Leistung wird unmöglich bzw. geht unter aufgrund eines Umstandes, der in der Person des Bestellers liegt. Auf Verschulden kommt es nicht an. *Beispiel*: Brand des hierfür anfälligen Bauwerks durch vom Besteller in Auftrag gegebene Schweißarbeiten eines Dritten.
- Zweckerreichung. *Beispiel*: Das Auto, das abgeschleppt werden soll, wird noch vor Ankunft des Abschleppunternehmers weggefahren.

5. Mängelgewährleistung

Das Werk muss, wie bereits eingangs erwähnt, gemäß § 633 Abs. 1 BGB frei von Sach- und Rechtsmängeln sein. Ebenso wie im Kaufrecht ist zunächst die vereinbarte Beschaffenheit maßgebend, § 633 Abs. 2 S. 1 BGB. Gibt es eine derartige Vereinbarung nicht, so beurteilt sich die Mangelhaftigkeit danach, ob sich das Werk für den vertraglich vorausgesetzten, sonst für den gewöhnlichen Verwendungszweck eignet, § 633 Abs. 2 S. 2 Nr. 1 und 2 BGB. Anmerkung: Zur näheren Darstellung der einzelnen Fehlerarten siehe oben VI.B.5.a.

Ist das Werk mangelhaft, so stehen dem Besteller gemäß § 634 BGB folgende Rechte zu, die in Ihrer Systematik weitgehend dem bereits dargelegten Gewährleistungsrecht im Kaufrecht entsprechen:

Nr. 1: Nacherfüllung nach § 635 BGB

Nr. 2: Selbstvornahme und Ersatz der erforderlichen Aufwendungen nach § 637 BGB

Nr. 3: Rücktritt nach §§ 636, 323 und 326 Abs. 5 BGB oder Minderung nach § 638 BGB

Nr. 4: Schadensersatz nach §§ 636, 280, 281, 283 und 311 a BGB oder Ersatz vergeblicher Aufwendungen

Die Haftung kann unter Beachtung der § 639 BGB und §§ 307 ff. BGB ausgeschlossen werden. Die Gewährleistungsrechte des § 634 Nr. 1 – 3 BGB sind darüber hinaus ausgeschlossen, wenn der Besteller das mangelhafte Werk abnimmt, obwohl er den Mangel kennt, und sich seine Rechte bei der Abnahme nicht vorbehalten hat, § 640 Abs. 2 BGB.

Die Verjährung der Mängelansprüche richtet sich nach § 643 a BGB. Im Fall der Herstellung, Wartung oder Veränderung von Sachen sowie bei Planungs- oder Überwachungsleistungen hierfür, verjähren die Mängelansprüche in zwei Jahren, § 634 a Abs. 1 Nr. 1 BGB. Handelt es sich bei dem Werk um ein Bauwerk bzw. um Planungs- oder Überwachungsleistungen hierfür, so beträgt die Verjährungsfrist fünf Jahre, § 634 a Nr. 2 BGB. Im Übrigen verjähren die Ansprüche in drei Jahren (regelmaßige Verjährungsfrist), § 634 a Nr. 3 BGB.

Anmerkung: Da es sich beim Rücktritt und der Minderung um **Gestaltungsrechte** handelt, die nicht der Verjährung unterliegen können, greift die Sonderregelung des § 634 a Abs. 4 und 5 BGB, siehe VI.B.5.c.

a) Nacherfüllung

Im Werkvertragsrecht steht – im Gegensatz zum Kaufrecht – dem Schuldner, das heißt, dem Unternehmer, das Wahlrecht zu: Er kann sich aussuchen, ob er den Mangel beseitigt oder ein neues Werk herstellt, § 635 Abs. 1 BGB. Ebenso wie im

Kaufrecht kann er die Nacherfüllung verweigern, wenn sie mit unverhältnismäßigen Kosten verbunden ist, § 635 Abs. 3 BGB.

b) Selbstvornahme

Dem Besteller ist außerdem die Möglichkeit eingeräumt, unter folgenden Voraussetzungen den Mangel selbst zu beseitigen, § 637 Abs. 1 BGB:

(1) mangelhaftes Werk

(2) angemessene Frist zur Nacherfüllung; Ausnahme: Nacherfüllung ist fehlgeschlagen, unzumutbar oder entsprechender Fall des § 323 Abs. 2 BGB liegt vor, § 637 Abs. 2 BGB.

(3) erfolgloser Ablauf der Frist; Verweigerung der Nacherfüllung darf nicht zu Recht erfolgen.

Rechtsfolge: Der Besteller kann den Mangel selbst beseitigen und Ersatz der erforderlichen Aufwendungen verlangen. Beispiel: Werklohn eines anderen Unternehmers, der das Werk repariert hat. Die Aufwendungen kann er auch als Vorschuss verlangen, § 637 Abs. 3 BGB.

c) Rücktritt und Minderung

Ebenso wie im Kaufrecht kann der Unternehmer auch vom Vertrag zurücktreten oder den Werklohn mindern, §§ 636, 323, 326 Abs. 5 BGB und § 638 BGB.

Die Gesetzeslektüre der einschlägigen Paragraphen zeigt, dass die Voraussetzungen im Werkvertragsrecht weitgehend denen des Kaufvertragsrechts entsprechen. Insoweit sei auf die Ausführungen unter VI.B.5.c)(2) und VI.B.5.c)(3) verwiesen.

d) Schadensersatz und Ersatz vergeblicher Aufwendungen

Begehrt der Besteller Schadensersatz oder Ersatz für die vergeblichen Aufwendungen, so ergibt ein Blick in die maßgebenden Normen, dass wiederum nahezu die gleichen Voraussetzungen wie beim Kaufvertragsrecht erfüllt sein müssen, §§ 636, 280, 281, 283, 311 a BGB und § 284 BGB.

6. Werklieferungsvertrag

Häufig vereinbaren die Parteien, dass der Unternehmer eine bewegliche Sache nicht nur herzustellen oder zu erzeugen hat, sondern dass er sie dem Besteller auch liefern soll. In einem derartigen Fall finden die Vorschriften über den Kauf entsprechende Anwendung, § 651 BGB. § 651 BGB greift nicht ein, wenn es sich zum Beispiel um die Reparatur beweglicher Sachen oder die Herstellung unbeweglicher Sachen handelt.

Beispiel: Der Unternehmer soll dem Besteller ein Regal bauen und ihm nach Hause liefern → Werklieferungsvertrag; anders: Der Unternehmer soll beim Regal lediglich ein Brett austauschen → keine Herstellung oder Erzeugung einer beweglichen Sache, sondern nur deren Reparatur, Werkvertrag.

Eine Besonderheit gilt bei unvertretbaren Sachen: Sollen derartige Sachen hergestellt oder erzeugt werden, so sind auch die §§ 642 (Mitwirkung des Bestellers), 643 (Kündigungsrecht bei unterlassener Mitwirkung), 645 (Verantwortlichkeit des Bestellers), 649 (Kündigungsrecht des Bestellers) und 650 BGB (Kostenanschlag) anzuwenden. An die Stelle der Abnahme tritt der nach §§ 446 und 447 BGB maßgebende Zeitpunkt.

Anmerkung: Eine nicht vertretbare Sache (siehe § 91 BGB zu vertretbaren Sachen) liegt vor, wenn sie nach den speziellen Wünschen des Bestellers angefertigt wurde und nicht ersetzbar ist. Dem Unternehmer ist es nicht bzw. nur schwer möglich, einen anderen Abnehmer als den Besteller zu finden. Beispiel: Der Unternehmer soll ein Regal bauen, das die architektonischen Besonderheiten des Zimmers (Schräge oder Giebel) berücksichtigt.

7. Beendigung

Im Idealfall endet der Werkvertrag mit der Ausführung des Werkes und dessen Abnahme und Bezahlung, § 362 Abs. 1 BGB.

Der Werkvertrag kann aber auch bei Vorliegen eines vertraglichen oder gesetzlichen Rücktrittsgrundes durch Ausübung des Rücktrittsrechts in ein **Rückgewährschuldverhältnis** umgewandelt werden. Beispiel: Rücktritt gemäß §§ 634 Nr. 3, 323 BGB.

Des Weiteren können die Parteien unter bestimmten Voraussetzungen den Vertrag auch kündigen.

a) Kündigungsrecht des Unternehmers

Es kann vorkommen, dass bei der Herstellung des Werkes eine Handlung des Bestellers erforderlich ist und dieser seiner Obliegenheit nicht nachkommt. Der Unternehmer kann in einer solchen Situation eine angemessene Frist zur Nachholung mit der Erklärung bestimmen, dass er bei erfolglosem Fristablauf den Vertrag kündigen werde, § 643 BGB.

Außerdem kann der Unternehmer den Vertrag kündigen, wenn der Besteller die nach § 648 a BGB erforderliche Bauhandwerkersicherung nicht fristgemäß leistet, § 648 a Abs. 5 BGB.

b) Kündigungsrecht des Bestellers

Der Besteller hat das Recht, bis zu Vollendung des Werkes jederzeit den Vertrag zu kündigen, § 649 S. 1 BGB. Der Unternehmer kann jedoch die vereinbarte Vergütung verlangen. Allerdings muss er sich die aufgrund der Kündigung ersparten Aufwendungen anrechnen lassen, § 649 Abs. 1 S. 2 BGB.

Darüber hinaus hat der Besteller auch ein Kündigungsrecht, wenn der Kostenanschlag wesentlich überschritten wird, § 650 BGB.

Schlüsselwörter: Werkvertrag, Abnahme, Vergütungsgefahr, Selbstvornahme, Werklieferungsvertrag

8. Fragen und Aufgaben

a) Aufgaben zur Lernkontrolle

186. Worin unterscheiden sich Dienst- und Werkvertrag?

---

187. Nennen Sie die Hauptleistungspflichten des Unternehmers und des Bestellers.

---

188. In welchem Verhältnis stehen diese Pflichten zueinander?

---

189. Muss der Besteller eine Vergütung entrichten, wenn keine Vereinbarung darüber getroffen wurde?

---

190. Was gilt, wenn die Parteien keine Vereinbarung über die Höhe der Vergütung getroffen haben?

---

191. Was versteht man unter der Abnahme?

---

192. Welche Arten von Abnahmen gibt es?

---

193. § 644 BGB regelt die Vergütungsgefahr. Beurteilt sich danach auch die Leistungsgefahr?

---

194. Wann trägt der Unternehmer die Vergütungsgefahr?

195. Unter welchen Voraussetzungen geht die Vergütungsgefahr auf den Besteller über?

196. Welche Situation regelt § 645 BGB?

197. Wann wird § 645 BGB analog angewendet?

198. Welche Rechte kann der Besteller geltend machen, wenn das Werk mangelhaft ist?

199. Was versteht man unter einem Werklieferungsvertrag?

200. Welche Besonderheit ist bei einem derartigen Vertrag zu beachten?

201. Auf welche Weise kann ein Werkvertrag beendet werden?

b) Übungsfälle

Fall 1

H lässt das Dach seines Hauses durch den Dachdecker D neu eindecken. Einige Wochen nach der Abnahme stellt H beim ersten starken Regen fest, dass das Dach undicht ist. Es stellt sich heraus, dass D seine Arbeit nicht fachgerecht ausgeführt hatte. Das eindringende Regenwasser hat Teile des Teppichs und einen antiken Sessel beschädigt (Schaden insgesamt: 3.000 Euro). H ist entrüstet. Da er von den Fähigkeiten des D aufgrund der Umstände wenig überzeugt ist, lässt er das Dach vom Dachdecker C erneut decken. Die Kosten belaufen sich auf 30.000 Euro. Kann er insgesamt 33.000 Euro gegenüber D geltend machen? (Hinweis: Es sind nur vertragliche Ansprüche zu prüfen.)

Lösung

Zunächst sind die einzelnen Posten zu trennen: Zum einen ist das Dach nicht ordnungsgemäß gedeckt worden, zum anderen sind Schäden an Einrichtungsgegenständen verursacht worden.

(1) *H könnte von D zunächst die Kosten des Dachdeckers C gemäß §§ 634 Nr. 2, 637 BGB ersetzt verlangen.*

Dann müsste das Werk des H mangelhaft sein. Ob ein Sachmangel vorliegt, richtet sich nach § 633 BGB. Da die Parteien nicht ausdrücklich die Beschaffenheit vereinbart hatten, könnte ein Mangel vorliegen, wenn sich das neu eingedeckte Dach nicht für den vertraglich vorausgesetzten Verwendungszweck eignet. Sinn und Zweck eines Hausdaches ist es unter anderem, dass es in das Gebäude nicht hineinregnet. Folglich war das Dach mit einem Fehler behaftet. § 637 BGB verlangt darüber hinaus, dass der Besteller dem Unternehmer eine angemessene Frist zur Nacherfüllung setzt. Grundsätzlich soll dem Unternehmer nämlich die Möglichkeit eingeräumt werden, den Mangel zu beseitigen oder ein neues Werk herzustellen. Im vorliegenden Fall hat H dem D eine solche Frist nicht gesetzt. Eine Fristsetzung könnte aber gemäß § 637 Abs. 2 BGB entbehrlich sein. Danach ist eine Fristsetzung entbehrlich, wenn die Nacherfüllung fehlgeschlagen oder für den Besteller unzumutbar ist, sowie in den Fällen des § 323 Abs. 2 BGB. Da offensichtlich derartige Umstände nicht vorliegen, kann H die Kosten des Dachdeckers C nicht ersetzt verlangen.

(2) *Die Schäden an den Möbelstücken könnte H von D nach § 280 Abs. 1 BGB ersetzt verlangen.*

Es handelt sich hierbei um Schadensersatz neben der Hauptleistung (Decken des Daches). H ist in seinem Integritätsinteresse betroffen. Für derartige Mangelfolgeschäden ist § 280 Abs. 1 BGB unmittelbar anwendbar.

Als D das Dach nicht fachgerecht eindeckte, beging er eine Pflichtverletzung im Rahmen des Werkvertrages. Mangels Entlastungshinweisen ist davon auszugehen, dass D dies auch zu vertreten hat, § 280 Abs. 1 S. 2 BGB. Das Eindringen des Regenwassers und die Beschädigung der Möbel sind auch adäquate Folgen der Pflichtverletzung. Folglich kann H den Schaden in Höhe von 3.000 Euro gegenüber D verlangen. Anmerkung: Eine Fristsetzung ist hier logischerweise nicht erforderlich, da die Schäden an den Möbeln auch bei Beseitigung des Mangels am Dach noch fortbestehen würden.

Fall 2

R hat beim Schreiner S ein Standardbücherregal in Auftrag gegeben. S bringt das Regal zu R und erledigt noch die letzten Arbeiten daran. Als R einige Tage später in das Regal seine Bücher stellt, brechen alle vier Regalbretter in der Mitte durch. Es stellt sich heraus, dass S zu dünne Bretter verwendet hatte. R möchte nun, dass S für ihn ein neues Regal baut. Dieser meint, dass R dies gar nicht bestimmen könne, schließlich habe er als Unternehmer das Bestimmungsrecht. Es reiche völlig aus, wenn die vier Bretter ersetzt werden würden. Kann R ein neues Regal verlangen? Hinweis: R hat für das Regal 600 Euro gezahlt. Würde S ein neues Regal bauen, dann hätte er Kosten in Höhe von 400 Euro. Würde er lediglich die vier Bretter austauschen, würde ihn das mit 300

Euro belasten. Die neuen Bretter hätten einen anderen Farbton als die Seitenteile, da S keine Bretter mehr aus dem alten Bestand vorrätig hat.

Lösung

R könnte von S die Herstellung eines neuen Regals gemäß § 651 S. 1, 437 Nr. 1, 439 Abs. 1 BGB verlangen. Fraglich ist, ob im vorliegenden Fall Werkvertragsrecht oder Kaufvertragsrecht Anwendung findet. Handelt es sich nämlich um einen Werklieferungsvertrag im Sinne des § 651 S. 1 BGB, so finden die Vorschriften über den Kauf Anwendung. Der hier relevante Vertrag müsste danach die Lieferung einer herzustellenden Sache zum Gegenstand haben. S hat das Regal selbst angefertigt und hat es auch zu S gebracht, folglich ist von einem Werklieferungsvertrag auszugehen. Zu prüfen bleibt daher, ob R Nacherfüllung gemäß § 439 BGB verlangen kann. Da S zu dünne Bretter verwendete, handelt es sich um eine mangelhafte Sache im Sinne des § 434 Abs. 1 S. 2 Nr. 1 BGB. Im Kaufrecht hat der Käufer auch die Wahl, ob er die Beseitigung oder eine neue Sache verlangt. Der Verkäufer (hier: S) darf nur dann die gewählte Art der Nacherfüllung verwiegern, wenn sie mit unverhältnismäßigen Kosten verbunden ist, § 439 Abs. 3 S. 1 BGB. Dabei sind Interessenabwägungen nach § 439 Abs. 3 S. 2 BGB vorzunehmen. Eine Neuherstellung dürfte im Ergebnis nicht unverhältnismäßig sein. Zum einen beträgt die Differenz der Kosten der beiden Nacherfüllungsarten lediglich 100 Euro, außerdem stehen dem der Preis des Regals in Höhe von 600 Euro gegenüber und zuletzt muss sich der R mit unterschiedlichen Farbtönen der verwendeten Bretter und Leisten nicht abfinden. R kann demnach von S verlangen, ein neues Regal herzustellen.

Fall 3

Der Zimmermann Z soll für G ein Holzhäuschen mit Sauna und Dusche im Garten errichten. Es wird ein Festpreis in Höhe von 15.000 Euro vereinbart. Das Haus ist mittlerweile fast fertig gestellt. Es muss nur noch der Saunaofen installiert werden. Während des Urlaubs des Z nutzt G die Gelegenheit, das Gartenhaus vorübergehend als Abstellraum zu nutzen. Dabei lagert er unter anderem leicht entzündliche Materialien ein. Durch eine Unachtsamkeit des G entzünden sich die eingestellten Sachen und das Haus brennt bis auf das Fundament nieder. Kann Z den vereinbarten Preis verlangen?

Lösung

Z könnte gemäß § 631 Abs. 1 BGB die vereinbarte Vergütung verlangen. Dann müsste er das versprochene Werk hergestellt und G müsste es abgenommen haben, §§ 631 Abs. 1, 641 BGB. Hinsichtlich des ursprünglich errichteten Hauses ist dies jedoch nicht erfolgt, da es zerstört wurde. Gemäß § 644 Abs. 1 S. 1 BGB trägt der Unternehmer bis zur Abnahme die Vergütungsgefahr, so dass Z für seine bisherige Arbeit hiernach keinen Werklohn verlangen kann.

Einen der geleisteten Arbeit entsprechenden Teil der Vergütung kann er auch nicht direkt gemäß § 645 BGB verlangen, da das Haus weder aufgrund eines mangelhaften Stoffes des Bestellers noch aufgrund einer Anweisung des Bestellers zerstört wurde. Allerdings kam die Ursache für die Zerstörung des Hauses aus dem Risikobereich des G: Er hat nämlich die gefährlichen Materialien im Haus gelagert und durch sein Verhalten haben sie sich schließlich entzündet. In einer derartigen Situation wird § 645 BGB entsprechend angewandt, da es sich um eine vergleichbare Interessenlage handelt. Folglich kann Z von G einen Teil der vereinbarten Vergütung verlangen.

D. Dienstvertrag

1. Einführung

Der Dienstvertrag ist ein gegenseitiger Vertrag, in dem sich die eine Vertragspartei zur Leistung der versprochenen Dienste (Dienstverpflichteter) und die andere Vertragspartei zur Leistung der vereinbarten Vergütung (Dienstberechtigter) verpflichtet, § 611 Abs. 1 BGB. Vertragsgegenstand können hierbei Dienste jeder Art sein, § 611 Abs. 2 BGB.

Je nachdem, wie das Verhältnis zwischen den Parteien ausgestaltet ist, unterscheidet man zwischen folgenden Arten:

Unabhängige Dienste

Der Dienstverpflichtete erbringt seine Tätigkeit selbstständig und in eigener Verantwortung. Beispiel: frei praktizierender Arzt oder Steuerberater, privater Geigenlehrer, Geschäftsführer einer GmbH.

Abhängige Dienste

Der Dienstverpflichtete ist vom Dienstberechtigten persönlich und wirtschaftlich abhängig. Das Vertragsverhältnis ist auf eine gewisse Dauer angelegt und der Verpflichtete ist in die Organisation des Betriebs weisungsabhängig eingegliedert. Beispiel: Krankenschwester oder Assistenzarzt im Krankenhaus; Geigenlehrer an der Musikschule.

In den §§ 611-630 BGB finden sich Regelungen, die für beide Arten von Dienstverträgen gelten. Zum Teil gelten aber bestimmte Vorschriften (zum Beispiel §§ 615 S. 3, 619 a, 622 BGB) nur für den Arbeitsvertrag. Außerhalb des BGB finden sich weitere zahlreiche Regelungen, welche die rechtlichen Beziehungen zwischen dem Arbeitnehmer und dem Arbeitgeber beeinflussen. Zweck dieser Vorschriften ist es, den grundsätzlich sozial schwächeren Arbeitnehmer zu schützen, um eine interessengerechte Ausgestaltung des Arbeitsverhältnisses zu gewährleisten. Beispiel: Kündigungsschutzgesetz, Mutterschutzgesetz, Arbeitsschutzgesetz, Tarifvertragsgesetz, Betriebsverfassungsgesetz.

Vertiefungshinweis zum Arbeitsrecht:

- Müssig, Wirtschaftsprivatrecht, S. 253 f., 362 ff.

2. Pflichten der Vertragspartner

a) Dienstverpflichteter

(1) Hauptleistungspflicht

Der Dienstverpflichtete hat die versprochenen Dienste zu erbringen (Hauptleistungspflicht). Im Zweifel hat er diese persönlich zu leisten, § 613 S. 1 BGB. Das ist vor allem dann der Fall, wenn es auf die individuellen Fähigkeiten des Verpflichteten ankommt, auf die der Berechtigte Wert legt. Beispiel: Diagnose durch einen bestimmten Arzt.

Der Inhalt der Leistungspflicht bzw. die Ausgestaltung der Begleitumstände wie Zeit, Dauer und Ort sind grundsätzlich frei vereinbar. Zwingende gesetzliche Vorgaben bzw. Einschränkungen wie zum Beispiel §§ 134 und 138 BGB müssen natürlich beachtet werden.

Beim Arbeitsverhältnis gibt es jedoch bestimmte Regelungen sowie Vereinbarungen, welche die Leistungspflicht des Arbeitnehmers näher konkretisieren, und zwar nach folgender Rangordnung:

- zwingende gesetzliche Vorschriften, *Beispiel*: Arbeitsschutzgesetz,
- Tarifverträge,
- Betriebsvereinbarungen,
- Einzelarbeitsvertrag,
- Weisung.

(2) Nebenpflichten

Neben der Hauptleistungspflicht muss der Dienstverpflichtete auch auf die Belange des Dienstberechtigten Rücksicht nehmen. Bedeutsam ist hier vor allem im Arbeitsrecht die Treuepflicht. Arbeitnehmer, vor allem solche, die eine besondere Vertrauensstellung innehaben, müssen in besonderem Maße die Interessen des Arbeitgebers wahren, über geschäftliche wie persönliche Belange des Arbeitnehmers schweigen und gegebenenfalls ein Wettbewerbsverbot befolgen.

Beispiel: Prokurist.

Aber auch beim unabhängigen Dienstvertrag, der als Anstellungsverhältnis ausgestaltet ist, ist die Treuepflicht von Relevanz.

Beispiel: Geschäftsführer einer GmbH, Vorstand einer AG.

b) Dienstberechtigter

(1) Hauptleistungspflicht

Der Dienstverpflichtete hat die vereinbarte Vergütung zu entrichten, § 611 Abs. 1 BGB. Es handelt sich hierbei um eine Hauptleistungspflicht, die im Gegenseitigkeitsverhältnis zur Dienstleistung des Dienstverpflichteten steht.

In der Regel wird die Vergütung als Geldlohn ausgezahlt. Es ist aber auch möglich, dass sich die Parteien auf einen Naturallohn einigen.

Haben die Vertragspartner keine ausdrückliche Abmachung über die Vergütung getroffen, dann gilt eine Vergütung als stillschweigend vereinbart, wenn die Dienstleistung den Umständen nach nur gegen eine Vergütung zu erwarten ist, § 612 Abs. 1 BGB. Als Indizien kommen hierbei unter anderem der Umfang und die Dauer der Dienste in Betracht.

Die Höhe des Lohns richtet sich grundsätzlich nach der Übereinkunft zwischen den Vertragsparteien. Existiert ein Tarifvertrag, dann bestimmt sich, sofern die Vertragspartner tarifgebunden sind, die Höhe der Vergütung danach. Im Übrigen richtet sich die Höhe des Lohns mangels anderweitiger Abrede nach der taxmäßigen bzw. üblichen Vergütung, § 612 Abs. 2 BGB.

Der Lohn wird erst fällig, wenn die Dienstleistung erbracht worden ist, § 614 S. 1 BGB. Der Dienstverpflichtete ist also grundsätzlich zur Vorleistung verpflichtet. Allerdings werden im Arbeitsrecht häufig abweichende Regelungen durch Tarifverträge oder Betriebsvereinbarungen getroffen.

Drei Ausnahmen von dem Grundsatz „Ohne Arbeit kein Lohn“ nennt das Gesetz in den §§ 615 und 616 BGB.

Vergütung beim Annahmeverzug, § 615 S. 1 BGB

Kommt der Dienstberechtigte mit der Annahme der Dienste in Verzug und kann der Dienstverpflichtete deshalb seine Dienste nicht erbringen, dann hat er einen Anspruch auf die vereinbarte Vergütung. Beispiel: Geigenschüler kommt nicht zum Unterricht.

Zur Nachleistung ist er nicht verpflichtet, er muss sich aber die ersparten Aufwendungen auf seinen Lohn anrechnen lassen.

Arbeitsausfallrisiko, § 615 S. 3 BGB

Der Arbeitnehmer kann auch dann seinen Lohn geltend machen, wenn er aufgrund eines Arbeitsausfalls seiner Pflicht nicht nachkommen kann und der Arbeitgeber das Risiko hierfür trägt. Beispiel: Ausfall von Strom und Gerätschaften, Auftragsmangel; nicht beim Arbeitskampf.

Dienstverhinderung, § 616 BGB

Ist der Dienstverpflichtete aufgrund eines persönlichen Grundes unverschuldet vorübergehend verhindert, seine Dienste zu erbringen, so ist der Dienstverpflichtete dennoch verpflichtet, die Vergütung zu entrichten. Beispiel: Pflege eines erkrankten Kindes, Eheschließung, Niederkunft der Ehefrau, Krankheit.

Vertiefungshinweis: Dauer im Arbeitsrecht: Palandt-*Weidenkaff*, BGB, § 616 Rn. 17

(2) Nebenpflichten

Auch der Dienstberechtigte hat Nebenpflichten zu erfüllen. Wichtig ist hier vor allem die Fürsorgepflicht, welche mit der Treuepflicht des Dienstverpflichteten korrespondiert. Die Fürsorgepflicht umfasst zum Beispiel den Schutz für Leben und Gesundheit sowie Eigentum. Gesetzlich normiert ist dies in § 617 BGB (Pflicht zur Krankenfürsorge) und in § 618 BGB (Pflicht zu Schutzmaßnahmen). Die in den §§ 617, 618 BGB genannten Pflichten können nicht abbedungen werden, § 619 BGB.

Des Weiteren treffen den Dienstberechtigten Sorgfaltspflichten wie die ordnungsgemäße Lohnabrechnung; er ist auch zur Gleichbehandlung angehalten. Schließlich hat der Dienstverpflichtete bei der Beendigung eines dauernden Dienstverhältnisses einen Anspruch gegen den Dienstberechtigten auf Zeugniserteilung, § 630 BGB.

3. Pflichtverletzungen

In den §§ 611 ff. BGB ist ein Mängelgewährleistungsrecht, anders als zum Beispiel im Kaufrecht, nicht kodifiziert.

Es ist allerdings durchaus vorstellbar, dass eine Dienstleistung mangelhaft erbracht wird. Beispiele: falsche Diagnose des Arztes, Fristversäumung durch den Anwalt.

Die Rechte der beeinträchtigten Partei richten sich nach den allgemeinen Vorschriften, §§ 280 ff. BGB. Allerdings ist ein Rücktritt nach § 323 BGB nicht möglich, da hier in den §§ 611 ff. BGB das Recht der Kündigung vorrangig ist.

Vertiefung: Haftungsmaßstab im Arbeitsrecht

Während eines Arbeitsverhältnisses kann es auch vorkommen, dass der Arbeitnehmer bei seiner Arbeit Eigentum des Arbeitgebers beschädigt oder zerstört. Beispiel: Eine Maschine wird unsachgemäß bedient, so dass sie nicht mehr funktionsfähig ist.

Grundsätzlich würde der Arbeitnehmer für die vorsätzliche bzw. fahrlässige Rechtsgutsverletzung unbeschränkt haften. Handelt es sich aber bei der beschädigten Sache um eine sehr teure Maschine, so kann dies unter Umständen zu einer Existenzgefährdung des Arbeitnehmers führen. Um hier einen interessengerechten Ausgleich zu finden, sind folgende Grundsätze für die Arbeitnehmerhaftung entwickelt worden:

- Verletzt der Arbeitnehmer *vorsätzlich* das Eigentum des Arbeitgebers, so haftet er grundsätzlich vollumfänglich für den eingetretenen Schaden.
- Wird das Eigentum des Arbeitgebers während der betrieblichen Betätigung *fahrlässig* beschädigt, so haftet der Arbeitnehmer nur beschränkt. In welchem Ausmaß er für den Schaden einzustehen hat, richtet sich nach den besonderen Umständen des Einzelfalls. Es sind hierfür alle Schadensrisiken zu berücksichtigen und gegeneinander abzuwägen. Auf der Arbeitgeberseite sind zum Beispiel zu beachten: Betriebsrisiko, Wert des beschädigten Objektes, Organisationsverschulden. Auf der Arbeitnehmerseite sind folgende Umstände von Bedeutung: Verschuldensgrad, Höhe des Arbeitslohns, Unerfahrenheit, Alter, Gefährlichkeit der Arbeit. Nach Abwägung der einzelnen Umstände kann die Haftung des Arbeitnehmers gänzlich entfallen, er kann teilweise herangezogen werden, haftet unter Umständen aber auch in vollem Umfang. *Beispiel*: Ein junger und noch unerfahrener Arbeitnehmer wird auf Veranlassung des Arbeitgebers an einer schwer zu bedienenden Maschine beschäftigt. Trotz großer Bemühung bedient er das Gerät nicht richtig, wodurch die Maschine beschädigt wird. Die Kosten für die Ersatzteile überschreiten den monatlichen Nettolohn des Arbeitnehmers um ein Vielfaches. In einem derartigen Fall dürfte eine völlige Haftungsfreistellung angebracht sein. Anders verhält es sich, wenn der Arbeitnehmer schon seit Jahren die Maschine bedient und aufgrund einer durchzechten Nacht übermüdet am Arbeitsplatz erscheint. Unterläuft ihm daraufhin bei der Handhabung der Maschine ein Fehler und kommt es zu einem Schaden, ist eine anteilige Haftung denkbar.

Vertiefungshinweis:

- Boemke, Verschulden bei der Arbeitnehmerhaftung (zu: BAG NJW 2003, 377 ff.), JuS 2003, 511 ff.

4. Mängel des Vertrages

Der Dienstvertrag kann an einem Mangel leiden. So kann der Vertrag zum Beispiel nichtig oder anfechtbar sein.

Hat der Dienstverpflichtete noch keine Leistungen erbracht, so gelten die allgemeinen Regeln: Der Vertrag ist nichtig und damit wirkungslos, im Falle einer Anfechtung wird er rückwirkend (ex tunc) beseitigt.

Problematisch wird es, wenn schon Dienste erbracht worden sind. Vor allem bei dauerhaften Dienstverträgen im Anstellungsverhältnis (Beispiel: Geschäftsführer einer GmbH) oder bei Arbeitsverhältnissen ist eine Rückabwicklung nach den §§ 812 ff. BGB schwer durchzuführen.

Ist der Vertrag anfechtbar, so kommt eine Anfechtung nur mit ex nunc-Wirkung in Betracht. Dies hat zur Folge, dass der Vertrag für die Zukunft vernichtet wird und die bisher erbrachten Leistungen mit Rechtsgrund erfolgten. Die Anfechtung muss unverzüglich erklärt werden, § 121 BGB. Als Frist gilt hier die 2-Wochenfrist des § 626 Abs. 2 BGB entsprechend.

Ist der Vertrag nichtig, kommt es ebenfalls nicht zu einer Rückabwicklung. Hinsichtlich der bereits erbrachten Leistungen gilt, dass für die Vergangenheit der Vertrag als fehlerfrei angesehen wird. Dieses so genannte faktische Arbeitsverhältnis kann für die Zukunft beendet werden. Dabei sind die Beteiligten weder an eine Form noch an eine Frist gebunden. Ein faktisches Arbeitsverhältnis besteht jedoch nicht, wenn die zu erbringende Leistung selbst sittenwidrig oder strafbar ist. Der Vertrag ist dann ex tunc nichtig.

5. Beendigung

Der Dienstvertrag kann folgendermaßen beendet werden:

- Tod des Dienstverpflichteten, § 613 S. 1 BGB
- Zeitablauf, § 620 Abs. 1 und 3 BGB
- Kündigung
- ordentliche Kündigung des Dienstvertrages, § 621 BGB
- ordentliche Kündigung des Arbeitsvertrages, § 622 BGB
- außerordentliche Kündigung bei Verträgen über mehr als fünf Jahren, § 624 BGB
- außerordentliche Kündigung aus wichtigem Grund, § 626 BGB
- außerordentliche Kündigung bei Vertrauensstellung, § 627 BGB
- Anfechtung
- Aufhebungsvertrag

Wird der Dienstvertrag durch Kündigung oder Auflösungsvertrag beendet, so ist die Schriftform Wirksamkeitsvoraussetzung, § 623 BGB.

Schlüsselwörter: Dienstvertrag, Arbeitsvertrag, faktisches Arbeitsverhältnis

6. Fragen und Aufgaben

a) Aufgaben zur Lernkontrolle

202. *Worin unterscheidet sich der Dienst- vom Werkvertrag?*

203. *Wann handelt es sich um einen Arbeitsvertrag bzw. um einen sonstigen Dienstvertrag?*

204. *Was sind die Hauptleistungspflichten bei einem Dienstvertrag?*

205. *Welche Nebenpflichten müssen die Vertragsparteien beachten?*

206. *Wann ist die Vergütung fällig?*

207. *In welchen Fällen hat der Dienstverpflichtete einen Anspruch auf die Vergütung, obgleich er keine Leistung erbracht hat?*

208. *Welche Normen sind einschlägig, wenn die Dienste nicht ordnungsgemäß erbracht werden?*

209. *Was versteht man unter einem faktischen Arbeitsverhältnis?*

210. *Auf welche Weise kann der Dienstvertrag beendet werden?*

b) Vertiefungsfragen

Frage 1

T ist Textilienfabrikant und möchte sich zu Ruhe setzen. Aus diesem Grund veräußert er den Betrieb an den Jungunternehmer J. J möchte eine jüngere Belegschaft in seinem neuen Betrieb haben. Er blättert im BGB, liest den § 613 S. 3 BGB und ist der Ansicht, dass er mit der alten Belegschaft nichts zu tun habe und nun neue Arbeitnehmer nach seinem Geschmack einstellen könne. Stimmt das?

Antwort

Grundsätzlich gilt zwar, dass aufgrund der persönlichen Natur der Dienstleistung der Anspruch darauf nicht übertragbar ist, § 613 S. 3 BGB. Allerdings gibt es eine Sonderregelung in § 613 a Abs. 1 BGB: Geht ein Betrieb durch Rechtsgeschäft auf einen anderen Inhaber über, so tritt dieser in die Rechte und Pflichten aus den im Zeitpunkt des Übergangs bestehenden Arbeitsverhältnissen ein. Demnach ist nun J der Vertragspartner (Arbeitgeber) der ehemaligen Belegschaft des T. Er kann ihnen auch nicht wegen des Betriebsüberganges kündigen, § 613 a Abs. 4 BGB.

Frage 2

Die S hat ihr Singledasein satt und möchte den Mann ihrer Träume finden. Erfolg verspricht sie sich von der Partnervermittlungsagentur „Loneley Hearts GmbH". Sie schließt mit der Agentur einen Vertrag, wonach sich diese für ein halbes Jahr verpflichtet, die S bei der Suche nach einem geeigneten Partner zu unterstützen (Inserate in Zeitungen und der gleichen). Als Vergütung wird ein Betrag in Höhe von 3.500 Euro vereinbart, der spätestens drei Wochen nach Vertragsschluss zu zahlen ist. S leistet einen Vorschuss in Höhe von 200 Euro. Einen Tag nach Vertragsschluss erfährt die S von einer Freundin, dass diese mit besagter Agentur denkbar schlechte Erfahrungen gemacht habe. Da überdies in die Wohnung nebenan ein vielversprechender neuer Nachbar einzieht, ruft S bei der Agentur an, kündigt den Vertrag und fordert ihren Vorschuss zurück. Die Mitarbeiterin der Agentur ist nicht besonders erfreut und meint, dass S nicht so ohne weiteres kündigen könne. Sie müsse da schon einen wichtigen Grund haben. Die 200 Euro würde sie jedenfalls nicht zurückbekommen.

a) Konnte S den Vertrag kündigen?

b) Kann S den Vorschuss zurückfordern?

Antwort

a) S konnte den Vertrag gemäß § 627 Abs. 1 BGB wirksam kündigen. S und die GmbH haben einen Dienstvertrag abgeschlossen: Die GmbH sollte der S bei der Suche nach einem passenden Partner behilflich sein. Einen Erfolg wurde nicht versprochen, so dass kein Werkvertrag vorliegt. Die weiteren Voraussetzungen des § 627 BGB liegen ebenfalls vor: Es sollten Dienste höherer Art geleistet werden und es lag auch kein dauerndes Dienstverhältnis mit festen Bezügen vor. Um Dienste höherer Art handelt es sich, wenn sie aufgrund besonderen Vertrauens übertragen werden. Im vorliegenden Fall war eine enge und vertrauensvolle Zusammenarbeit zwischen den Parteien unabdingbare Voraussetzung. Die Intimsphäre der S war betroffen und seitens der Agentur war ein hohes Maß an Sensibilität erforderlich. Auch fehlte es am dauernden Dienstverhältnis mit festen Bezügen, weil zwischen den Beteiligten keine persönliche Bindung besteht: Die Agentur bietet nämlich ihre Dienste einer großen und unbestimmten Zahl von Interessenten an (BGH NJW 1989, 1480). Einen Kündigungsgrund musste S nicht nennen.

b) Aufgrund der wirksamen Kündigung kann S gemäß §§ 628 Abs. 1 S. 3, 347 BGB den Vorschuss in Höhe von 200 Euro zurückfordern. Anmerkung: Die entsprechende Anwendung des § 656 Abs. 1 BGB greift hier nicht, da der Vertrag gekündigt wurde.

c) Übungsfall

I ist Inhaber eines kleinen Kaufladens und stellt die A als Aushilfskraft für den Verkauf ein. Einen Monat nachdem die A mit ihrer Tätigkeit bei I begonnen hatte erfährt er, dass A bei ihrem vormaligen Arbeitgeber während ihrer Tätigkeit als Kassiererin mehrfach Unterschlagungen und Diebstähle begangen hat. I ficht den Vertrag an und weigert sich, der A den Lohn für den letzten Monat zu zahlen. Zu Recht?

Lösung

I könnte nach § 611 Abs. 1 BGB verpflichtet sein, der A den Monatslohn zu zahlen. Zwischen den beiden wurde ein Arbeitsvertrag geschlossen: Die A sollte bei I als Kassiererin tätig sein. Dabei hatte sie hinsichtlich der Art und Weise ihrer Tätigkeit keinen Einfluss, sondern war vielmehr in die betriebliche Organisation weisungsgebunden eingegliedert. Diesen Vertrag konnte I gemäß § 119 Abs. 2 BGB wirksam anfechten: Er hatte sich über eine verkehrswesentliche Eigenschaft der A geirrt. Bei der Einstellung einer Kassiererin ist es nämlich von großer Bedeutung, ob sie die erforderliche Zuverlässigkeit mitbringt. Hier war A bereits in strafrechtlich relevanter Weise in Erscheinung getreten. Gemäß § 142 Abs. 1 BGB beseitigt die Anfechtung grundsätzlich ex tunc den Vertrag. Danach würde I der A nicht aus § 611 Abs. 1 BGB die Vergütung schulden. Allerdings wird im Arbeitsrecht eine Anfechtung nach Beginn der Arbeitsleistung nur mit ex nunc Wirkung zugelassen. Auf diese Weise sollen Schwierigkeiten bei der bereicherungsrechtlichen Rückabwicklung (vor allem § 818 Abs. 3 BGB – Entreicherung) bzw. unbillige Ergebnisse vermieden werden. Für den letzten Monat hat also A einen Anspruch auf Vergütung. Der Vertrag ist lediglich für die Zukunft aufgehoben.

E. Mietvertrag

1. Vertragsgegenstand und Abgrenzung

Unter Vermietung versteht man die entgeltliche Gebrauchsüberlassung von Sachen auf Zeit, §§ 535 ff. BGB. Beim Mietvertrag handelt es sich um ein Dauerschuldverhältnis. Mietobjekt können bewegliche und unbewegliche Sachen sein, sowie Sachgesamtheiten und Teile von Sachen. Beispiele: Auto, Wohnung, Computeranlage, Hauswand für Reklame.

Systematisch ist das Mietrecht folgendermaßen gesetzlich geregelt:

- In den §§ 535-548 BGB werden die *allgemeinen Vorschriften* genannt, die grundsätzlich für alle Arten von Mietverträgen gelten.
- Mietverträge über *Wohnraum* unterliegen zahlreichen Sonderbestimmungen (Stichwort: soziales Mietrecht), welche sich in den §§ 549-577a BGB finden. Sie ergänzen die allgemeinen Vorschriften bzw. stellen Ausnahmevorschriften dar.
- Schließlich gibt es noch einige Regelungen für Verträge über *sonstige Sachen* (zum Beispiel Geschäftsräume und Grundstücke) in den §§ 578-580 a BGB.

Der Abschluss des Mietvertrages ist grundsätzlich an keine besondere Form gebunden. Etwas anderes gilt, wenn es sich beim Mietobjekt um Wohnraum handelt: soll der Vertrag für länger als ein Jahr geschlossen werden, so bedarf er der schriftlichen Form. Die Nichteinhaltung dieser Vorgabe führt jedoch nicht zur Nichtigkeit des Vertrages, sondern dazu, dass der Mietvertrag für unbestimmte Zeit gilt, § 550 S.1 BGB. Anmerkung. Entsprechendes gilt für Grundstücke und Räume, die keine Wohnräume sind (zum Beispiel Geschäftsräume), § 587 Abs. 1 und 2 BGB.

Im Gegensatz zum Mietvertrag werden bei einem Pachtvertrag (§§ 581 ff. BGB, siehe VI.G) nicht nur Sachen, sondern auch Rechte zum Gebrauch überlassen; darüber hinaus wird auch die Fruchtziehung gewährt.

Ebenso wie beim Mietvertrag wird bei der Leihe (§§ 598 ff. BGB, siehe VI.H) eine Sache zum Gebrauch auf Zeit überlassen. Allerdings erfolgt dies unentgeltlich.

2. Pflichten der Vertragsparteien

a) Vermieter

Der Vermieter hat folgende Hauptleistungspflichten zu erfüllen:

- Gewährung des Gebrauchs der Mietsache während der Mietzeit, § 535 Abs. 1 S. 1 BGB.
- Überlassung und Erhaltung der Sache in einem zum vertragsgemäßen Gebrauch geeigneten Zustand, § 535 Abs. 1 S. 2 BGB.

Anmerkung: Dabei handelt es sich um Maßnahmen zur Gebrauchserhaltung und Instandhaltung. Die Übertragung dieser Pflichten auf den Mieter per AGB verstößt grundsätzlich nicht gegen § 307 BGB (allerdings ist dies bei Wohnraummietverträgen zum Teil umstritten).

Des Weiteren hat der Vermieter die auf der Mietsache ruhenden Lasten zu tragen, § 535 Abs. 1 S. 3 BGB. Beispiel: Grundsteuer, Straßenanliegergebühren.

Anmerkung: Auch diese Pflicht kann grundsätzlich auf den Mieter übertragen werden.

Außerdem treffen den Vermieter zahlreiche Nebenpflichten, die sich nach der konkreten Ausgestaltung des Mietvertrages richten. Beispiel: Verkehrssicherungspflichten, Schutzpflichten.

b) Mieter

Der Mieter hat die vereinbarte Miete zu entrichten, § 535 Abs. 2 BGB. Hierbei handelt es sich um eine Hauptleistungspflicht, welche mit den Vermieterpflichten aus § 535 Abs. 1 S. 1 und 2 BGB im Gegenseitigkeitsverhältnis steht. Als Miete kommt die Zahlung von Geld sowie jede geldwerte Leistung in Betracht.

Anmerkung: Aufgrund der Privatautonomie können die Vertragsparteien die Höhe der Miete zwar frei vereinbaren. Allerdings gibt es für bestimmte Wohnungen eine Mietpreisbindung. Wird demnach eine Miete vereinbart, welche die zulässige Miete übersteigt, ist diese Vereinbarung insoweit unwirksam, § 8 Abs. 2 S. 1 WoBindG. Weitere Einschränkungen sind vorgesehen in § 291 Abs. 1 S. 1 Nr. 1 StGB (Mietwucher) und in § 5 WiStG (Mietpreisüberhöhung).

Die Miete für Wohnraum und andere Räume ist zu Beginn, spätestens bis zum dritten Werktag der einzelnen Zeitabschnitte zu entrichten, §§ 556 b Abs. 1, 579 Abs. 2 BGB. Bei allen anderen Mietobjekten wird die Miete am Ende der vereinbarten Mietzeit fällig.

Ist der Mieter persönlich verhindert, die Sache zu gebrauchen, so muss er dennoch die Miete zahlen, § 537 BGB.

Auch den Mieter treffen zahlreiche Nebenpflichten. So hat er zum Beispiel die Mietsache vertragsgemäß zu benutzen, §§ 541, 543 Abs. 2 S. 1 Nr. 2 BGB. Außerdem treffen ihn bezüglich der Sache Obhutspflichten und er ist zur Anzeige von Mängeln verpflichtet, § 536 c BGB.

3. Pflichtverletzungen

a) Pflichtverletzungen durch den Vermieter - Rechte des Mieters

Der Vermieter ist verpflichtet, die Mietsache in einem vertragsgemäßen Zustand zu überlassen. Sie ist mit einem Mangel behaftet, wenn ihr Zustand vom vertraglich vorausgesetzten nachteilig abweicht, § 536 Abs. 1 S. 1 BGB. Die Tauglichkeit zum vertraglich vereinbarten konkreten Verwendungszweck muss aufgehoben oder zumindest erheblich gemindert sein. Beispiel: Baulärm, Altlasten auf Baugrundstück, Überschwemmung des Kellers, abgefahrene Reifen.

Anmerkung. Fehlt eine **zugesicherte Eigenschaft**, so wird dies ebenfalls als Mangel angesehen, selbst bei unerheblicher Beeinträchtigung der Tauglichkeit,

§ 536 Abs. 2 BGB. Ein Rechtsmangel liegt vor, wenn die Mietsache durch Rechte Dritter ganz oder zum Teil entzogen wird. Beispiel: Doppelvermietung.

Ist die Mietsache mangelhaft, so hat der Mieter neben dem Recht, vom Vermieter zu verlangen, den Mangel zu beheben, folgende Möglichkeiten:

Befreiung von der Zahlungspflicht, § 536 Abs. 1 S. 1 BGB	**Minderung der Miete, § 536 Abs. 1 S. 2 BGB**
Mangel bei Überlassung der Mietsache oder während der Mietzeit.	
Gebrauchstauglichkeit ist aufgehoben	Gebrauchstauglichkeit ist erheblich gemindert (bei Fehlen zugesicherter Eigenschaft kommt es auf die Erheblichkeit nicht an)
Befreiung von der Zahlungspflicht kraft Gesetzes	Miete ist kraft Gesetzes gemindert
verschuldensunabhängig, im Voraus gezahlte Miete: Rückforderung gemäß §§ 812 ff. BGB	

Schadensersatz, § 536 a Abs. 1 BGB

Mangel bei Vertragsschluss	Mangel entsteht später	
verschuldensunabhängige Garantiehaftung	vom Vermieter zu vertreten	Vermieter kommt mit Mangelbeseitigung in Verzug

Schadensersatz neben den Rechten aus § 536 BGB

Beispiel: Kosten der anderweitigen Unterbringung, Verdienstausfall, Mangelfolgeschaden an anderen Rechtsgütern.

Aufwendungsersatz, § 536 a Abs. 2 BGB

mangelhafte Mietsache
Vermieter kommt mit Beseitigung des Mangels in Verzug oder umgehende Beseitigung ist notwendig

Recht, Mangel selbst zu beseitigen; Ersatz der erforderlichen Aufwendungen

Hinweis: Ein Ausschluss der Rechte aus den §§ 536 und 536 a BGB kommt in folgenden Fällen in Betracht:

- Kenntnis des Mieters vom Mangel bei Vertragsschluss, § 536 b BGB;
- Unterlassen der Mängelanzeige hinsichtlich während der Mietzeit auftretender Mängel, § 536 c Abs. 2 S. 2 BGB.

Darüber hinaus hat der Mieter die Möglichkeit, den Vertrag durch eine außerordentliche fristlose Kündigung zu beenden, wenn ein vertragsgemäßer Gebrauch der Mietsache nicht möglich ist, § 543 Abs. 2 S. 1 Nr. 1, Abs. 3 und § 569 BGB.

b) Pflichtverletzungen durch den Mieter - Rechte des Vermieters

Entrichtet der Mieter nicht rechtzeitig die Miete, so bestimmen sich die Rechte des Vermieters nach den allgemeinen Vorschriften der §§ 280 ff. BGB. An die Stelle des Rücktrittsrechts nach § 323 BGB tritt allerdings die Möglichkeit zu kündigen, §§ 543 Abs. 2 Nr. 3, 569 Abs. 3 BGB.

Nutzt der Mieter das Mietobjekt in vertragswidriger Weise, so kann der Vermieter folgendermaßen darauf reagieren:

- Unterlassungsklage gemäß § 541 BGB,
- Schadensersatz gemäß § 280 Abs. 1 BGB und § 823 BGB,
- Kündigung, § 543 Abs. 2 S. 1 Nr. 2; §§ 569 Abs. 2, 543 Abs. 1 S. 2; § 573 Abs. 2 Nr. 1 BGB.

4. Besonderheiten

a) Untervermietung

Der Mieter kann einem Dritten den Gebrauch der Mietsache nur mit Zustimmung des Vermieters überlassen, § 540 Abs. 1 S. 1 BGB. Verweigert der Vermieter grundlos seine Erlaubnis, so kann der Mieter den Vertrag kündigen, § 540 Abs. 1 S. 2 BGB. Beim Wohnraummietvertrag gelten zusätzliche Bestimmungen, § 553 BGB.

Anmerkung: Kein Dritter ist der Ehegatte oder ein Familienmitglied → nur anzeigepflichtiger unselbständiger Mitgebrauch; anders: Lebensgefährte (umstritten).

b) Vermieterpfandrecht

An den eingebrachten Sachen, die dem Mieter gehören, steht dem Vermieter für seine Forderungen aus dem Mietverhältnis ein **Pfandrecht** zu (Vermieterpfandrecht), § 562 Abs. 1 S. 1 BGB. Es bleibt auch dann erhalten, wenn die Sachen gegen oder ohne den Willen des Vermieters vom Grundstück entfernt werden, § 562 a S. 1 BGB.

c) Kauf bricht nicht Miete

Veräußert der Vermieter den vermieteten und dem Mieter überlassenen Wohnraum, so tritt der Erwerber an die Stelle des Vermieters in die sich aus dem Mietverhältnis ergebenden Rechte und Pflichten ein, § 566 Abs. 1 BGB.

5. Beendigung

Das Mietverhältnis kann beendet werden durch

- Zeitablauf, § 542 Abs. 2 BGB.
- Kündigung (ex nunc).
- ordentliche Kündigung, § 542 Abs. 1 BGB. Ein Kündigungsgrund muss nicht vorliegen, Ausnahme: Vermieter kündigt Wohnraummietvertrag, § 573 BGB. Ende mit Ablauf der gesetzlichen Frist: §§ 573 c, 573 a Abs. 1 S. 2, 573 b Abs. 2, 580 a, 550 S. 2 BGB.
- außerordentliche fristlose Kündigung, §§ 543, 569 BGB.
- außerordentliche fristgemäße Kündigung §§ 544, 573d Abs. 1, 575 a Abs. 1, 580 BGB.

  Anmerkung: Die Kündigung eines Mietverhältnisses über Wohnraum bedarf der Schriftform, § 568 BGB.
- Eintritt einer auflösenden Bedingung, § 158 Abs. 2 BGB. Gilt nicht bei Mietverträgen über Wohnraum zum Nachteil des Mieters, § 572 Abs. 2 BGB.
- Vertragsaufhebung.
- Anfechtung (ex tunc).

Rechtsfolgen: Der Mieter ist zur Rückgabe der Mietsache verpflichtet, § 546 BGB. Ihn trifft bei verspäteter Rückgabe eine Entschädigungspflicht, §§ 546 a, 571 BGB.

Anmerkung: Wenn der Mieter nach Ablauf der Mietzeit den Gebrauch der Mietsache fortsetzt, dann verlängert sich das Mietverhältnis grundsätzlich auf unbestimmte Zeit. Ausnahme: Eine Vertragspartei erklärt ihren entgegenstehenden Willen innerhalb von zwei Wochen gegenüber dem andern Teil, § 545 BGB.

Schlüsselwörter: Mietvertrag, Untervermietung, Vermieterpfandrecht

6. Fragen und Aufgaben

a) Aufgaben zur Lernkontrolle

211. Was kann Gegenstand eines Mietvertrages sein?

---

212. Ist der Abschluss des Mietvertrages formpflichtig?

---

213. Nennen Sie die Hauptleistungspflichten der Parteien.

---

214. Worin unterscheiden sich der Leihvertrag und der Pachtvertrag vom Mietvertrag?

---

215. Wann ist die Miete fällig?

---

216. Wann ist eine Mietsache mangelhaft?

---

217. Unter welchen Voraussetzungen ist die Miete gemindert?

---

218. Wann kann der Mieter Schadensersatz verlangen?

---

219. Welche Rechte hat der Vermieter, wenn der Mieter die Miete nicht zahlt?

---

220. Auf welche Weise kann ein Mietverhältnis beendet werden?

---

221. In welchem Fall bedarf es einer bestimmten Form?

---

b) Übungsfälle

Fall 1

V vermietet am 1.5. eine Drei-Zimmer-Wohnung an M. Bereits zu diesem Zeitpunkt sind alle Räume der Wohnung an den Wänden mit Schimmel befallen. V weiß davon

nichts. Als M einzieht, bemerkt er den Schimmel und teilt dies dem V sofort mit. Dieser beauftragt umgehend ein Unternehmen mit der Beseitigung des Schimmels. Nach einem Monat ist die Wohnung in einem einwandfreien Zustand. M hat während der Arbeiten in der Wohnung in einer Pension gewohnt und seine Möbel bei X eingelagert. Die Kosten, die ihm während dieser Zeit entstanden sind, möchte er ersetzt haben. V ist dagegen der Ansicht, dass er die Kosten nicht zu erstatten habe, da er von dem Schimmel gar nichts gewusst habe und der Schimmel auf die mangelnde Belüftung des Vormieters zurückzuführen sei. Ist V zur Zahlung verpflichtet?

Lösung

M könnte von V Ersatz der Kosten für die Unterbringung in der Pension und der Einlagerung der Sachen von V gemäß § 536 Abs. 1 1. Fall. BGB verlangen.

Zwischen den beiden wurde ein Mietvertrag über eine Wohnung geschlossen. Die Wohnung war zur Zeit des Vertragsschlusses (und auch noch bei der Überlassung) mit einem Fehler behaftet: In allen Räumen der Wohnung waren die Wände mit Schimmel befallen. Aufgrund der Gesundheitsgefahren, die von Schimmel ausgehen, waren die Räume für den vertraglichen Verwendungszweck (Wohnen) untauglich. Irrelevant ist, ob V von dem Schimmel nichts wusste und wer für den Schimmel letztlich verantwortlich ist. § 536 Abs. 1 1. Fall. BGB ist als verschuldensunabhängige Garantiehaftung ausgestaltet. Folglich kann M den Nichterfüllungsschaden ersetzt verlangen. Das ist der Schaden, der dadurch entstand, dass ihm die Wohnung mangelhaft überlassen wurde. Hierunter fallen auch die Kosten der anderweitigen Unterbringung und die Einlagerung der Möbel.

Fall 2

Der Mieter (M) eines Einfamilienhauses kommt seiner Pflicht, die Miete an seinen Vermieter (V) zu zahlen, nur schleppend nach. Für die Monate Januar und Februar hat er bislang keine Miete entrichtet. V kündigt dem M daraufhin formgemäß fristlos. M weigert sich jedoch auszuziehen. Daraufhin klagt V vor dem zuständigen Amtsgericht auf Räumung und Herausgabe der Wohnung. Einen Monat nach Zustellung der Klageschrift zahlt M komplett die rückständige Miete. V überlegt, ob er sich dennoch nach neuen Mietern umschauen kann. Hinweis: Die Zustellung der Klage bewirkt die Rechtshängigkeit, §§ 261 Abs. 1, 253 Abs. 1 ZPO.

Antwort

Ursprünglich hatte V das Recht, den Mietvertrag aus wichtigem Grund außerordentlich fristlos zu kündigen: V war nämlich für zwei aufeinander folgende Termine mit der Entrichtung der Miete in Verzug, § 543 Abs. 1, Abs. 2 S. 1 Nr. 3 a BGB. Allerdings ist die Kündigung unwirksam geworden, da M innerhalb der gesetzlichen Frist von zwei Monaten ab Zustellung der Räumungsklage die rückständige Miete gezahlt hat, § 569

Abs. 3 Nr. 2 BGB. Das alte Mietverhältnis zwischen M und V lebt wieder auf, so dass sich V nicht nach neuen Mietern umschauen sollte.

F. Leasingvertrag

1. Einführung

Der Leasingvertrag ist gesetzlich nicht geregelt. Gleichwohl nimmt er im Wirtschaftsleben eine nicht zu unterschätzende Rolle ein.

Bei einem Leasingvertrag verpflichtet sich der Leasinggeber, dem Leasingnehmer eine Sache oder Sachgesamtheit zum Gebrauch zu überlassen. Der Leasinggeber ist häufig nicht der Hersteller der Sache, sondern hat sie in der Regel von einem Dritten käuflich erworben.

Im Gegenzug hat der Leasingnehmer die vereinbarten Leasingraten zu entrichten. Müssen Instandhaltungsmaßnahmen vorgenommen werden, ist bzw. wird die Sache mangelhaft, wird sie beschädigt oder zerstört, so trägt der Leasingnehmer diese Risiken nach der Überlassung des Leasinggutes. Der Leasinggeber überträgt dafür seine Ansprüche, welche er gegen Dritte (z. B. Lieferant oder Hersteller) diesbezüglich hat, auf den Leasingnehmer.

Wegen der entgeltlichen Gebrauchsüberlassung wird der Leasingvertrag als atypischer Mietvertrag (genauer: verkehrstypischer Vertrag, siehe VI.A) bezeichnet, wobei auch Elemente aus dem Kauf- und Darlehensrecht vorhanden sind.

Das Dreiecksverhältnis beim Leasingvertrag sieht folgendermaßen aus:

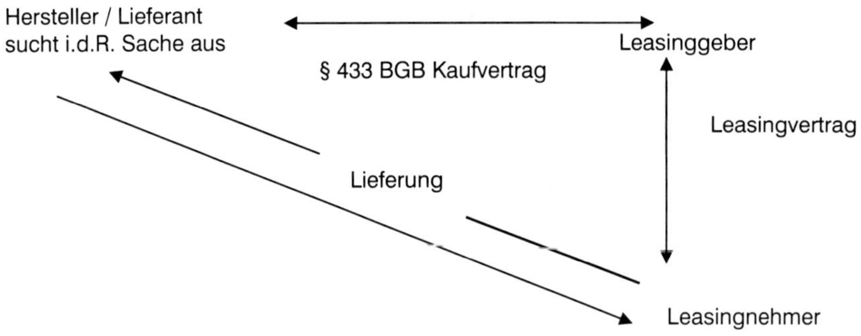

Anmerkung: Folgende Rechtsbeziehungen sind dabei zu beachten:

- Für den Lieferanten / Hersteller ist der Leasingnehmer der **Erfüllungsgehilfe** des Leasinggebers hinsichtlich der Abnahmepflicht.

- Für den Leasingnehmer ist der Hersteller / Lieferant Erfüllungsgehilfe des Leasinggebers bezüglich Aufklärungs- und Informationspflichten sowie gegebenenfalls Lieferung.
- Der Leasinggeber muss die schlechte Prozessführung des Herstellers im Gewährleistungsprozess gegen sich gelten lassen.

Für alle drei Beteiligten bringt der Leasingvertrag wirtschaftliche Vorteile:

- Lieferant/Hersteller: Umsatz
- Leasinggeber: günstige Kapitalnutzung
- Leasingnehmer: erleichterte Finanzierung, indirekte Bilanz- und Steuervorteile

2. Arten

Finanzierungsleasing

Der Leasinggegenstand wird für eine längere bestimmte Zeit überlassen. Während der Grundlaufzeit ist eine Kündigung in der Regel ausgeschlossen, oft ist eine Verlängerungs- oder Kaufoption eingeräumt. Der Leasingnehmer wählt die Sache beim Hersteller / Lieferanten aus, der Leasinggeber erwirbt sie dann käuflich. Die Finanzierungsfunktion steht hier im Vordergrund, § 506 BGB: Finanzierungshilfe zwischen einem Unternehmer und einem Verbraucher. Während der Leasingzeit kommt es durch die Zahlung der Leasingraten zu einer Vollamortisation: Die Raten decken den Kaufpreis sowie alle Kosten, die Zinsen, das Kreditrisiko und den Gewinn des Leasinggebers. Die Vollamortisation kann aber auch erst im Zusammenhang mit einer Abschlusszahlung erfolgen (Teilamortisation).

Der Leasingnehmer trägt die Gefahr des Untergangs und der Verschlechterung der Sache. Zur Mängelgewährleistung: siehe VI.F.3.

Operatingleasing

Hier wird keine bestimmte Vertragsdauer vereinbart oder man einigt sich über eine sehr kurze Grundlaufzeit. Die wirtschaftliche Nutzung steht im Vordergrund. Es handelt sich hierbei oft um langlebige Wirtschaftsgüter, die nacheinander an mehrere Leasingnehmer überlassen werden. In der Regel ist diese Art von Verträgen allein nach Mietrecht zu beurteilen.

Herstellerleasing

Hier ist der Lieferant bzw. Hersteller selbst der Leasinggeber. Das oben genannte Dreiecksverhältnis liegt nicht vor, und es ist grundsätzlich Mietrecht anzuwenden.

Nullleasing

Der Leasingnehmer erhält die Sache für einen festgelegten Zeitraum zum Gebrauch. Im Gegenzug entrichtet er abschnittsweise fällig werdende Raten. Nach Vertragsablauf wird ihm die Sache bindend zum Kauf angeboten, der Preis wurde schon bei Abschluss des Leasingvertrages festgesetzt.

Sale-and-lease-back

Der Leasingnehmer ist Eigentümer des Leasinggutes. Er verkauft es an den Leasinggeber und least es anschließend von diesem.

Vertiefungshinweis:

- Müssig, Wirtschaftsprivatrecht, S. 267 ff.,
- Palandt-*Weidenkaff*, BGB, Einf. § 535 Rn. 37 ff.

3. Mängelgewährleistung

Ist die Leasingsache mangelhaft, so kann sich der Leasingnehmer nicht an seinen Vertragspartner, den Leasinggeber wenden, sofern die §§ 536 ff. BGB – wie zum Beispiel beim Finanzierungsleasing – abbedungen sind. Wirksam ist dieser Ausschluss aber nur, wenn der Leasinggeber dem Leasingnehmer dafür seine kaufrechtlichen Gewährleistungsansprüche (§§ 434 ff. BGB) gegen den Lieferanten bzw. Hersteller abtritt.

Folglich muss der Leasingnehmer Ansprüche wie Nacherfüllung oder Schadensersatz gegenüber dem Lieferanten geltend machen. Erklärt er den Rücktritt vom Kaufvertrag, so kommt es im Verhältnis Lieferant und Leasinggeber zur Rückabwicklung des Kaufvertrages. Folge des Rücktritts ist auch, dass die Geschäftsgrundlage des Leasingvertrages weggefallen ist. Der Ausgleich zwischen dem Leasinggeber und dem Leasingnehmer hat über §§ 812 ff. BGB zu erfolgen. Der Leasingnehmer kann die bereits gezahlten Raten zurückverlangen und muss zukünftig keine Raten mehr entrichten.

Schlüsselwörter: Leasingvertrag

4. Fragen und Aufgaben

a) Aufgaben zur Lernkontrolle

222. *Nennen Sie die Pflichten der Parteien eines Leasingvertrages.*

---

223. *Neben den Parteien des Leasingvertrages ist noch der Hersteller bzw. Lieferant von Bedeutung. Welche Rechtsverhältnisse bestehen zwischen diesen Personen?*

---

224. *Welche Arten von Leasingverträgen gibt es?*

---

225. *Unter welchen Voraussetzungen sind die Rechte aus den §§ 536 ff. BGB gegenüber dem Leasingnehmer abdingbar?*

---

b) Vertiefungsfrage

Der Autohändler A erwirbt vom Hersteller H einen Neuwagen. Diesen verleast er an den Privatmann P. Im Leasingvertrag werden die Rechte aus den §§ 536 ff. BGB ausgeschlossen. Im Gegenzug tritt A an P die Rechte gegen H aus den §§ 434 ff. BGB ab.

Nach drei Wochen zeigt sich an dem Wagen ein Mangel. P hat aber keine Zeit, sich zunächst darum zu kümmern. Vier Wochen später wendet er sich an den H und verlangt von ihm Nacherfüllung. H ist der Auffassung, dass der P ihm die Entdeckung des Mangels unverzüglich hätte anzeigen müssen. Da P dem nicht nachgekommen ist, sei er auch nicht zur Nacherfüllung verpflichtet. Hat H Recht? (Hinweis: Der Wagen hat unstreitig einen behebbaren Mangel.)

Antwort

P macht den Nacherfüllungsanspruch aus abgetretenem Recht geltend, §§ 434, 437 Nr. 1, 439, 398 BGB. Grundsätzlich liegen die Voraussetzungen hierzu auch vor. Fraglich ist allerdings, ob der P diesen Mangel gemäß § 377 Abs. 3 HGB gegenüber H hätte rügen müssen. Zweifelsohne wäre A dazu verpflichtet gewesen, denn für ihn und H handelt es sich beim Kaufvertrag um ein beiderseitiges Handelsgeschäft. P hingegen ist als Privatmann beteiligt. Ohne besondere Abreden ist er daher weder dem Lieferanten gegenüber, noch gegenüber dem Leasinggeber, der dann seinerseits rügen müsste, verpflichtet (BGH NJW 1990, 1290).

G. Pachtvertrag

Beim Pachtvertrag (§§ 581 ff. BGB) überlässt der Verpächter dem Pächter einen Gegenstand zum Gebrauch und zum Genuss der Früchte (§ 99 BGB), welche nach den Regeln einer ordnungsgemäßen Wirtschaft als Ertrag des Gegenstandes anzusehen sind, § 581 Abs. 1 S. 1 BGB. Der Pächter entrichtet dafür die vereinbarte Pacht, § 581 Abs. 1 S. 2 BGB. Gegenstand des Pachtvertrages können Sachen bzw. Sachgesamtheiten sowie Rechte sein. Beispiel: Mietshaus, Gaststätte, Lizenzgebühr für ein Patentrecht.

Vertiefungshinweis:

- Lange, Basiswissen, S. 153 f.,
- Klunzinger, Einführung in das Bürgerliche Recht, S. 456 f.

Schlüsselwörter: Pachtvertrag

H. Leihvertrag

Verpflichtet sich jemand, einem anderen eine Sache unentgeltlich zum Gebrauch zu überlassen, dann liegt ein Leihvertrag vor, §§ 598 ff. BGB. Nach Ablauf der vereinbarten Zeit ist der Entleiher zur Rückgabe der Sache verpflichtet, § 604 BGB. Da diese Pflicht erst nach dem Überlassen der Sache entsteht, bezeichnet man die Leihe als unvollkommen zweiseitig verpflichtenden Vertrag. Da der Vertrag unentgeltlich ist, ist die Haftung des Verleihers nur auf Vorsatz und grobe Fahrlässigkeit beschränkt, § 599 BGB. Für Mängel haftet der Verleiher nur, wenn er sie arglistig verschweigt, § 600 BGB.

Vertiefungshinweis:

- Lange, Basiswissen, S. 155,
- Klunzinger, Einführung in das Bürgerliche Recht, S 428.

Schlüsselwörter: Leihvertrag

I. Darlehensvertrag

1. Einführung

Das Gesetz unterscheidet zwischen folgenden Darlehensverträgen:

- Gelddarlehen, §§ 488 ff. BGB: Ein vereinbarter Geldbetrag wird (in der Regel entgeltlich) zur Verfügung gestellt.

- Sachdarlehen, §§ 607 ff. BGB: Eine vertretbare Sache wird überlassen.

In der Praxis ist das Sachdarlehen von geringer Bedeutung. Beispiel: Pfandflaschen gegen Entgelt.

Weitaus wichtiger für den Rechtsverkehr ist das Gelddarlehen. Es handelt sich um ein Verpflichtungsgeschäft und ist aufgrund der verhältnismäßig langen Beziehung der Parteien zueinander als Dauerschuldverhältnis zu beurteilen.

Der Leihvertrag unterscheidet sich vom Gelddarlehensvertrag im Vertragsgegenstand: Leihobjekt kann nur eine Sache sein und bezieht sich nicht auf Geld. Im Gegensatz zum Leihvertrag wird beim Sachdarlehen am Ende des Vertragsverhältnisses nicht dieselbe Sache zurückgegeben, sondern Sachen gleicher Art, Menge und Güte, § 607 Abs. 1 S. 2 BGB.

Vertiefungshinweis:

- Coester-Waltjen, Der Darlehensvertrag, Jura 2002, 675 ff.

2. Pflichten der Vertragsparteien

a) Darlehensgeber

Der Darlehensgeber ist gemäß § 488 Abs. 1 S. 1 BGB verpflichtet, dem Darlehensnehmer den vereinbarten Geldbetrag zur Verfügung zu stellen. Der Geldbetrag ist im Zweifel gemäß § 271 Abs. 1 BGB sofort fällig. Häufig werden aber vertraglich bestimmte bzw. bestimmbare Termine vereinbart. Beispiel: Vereinbarung eines bestimmten Kalendertages, Darlehensgewährung ab Bestellung einer **Grundschuld** als Sicherheit.

b) Darlehensnehmer

Der Darlehensnehmer hat den geschuldeten Zins zu zahlen, § 488 Abs. 1 S. 2, 1. Hs. BGB. Es handelt sich hierbei um eine Hauptleistungspflicht, die mit der Verpflichtung des Darlehensgebers zur Darlehensüberlassung im Gegenseitigkeitsverhältnis steht. Ferner hat der Darlehensnehmer bei Fälligkeit das zur Verfügung gestellte Geld zurückzuerstatten, § 488 Abs. 1 S. 1, 2. Hs. BGB. Die Rückerstattungspflicht steht allerdings nicht mit den Hauptleistungspflichten des Darlehensgebers im Gegenseitigkeitsverhältnis.

Soweit vertraglich nichts anderes bestimmt wurde, sind die Zinsen jährlich bzw. bei der Rückerstattung des Darlehens zu zahlen, § 488 Abs. 2 BGB.

Wann das Darlehen zurückzuerstatten ist, bestimmt sich nach der vertraglichen Abrede:

- Vereinbarung einer *bestimmten* Laufzeit: Nach deren Ablauf ist die Rückerstattung fällig.
- *unbestimmte* Laufzeit: Das Darlehen ist grundsätzlich nach einer Kündigung zurückzugewähren, § 488 Abs. 3 S. 1 BGB. Vor der Rückerstattung des Darlehensbetrages beim unentgeltlichen Darlehensvertrag muss jedoch nicht gekündigt werden (§ 488 Abs. 3 S. 3 BGB). Beim entgeltlichen Darlehensvertrag ist mangels anderer Vereinbarung eine Kündigungsfrist von drei Monaten einzuhalten. Außerdem kommt für die Fälligkeit der Rückerstattung eine Vereinbarung durch Aufhebungsvertrag in Betracht. (Zu den weiteren Möglichkeiten, den Vertrag zu beenden, siehe nachfolgend VI.I.3.)

3. Beendigung

Der Darlehensvertrag endet in folgenden Fällen:

- Zeitablauf.
- Rückerstattung des Darlehens im Fall des § 488 Abs. 3 S. 3 BGB (unentgeltliches Darlehen).
- Rücktritt unter den Voraussetzungen der §§ 323, 324 BGB. *Beispiel*: Darlehensgeber stellt den Geldbetrag nicht zur Verfügung. Sobald der Darlehensbetrag gezahlt ist, kommt nur noch die Kündigung in Betracht.
- Kündigung:
  - o unbestimmte Laufzeit: § 488 Abs. 3 S. 1 BGB.
  - o bestimmte Laufzeit:
    - ordentliche Kündigung, § 489 BGB.
    - außerordentliche Kündigung, § 490 BGB.
  - o Störung der Geschäftsgrundlage, § 313 BGB.
  - o Kündigung aus wichtigem Grund, § 314 BGB.
- Eintritt einer auflösenden Bedingung, § 158 Abs. 2 BGB.
- Anfechtung, §§ 119, 123 BGB.
- Aufhebungsvertrag.

4. Verbraucherdarlehensvertrag

Gewährt ein Unternehmer (§ 14 BGB) einem Verbraucher (§ 13 BGB) ein entgeltliches Gelddarlehen (Verbraucherdarlehensvertrag), so gelten aus Gründen des Verbraucherschutzes ergänzend die besonderen Vorschriften der §§ 491 ff. BGB.

Ausgenommen aus dem Anwendungsbereich sind jedoch die unter § 491 Abs. 2 Nr. 1-5 BGB genannten Darlehen. Beispiel: Nettodarlehensbetrag (Legaldefinition in Art. 247 § 3 Abs. 2 S. 2 EGGB) übersteigt 200 Euro nicht.

Für die unter § 491 Abs. 3 BGB aufgeführten Fälle gelten die Regeln für das Verbraucherdarlehen eingeschränkt.

a) Formvorschriften

Der Verbraucherdarlehensvertrag bedarf gemäß § 492 Abs. 1 S. 1 BGB der Schriftform. Der Vertrag kann statt durch Unterschrift auch durch qualifizierte elektronische Signatur (§§ 126 Abs. 3, 126 a BGB), nicht aber in Textform abgeschlossen werden.

Die Vertragsurkunde muss außerdem bestimmte inhaltliche Anforderungen erfüllen, § 492 Abs. 2 BGB in Verbindung mit Art. 247 §§ 6 bis 13 EGBGB. Beispiele: Angabe des Nettodarlehensbetrages (Art. 247 § 6 Abs. 1 Nr. 1 EGBGB in Verbindung mit Art. 247 § 3 Abs. 1 Nr. 4 EGBGB), des Sollzinssatzes (Art. 247 § 6 Abs. 1 Nr. 1 EGBGB in Verbindung mit Art. 247 § 3 Abs. 1 Nr. 5 EGBGB) und des effektiven Jahreszinses (Art. 247 § 6 Abs. 1 Nr. 1 EGBGB in Verbindung mit Art. 247 § 3 Abs. 1 Nr. 3 EGBGB, Legaldefinition in § 492 Abs. 2 BGB).

Die Formvorschriften gelten auch für eine Vollmachtserteilung zum Abschluss eines Verbraucherdarlehensvertrages, § 492 Abs. 4 S. 1 BGB.

b) Rechtsfolgen bei Formmängeln

Wurde die Schriftform insgesamt nicht eingehalten oder fehlt eine der in Art. 247 §§ 6 und 9 bis 13 EGBGB für den Verbraucherdarlehensvertrag vorgeschriebenen Angaben, so ist der Vertrag nichtig, § 494 Abs. 1 S. 1 BGB.

Es kommt allerdings zu einer Heilung des Vertrages, wenn der Darlehensnehmer das Darlehen empfängt bzw. in Anspruch nimmt, § 494 Abs. 2 S. 1 BGB. Es gilt dann grundsätzlich der ursprünglich vereinbarte Inhalt, wobei gewisse Modifikationen zu beachten sind, § 494 Abs. 2 S. 2, Abs. 3 bis 7 BGB.

c) Weitere Besonderheiten

Der Darlehensnehmer hat bei Verbraucherdarlehensverträgen ein Widerrufsrecht nach §§ 495, 355 BGB. Es sind jedoch die Besonderheiten des § 495 Abs. 2 BGB zu berücksichtigen. An die Stelle der Widerrufsbelehrung treten die Pflichtangaben nach Art. 247 § 6 Abs. 2 EGBGB. In dem Verbraucherdarlehensvertrag müssen Angaben zur Widerrufsfrist und zu anderen Umständen für die Erklärung des Widerrufs sowie ein Hinweis auf die Verpflichtung des Darlehensnehmers enthalten sein, ein bereits ausbezahltes Darlehen zurückzuzahlen und Zinsen zu vergüten. Der pro Tag zu zahlende Zinsbetrag ist anzugeben. Hinsichtlich der

Widerrufsfrist sind die speziellen Regelungen in §§ 492 Abs. 6, 494 Abs. 7 BGB zu beachten. Kommt der Darlehensnehmer mit den vertraglich geschuldeten Zahlungen in Verzug, so gelten ergänzend die Regelungen des § 497 BGB für Verzugszinsen. Bei Teilzahlungsdarlehen kann wegen Zahlungsverzugs des Darlehensnehmers nur unter den Voraussetzungen des § 498 BGB gekündigt werden. Anmerkung: Die Kündigungsmöglichkeiten nach § 490 Abs. 1 BGB und § 314 BGB bleiben jedoch unberührt.

Es kommt im Geschäftsverkehr nicht selten vor, dass der Verbraucher zur Finanzierung z. B. eines Kaufvertrages ein Darlehen bei einem Unternehmer aufnimmt. Häufig finanziert der Unternehmer selbst die Gegenleistung des Verbrauchers, oder der Darlehensgeber bedient sich bei der Vorbereitung oder dem Abschluss des Verbraucherdarlehensvertrages der Mitwirkung des Unternehmers. Beispiel: Dem Verkäufer ist Vollmacht zum Abschluss des Darlehensvertrages erteilt worden, und dieser verfügt auch über alle notwendigen Vertragsunterlagen. Liegt eine derartige Konstellation vor, so handelt es sich um so genannte verbundene Verträge, die eine wirtschaftliche Einheit bilden, § 358 Abs. 3 BGB. Da für den Verbraucher nur beide Verträge zusammen einen Sinn machen, ist er an den Darlehensvertrag nicht mehr gebunden, wenn er die Willenserklärung, die auf den Abschluss des Kaufvertrages gerichtet war, wirksam widerrufen hat, § 358 Abs. 1 BGB.

Anmerkung: Im umgekehrten Fall des Widerrufs des Darlehensvertrags entfällt dann ebenso die Bindung an den Kaufvertrag, § 358 Abs. 2 BGB.

Die Rückabwicklung der Verträge richtet sich nach den §§ 358 Abs. 4, 357, 356 ff. BGB.

Bei einem Verbraucherdarlehensvertrag als Finanzdienstleistung durch Fernabsatzgeschäft sind ergänzend die Verbraucherschutzvorschriften §§ 312b Abs. 1 und 3 Nr. 3, 4 und 5, 312 c, 312 d Abs. 5 BGB zu beachten.

d) Finanzierungshilfen

Gewährt ein Unternehmer einem Verbraucher einen entgeltlichen Zahlungsaufschub oder eine sonstige entgeltliche Finanzierungshilfe, so gelten zum Teil die Vorschriften über den Verbraucherdarlehensvertrag entsprechend, § 506 Abs. 1 BGB. Beispiele: Formvorschriften nach § 492 Abs. 1-2 BGB, Widerrufsrecht, § 495 Abs. 1 BGB. Eine sonstige Finanzierungshilfe ist ein Vertrag, der es dem Verbraucher ermöglicht, das vertragliche Entgelt leichter bzw. früher aufzubringen oder die Vertragsleistung eher zu erlangen.

Für Finanzierungsleasingverträge und Teilzahlungsgeschäfte gelten wiederum besondere Bestimmungen, § 506 Abs. 3 BGB.

e) Unabdingbarkeit und Anwendung auf Existenzgründer

Gemäß § 511 S. 1 BGB darf von den §§ 491-510 BGB nicht zum Nachteil des Verbrauchers abgewichen werden.

Zu beachten ist weiterhin, dass die §§ 491-511 BGB gemäß § 512 BGB auch für natürliche Personen gelten, die sich ein Darlehen für die Aufnahme einer gewerblichen oder selbstständigen beruflichen Tätigkeit gewähren lassen (Existenzgründer). Dies gilt nur dann nicht, wenn der Nettodarlehensbetrag 75.000 Euro übersteigt. Obwohl es sich bei der Existenzgründung um ein berufliches Geschäft handelt, erachtet das Gesetz auch diesen Personenkreis als schützenswert.

Schlüsselwörter: Darlehensvertrag, Verbraucherdarlehensvertrag, verbundene Verträge, Finanzierungshilfe, Existenzgründer

5. Fragen und Aufgaben

a) Aufgaben zur Lernkontrolle

226. *Welche zwei Arten von Darlehensverträgen kennt das Gesetz?*

227. *Worin besteht der Unterschied zum Leihvertrag?*

228. *Ist der Darlehensvertrag ein gegenseitig verpflichtender Vertrag?*

229. *Nennen Sie die Pflichten der Vertragsparteien.*

230. *Auf welche Weise kann der Darlehensvertrag beendet werden?*

231. *Was versteht man unter einem Verbraucherdarlehensvertrag?*

232. *Welche Besonderheiten müssen beim Vertragsschluss beachtet werden?*

233. *Welche Rechtsfolge tritt ein, wenn diese Besonderheiten nicht beachtet werden?*

234. *Was versteht man unter verbundenen Verträgen?*

235. Wie ist die Rechtslage, wenn einer dieser Verträge wirksam widerrufen wird?

b) Übungsfall

Die Bank B bewilligte ihrem Kunden K ein Darlehen in Höhe von 100.000 Euro mit einer Laufzeit von 15 Jahren. K möchte das Darlehen für den Ausbau seines Hauses verwenden. Zur Auszahlung ist es bislang noch nicht gekommen. Als Sicherheit für das Darlehen bestellte K für die B eine ***Grundschuld*** *in Höhe von 100.000 Euro an seinem Hausgrundstück (bei Vertragsschluss geschätzter Wert ca. 120.000 Euro, nach dem Ausbau ca. 250.000 Euro). B und K erfahren nun, dass das gesamte Grundstück mit einiger Wahrscheinlichkeit kontaminiert ist. Alle umliegenden Grundstücke sind durch sich in tieferen Erdschichten stetig ausbreitende Chemikalien bereits verunreinigt. Die Sanierungsarbeiten würden sich bei Bewahrheitung der Befürchtungen auf schätzungsweise 250.000 Euro belaufen. B möchte aufgrund dessen die Darlehenssumme nicht an K auszahlen und teilt dem K mit, dass sie sich vom Vertrag mit sofortiger Wirkung löse. Hat K einen Anspruch gegen B auf Auszahlung des Darlehens?*

Lösung

K könnte gegen B einen Anspruch auf Auszahlung der Darlehenssumme nach § 488 Abs. 1 S. 1 BGB haben. Zwischen den Parteien ist ein wirksamer Gelddarlehensvertrag geschlossen worden. Aufgrund dieses Vertrages wurde B verpflichtet, die Darlehenssumme an K zu zahlen. Fraglich ist, welche Folge die Erklärung der B, sich von dem Vertrag zu lösen, auf den Darlehensvertrag gehabt haben könnte.

(1) Die Erklärung könnte noch vor Auszahlung der Darlehensumme zur Beendigung des Vertrages durch Rücktritt geführt haben. Vor Auszahlung des Darlehens ist ein Rücktritt nach §§ 323, 324 BGB möglich (danach nur noch Kündigung).

(a) Die Aussage, sich von dem Vertrag zu lösen, ist auslegungsfähig und kann als Rücktrittserklärung angesehen werden. Eine ausdrückliche Bezeichnung als Rücktritt ist hierfür nicht erforderlich.

(b) B müsste auch ein Rücktrittsrecht gehabt haben. Nach § 323 Abs. 1 BGB besteht ein gesetzliches Rücktrittsrecht, wenn eine Leistung aus einem gegenseitigen Vertrag nicht oder nicht vertragsgemäß erbracht wurde. Hier könnte eine Pflichtverletzung seitens des K durch eine nicht vertragsgemäße Sicherheitsleistung gegeben sein. Die Sicherheitsleistung ist im Falle ihrer Vereinbarung neben der Zinszahlung eine weitere Leistungspflicht des Darlehensnehmers im gegenseitigen Vertrag (siehe Palandt-Weidenkaff, BGB, § 488 Rn. 18). K hat jedoch die vereinbarte Sicherheit geleistet, als er für B die Grundschuld bestellte. Es steht davon abgesehen auch noch nicht fest, ob das Grundstück tatsächlich kontaminiert und dadurch die Grundschuld für B praktisch wertlos ist. Weitere

vertragliche Pflichten hat K ebenfalls nicht verletzt. Damit liegt kein Rücktrittsgrund vor.

(2) B könnte jedoch wirksam gekündigt haben.

(a) Die Erklärung der B kann auch als Kündigungserklärung ausgelegt werden.

(b) Fraglich ist, ob ein Kündigungsrecht bestand. B könnte nach § 490 Abs. 1 BGB berechtigt gewesen sein, den Vertrag fristlos zu kündigen. Ein Kündigungsgrund wäre danach z. B. gegeben, wenn eine wesentliche Verschlechterung der für das Darlehen gestellten Sicherheit eingetreten wäre oder einzutreten droht und dadurch die Rückzahlung des Darlehens gefährdet ist. Zur Zeit des Kreditvertragsabschlusses wusste B nichts von der möglichen Kontaminierung des Grundstücks. Nun liegt allerdings der begründete Verdacht nahe, dass das Grundstück praktisch keinen Verkehrswert haben und die Verwertung der Grundschuld erfolglos bleiben könnte. Hier ist zwar noch nicht sicher, ob eine objektive Verschlechterung der Sicherheit tatsächlich vorliegt. Zumindest droht aber eine derartige Verschlechterung mit einiger Wahrscheinlichkeit. Die Rückerstattung des Darlehens ist dadurch auch gefährdet, da die bestellte Grundschuld mit einiger Wahrscheinlichkeit nicht ausreichen wird, für die Rückzahlung des Darlehensbetrages Sicherheit zu bieten. Damit konnte B außerordentlich kündigen. Die Kündigung beendete den Darlehensvertrag.

(3) Ergebnis: K hat keinen Anspruch gegen B auf Auszahlung der Darlehenssumme.

J. Bürgschaftsvertrag

1. Einführung

Für einen Gläubiger besteht praktisch immer die Gefahr, dass sein Vertragspartner der Erfüllung seiner Verbindlichkeiten nicht nachkommen kann. Für die Absicherung dieses Risikos kann sich der Gläubiger von seinem Schuldner verschiedene Sicherheiten geben lassen. Eine Möglichkeit ist die Bestellung einer Bürgschaft. In einem Bürgschaftsvertrag verpflichtet sich ein Bürge gegenüber dem Gläubiger, für die Erfüllung der Verbindlichkeit eines Dritten (des Schuldners) einzustehen, § 765 Abs. 1 BGB.

Die Bürgschaft stellt eine persönliche Sicherheit (auch Personalsicherheit) für den Gläubiger dar. Leistet der Schuldner nicht an den Gläubiger, so hat der Bürge die Verbindlichkeit zu erfüllen. Er haftet dem Gläubiger dabei mit seinem gesamten persönlichen Vermögen. Der Bürge hat seinerseits keine mit der Einstandspflicht im Gegenseitigkeitsverhältnis stehenden Ansprüche gegen den Gläubiger, da die Bürgschaft einen einseitig verpflichtenden Vertrag darstellt.

Es ist wichtig, die einzelnen Rechtsbeziehungen der beteiligten Personen auseinander zu halten. Zur Veranschaulichung daher folgende Übersicht:

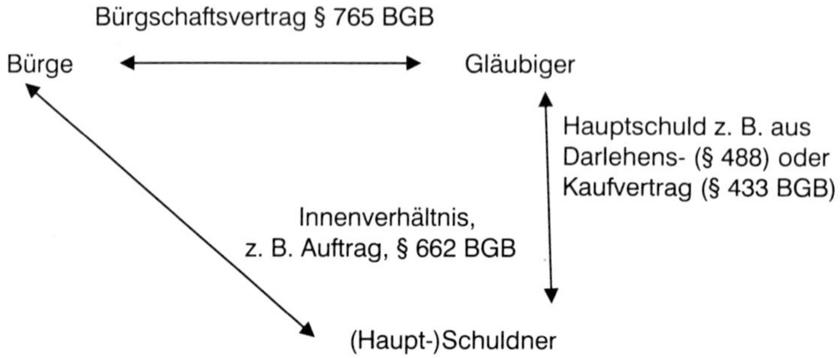

Anmerkung:

Verhältnis Bürge – Gläubiger: Aus dem Bürgschaftsvertrag ist der Bürge gegenüber dem Gläubiger verpflichtet, für die Hauptschuld einzustehen.

Verhältnis Hauptschuldner – Gläubiger: Aus diesem Rechtsverhältnis resultiert die zu sichernde Verbindlichkeit (Hauptschuld).

Verhältnis Bürge – Hauptschuldner: Das Innenverhältnis (auch Grundverhältnis genannt) ist gegenüber dem Gläubiger unerheblich. Der Bürge kann daraus dem Gläubiger keine Einwendungen entgegenhalten.

Vertiefungshinweis:

- Coester-Waltjen, Die Bürgschaft, Jura 2001, 742 ff.

2. Vertragsschluss

Aufgrund der umfangreichen Haftung des Bürgen muss die Bürgschaftserklärung (also nicht der Vertrag insgesamt) schriftlich abgegeben werden, § 766 S. 1 BGB. In elektronischer Form kann die Erklärung nicht erfolgen, § 766 S. 2 BGB. Wird die erforderliche Form nicht eingehalten, ist die Bürgschaftserklärung und damit der Bürgschaftsvertrag nichtig, § 125 S. 1 BGB. Eine Heilung erfolgt aber gemäß § 766 S. 3 BGB dann, wenn der Bürge die Hauptverbindlichkeit erfüllt. Anmerkung: Nach der Rechtsprechung bedarf auch die Erteilung einer Vollmacht zur Abgabe einer Bürgschaftserklärung der Schriftform, da der Bürge angesichts der umfangreichen Haftung als besonders schutzbedürftig angesehen wird (BGHZ 143, 119, BGH NJW 2000, 1179, Ausnahme zu § 167 Abs. 2 BGB).

Eine Ausnahme von der Formvorschrift gilt im Handelsrecht: Ist der Bürge ein Kaufmann und die Bürgschaft für ihn ein Handelsgeschäft, so findet § 766 S. 1 BGB keine Anwendung, § 350 HGB.

Ist der Schuldner die Verbindlichkeit im Rahmen eines Haustürgeschäftes eingegangen und liegen auch für den Bürgen die persönlichen und sachlichen Voraussetzungen eines Haustürgeschäftes vor, so steht ihm im Übrigen ein Widerrufsrecht nach § 355 BGB zu. Hierüber ist der Bürge entsprechend den Anforderungen des § 360 Abs. 1 BGB zu belehren, § 355 Abs. 2 BGB.

Bei der Bürgschaft handelt es sich nicht um einen Kreditvertrag, so dass eine Anwendung der §§ 491 ff. BGB ausscheidet. Auch eine analoge Anwendung dieser Vorschriften kommt nicht in Betracht, weil es an dem Merkmal der Entgeltlichkeit mangelt. (*Vertiefungshinweis*: BGHZ 138, 321 m.w.N.; Holznagel, Der Bürgschaftsvertrag im Anwendungsbereich des Verbraucherkreditgesetzes? Die Entscheidung des EuGH zur Verbraucherkredit-Richtlinie EuGH NJW 2000, 1323 ff., JA 2000, 578 ff.)

In der Bürgschaftserklärung muss der Verbürgungswille erkennbar zum Ausdruck kommen. Das Wort „Bürgschaft" muss aber nicht verwendet werden.

Bei der Hauptschuld kann es sich um eine gegenwärtige, zukünftige oder bedingte Verbindlichkeit handeln, § 765 Abs. 2 BGB. Beispiel: Bürgschaft für alle bestehenden und zukünftigen Verbindlichkeiten aus einem Geschäftsverhältnis zwischen Gläubiger und Hauptschuldner. Wichtig ist nur, dass die Hauptschuld bestimmbar ist.

Die Person des Gläubigers, die Person des Schuldners sowie Höhe und Grund der Hauptschuld müssen daher zumindest so angegeben werden, dass die durch die Bürgschaft gesicherte Forderung im Zeitpunkt der Geltendmachung gegenüber dem Bürgen eindeutig bestimmt werden kann.

Vertiefungshinweis zur Sittenwidrigkeit von Bürgschaftsverträgen naher Angehöriger:

- BGH NJW 2001, 815 ff.,
- BGH NJW 2002, 744 ff.,
- BGHZ 151, 34 ff.

3. Bürgschaftsschuld

Die Bürgschaftsschuld ist akzessorisch zur Hauptschuld. Das bedeutet, dass die Schuld des Bürgen vom jeweiligen Bestand der Hauptforderung abhängig ist, § 767 Abs. 1 S. 1 BGB. Der Gläubiger erhält also vom Bürgen nur so viel, wie er vom Hauptschuldner verlangen kann. Beispiele:

- Ist der Darlehensvertrag zwischen Gläubiger und Hauptschuldner gemäß § 138 Abs. 1 BGB sittenwidrig und damit nichtig, dann kann der Gläubiger auch vom Bürgen keine Leistung verlangen.

- Hat der Schuldner von dem ursprünglich geschuldeten Kaufpreis in Höhe von 5.000 Euro bereits 3.000 Euro gezahlt, so haftet der Bürge nur noch für den Restbetrag in Höhe von 2.000 Euro.

Wird die Hauptschuld durch Verzug oder Verschulden des Hauptschuldners verändert, so hat der Bürge anstelle oder neben der ursprünglichen Forderung nun für die geänderte Verbindlichkeit einzustehen, § 767 Abs. 1 S. 2 BGB. Beispiel: Verzugsschadensersatz gemäß §§ 280 Abs. 1 und 2, 286 BGB.

Durch ein Rechtsgeschäft zwischen dem Hauptschuldner und dem Gläubiger kann die Schuld des Bürgen ohne dessen Zustimmung allerdings nicht erweitert werden, § 767 Abs. 1 S. 3 BGB. Beispiel: Gläubiger und Schuldner erhöhen nach Übernahme der Bürgschaft den ursprünglich vereinbarten Kaufpreis. Der Bürge haftet nur für die ursprüngliche Verbindlichkeit.

Eine bei Vertragsabschluss formularmäßig, d. h. in AGB vereinbarte Erweiterung der Bürgschaft ist nach den Vorschriften der §§ 305 ff. BGB zu beurteilen. War Anlass einer Bürgschaftserklärung ein bestimmtes Geschäft zwischen Gläubiger und Hauptschuldner, so verstößt eine Klausel, welche die Bürgschaftsschuld überraschend auf alle bestehenden und künftigen Verbindlichkeiten aus der Geschäftsbeziehung zwischen Hauptschuldner und Gläubiger erstreckt, gegen § 305 c Abs. 1 BGB (überraschende Klausel). Auch kann es bei einer formularmäßigen Ausdehnung zu einer unangemessenen Benachteiligung im Sinne des § 307 Abs. 1, Abs. 2 Nr. 1 BGB kommen, da § 767 Abs. 1 S. 3 BGB das Verbot der Fremddisposition deutlich zum Ausdruck bringt.

Vertiefungshinweis:

- BGHZ 143, 95,
- BGH NJW 1998, 3708

4. Inanspruchnahme des Bürgen

Wendet sich der Gläubiger an den Bürgen und fordert ihn auf, aus dem Bürgschaftsvertrag zu leisten, so kann sich der Bürge unter bestimmten Voraussetzungen dagegen zur Wehr setzen:

Gegenrechte aus der Rechtsbeziehung Bürge – Gläubiger

Einwendungen und Einreden aus dem Bürgschaftsvertrag

Beispiele: Bürgschaftsvertrag ist nach §§ 134, 138 BGB unwirksam; Bürge hat schon geleistet, § 362 BGB; Verjährung der Bürgschaftsforderung, §§ 195, 199, 214 Abs. 1 BGB

Einrede der Vorausklage, § 771 BGB

Der Bürge kann die Befriedigung des Gläubigers verweigern, solange dieser nicht erfolglos die **Zwangsvollstreckung** gegen den Schuldner versucht hat.

Ausnahmen: Bürge ist Kaufmann und für ihn ist die Bürgschaft ein Handelsgeschäft, § 349 HGB; Fälle des § 773 BGB

Gegenrechte aus der Rechtsbeziehung Hauptschuldner – Gläubiger

Einwendungen

Aufgrund der Akzessorietät kann sich der Bürge auf rechtshindernde und rechtsvernichtende Einwendungen berufen. Beispiele: Vertrag zwischen Hauptschuldner und Gläubiger ist wegen §§ 105, 134, 138 BGB nichtig; Hauptschuldner hat seine Schuld bereits erfüllt, § 362 BGB; Schuld des Hauptschuldners ist erlassen worden gemäß § 397 BGB.

Einreden

Der Bürge kann die dem Hauptschuldner zustehenden Einreden geltend machen, § 768 Abs. 1 S. 1 BGB. Unerheblich ist, ob der Hauptschuldner die Einrede erhebt oder auf sie verzichtet, § 768 Abs. 2 BGB. Beispiel: Stundung der Hauptschuld, Verjährung der Hauptschuld.

Einrede der Anfechtbarkeit und Aufrechenbarkeit, § 770 BGB

Solange der Hauptschuldner die Möglichkeit hat, den Vertrag mit dem Gläubiger anzufechten, kann der Bürge dies geltend machen und seine Leistung verweigern, § 770 Abs. 1 BGB.

Ebenso verhält es sich, wenn der Gläubiger sich durch Aufrechnung gegen eine fällige Forderung des Hauptschuldners befriedigen kann, § 770 Abs. 2 BGB. Anmerkung: Dies gilt aber nicht, wenn nur dem Schuldner, nicht aber auch dem Gläubiger das Aufrechnungsrecht zusteht, z. B. §§ 393, 394 BGB.

§ 770 BGB wird entsprechend angewandt, wenn der Bürge andere **Gestaltungsrechte** geltend machen kann. *Beispiel*: Rücktritt gemäß § 323 BGB.

5. Rückgriffsansprüche des Bürgen

a) Hauptschuldner

Ist der Bürge seiner Verpflichtung gegenüber dem Gläubiger nachgekommen, so möchte er in der Regel diese Vermögenseinbuße nicht dauerhaft tragen müssen. Er wird sich daher an den Hauptschuldner wenden, um Ersatz zu erlangen.

Hierfür stehen ihm grundsätzlich zwei verschiedene Möglichkeiten zur Verfügung:

- Zum einen könnte er aufgrund des Innenverhältnisses einen Regressanspruch gegen den Hauptschuldner haben. Haben der Bürge und der Hauptschuldner z. B. einen Auftrag abgeschlossen, so kann der Bürge den Ersatz seiner Aufwendungen gemäß § 670 BGB verlangen. Bei einem Geschäftsbesorgungsvertrag erfolgt der Rückgriff auf den Schuldner nach §§ 675, 670 BGB.

  Anmerkung: Keinen Ersatz erhält er, wenn im Innenverhältnis eine Schenkung vorlag.

- Ferner geht die (immer noch bestehende) Forderung des Gläubigers gegen den Hauptschuldner auf den Bürgen über, soweit der Bürge den Gläubiger befriedigt, § 774 Abs. 1 S. 1 BGB. Dieser gesetzliche Forderungsübergang (*cessio legis*) hat auch zur Folge, dass auch alle Nebenrechte der Forderung mit übergehen, §§ 412, 401 BGB. *Beispiele*: **Hypothek**, **Pfandrecht**, Bürgschaft. Der Bürge kann sich somit grundsätzlich aus der übergegangenen Hauptforderung und den übergegangenen Nebenrechten befriedigen.

  Anmerkung: Einwendungen gegen die Hauptforderung bleiben dem Hauptschuldner auch nach dem Übergang auf den Bürgen erhalten, §§ 412, 404 BGB. Daneben kann der Schuldner gegenüber dem Bürgen in Bezug auf die Hauptforderung auch die Einwendungen aus dem Bürgschaftsvertrag geltend machen, § 774 Abs. 1 S. 3 BGB.

b) Mehrere Sicherheiten

Mit dem Übergang der Hauptforderung auf den Bürgen gehen die akzessorischen Sicherheiten für die Forderung auf den Bürgen über, §§ 412, 401 BGB. Haben sich also z. B. mehrere Personen für die Verbindlichkeit des Hauptschuldners verbürgt, so kann der zahlende Bürge sowohl gegen den Hauptschuldner vorgehen, als auch gegen die übrigen Bürgen. Allerdings kann der Bürge, der den Gläubiger befriedigt hat, grundsätzlich nicht vollen Ausgleich von den übrigen Bürgen verlangen, da alle Bürgen untereinander nur nach § 426 BGB als so genannte Gesamtschuldner haften, § 774 Abs. 2 BGB. Gemäß § 426 Abs. 1 S. 1 BGB sind Gesamtschuldner im Verhältnis zueinander zu Leistung gleicher Anteile verpflichtet. Daher gehen die übrigen Bürgschaften nach § 426 Abs. 2 BGB jeweils nur in der Höhe über, in welcher der zahlende Bürge einen Ausgleichsanspruch hat.

Gibt es neben der Bürgschaft Realsicherheiten, d. h. haften die übrigen Sicherungsgeber nicht mit ihrem persönlichen Vermögen, sondern mit einer Sache (Beispiele: **Hypothek** oder **Grundschuld** → Grundpfandrechte zu Lasten eines Grundstücks), dann kann nach überwiegender Auffassung ebenfalls nur anteiliger Ausgleich verlangt werden. § 426 BGB wird hier entsprechend angewandt.

Vertiefungshinweis:

- Musielak, Grundkurs BGB, Rn. 943.

6. Beendigung

Die Bürgschaft endet in folgenden Fällen:

- Erlöschen der gesicherten Hauptschuld (Akzessorietät)
- Erlöschen der Bürgschaftsschuld (z. B. Nichtigkeit oder Anfechtung des Vertrages)
- Wechsel des Hauptschuldners durch befreiende Schuldübernahme, § 418 Abs. 1 S. 1 BGB
- Aufgabe einer Sicherheit durch den Gläubiger, § 776 BGB
- Zeitablauf, § 777 BGB

7. Abgrenzung zu Schuldbeitritt und Garantie

Neben der Bürgschaft gibt es auch noch den Schuldbeitritt und die Garantie als Personalsicherheiten. Im Gegensatz zur Bürgschaft handelt es sich hierbei um selbstständige, von der Hauptschuld unabhängige Sicherheiten. Außerdem kommen sie formfrei zustande.

Beim Schuldbeitritt haftet der Beitretende neben dem Hauptschuldner als Gesamtschuldner (§ 426 BGB) und nicht nur subsidiär anstelle des nichtleistungsfähigen Schuldners. Bei der Garantie hat der Garant für den Eintritt eines bestimmten Erfolges einzustehen. Ihn trifft eine Einstandspflicht, die vom Bestand und Umfang anderer Forderungen unabhängig ist. Welche Personalsicherheit im Einzelfall vereinbart wurde, ist durch **Auslegung** zu ermitteln, §§ 133, 157 BGB. Der Wortlaut allein ist nicht ausschlaggebend. Ein Anhaltspunkt für das Vorliegen eines Garantievertrages ist das wirtschaftliche Eigeninteresse des Erklärenden am Erfolg.

Vertiefungshinweis:

- Klunzinger, Einführung in das Bürgerliche Recht S. 461 ff.,
- Musielak, Grundkurs BGB, Rn. 948 f.

Schlüsselwörter: Bürgschaftsvertrag, Personalsicherheit, Akzessorietät, Realsicherheit, Schuldbeitritt, Garantie

8. Fragen und Aufgaben

a) Aufgaben zur Lernkontrolle

236. *Was versteht man unter einer Bürgschaft?*

237. *Welche Rechtsbeziehungen sind hierbei auseinander zu halten?*

238. *Was ist beim Vertragsschluss zu beachten?*

239. *Was ist notwendiger Inhalt einer Bürgschaftsurkunde?*

240. *Was versteht man unter der Akzessorietät der Bürgschaftsschuld?*

241. *Woran kann eine formularmäßige Ausdehnung der Bürgschaftsschuld scheitern?*

242. *Welche Gegenrechte stehen dem Bürgen zur Verfügung, wenn er vom Gläubiger in Anspruch genommen wird?*

243. *In welcher Weise kann der Bürge vom Hauptschuldner Regress verlangen?*

244. *Wie erfolgt der Ausgleich bei mehreren Sicherungsgebern?*

245. *Grenzen Sie die Bürgschaft von der Garantie und dem Schuldbeitritt ab.*

b) Übungsfälle

Fall 1

B verbürgt sich gegenüber G für eine Kaufpreisschuld des S in Höhe von 5.000 Euro. Einige Tage nach Vertragsschluss erfährt B, das S kurz vor der **Insolvenz** *steht. B erklärt daher gegenüber G die Anfechtung des Vertrages, da er sich über die Vermögenssituation des S geirrt habe. Ist das möglich?*

Antwort

Als Anfechtungsgrund könnte § 119 Abs. 2 BGB in Betracht kommen: Die Vermögensverhältnisse einer Person können durchaus eine für den Vertrag verkehrswesentliche Eigenschaft sein. So kann beispielsweise der Kreditgeber einen Darlehensvertrag gemäß § 119 Abs. 2 BGB anfechten, wenn er irrtümlicherweise von der Kreditwürdigkeit des Darlehensnehmers ausging.

Einen Bürgschaftsvertrag kann man jedoch nicht aufgrund eines Irrtums über die Vermögenssituation des Hauptschuldners anfechten. Denn gerade das macht ja das vom Bürgen übernommene Risiko aus. Es liegt also an ihm, sich vor Abgabe einer Bürgschaftserklärung über den Hauptschuldner genau zu informieren.

Fall 2

B1 und B2 haben sich für eine Kaufpreisschuld des S in Höhe von 20.000 Euro gegenüber G verbürgt. Mit S haben B1 und B2 jeweils einen Geschäftsbesorgungsvertrag gemäß § 675 BGB geschlossen. Kaufgegenstand war ein gebrauchter Gabelstapler. S ist mit dem Kauf nicht besonders zufrieden, da der Gabelstapler verschiedene Mängel aufweist. Zwei Nachbesserungsversuche sind schon fehlgeschlagen. Er weigert sich, den Kaufpreis zu zahlen. Nun wendet sich G an B1 und verlangt von ihm Zahlung der 20.000 Euro. Kann sich B1 dem widersetzen?

Antwort

Grundsätzlich ist der Bürge aufgrund des Bürgschaftsvertrages gemäß § 765 BGB verpflichtet, für die Verbindlichkeit des Schuldners einzustehen. Allerdings könnte dem B1 hier eine Einrede gegen die Inanspruchnahme zustehen. Im vorliegenden Fall handelt es sich um einen mangelhaften Kaufgegenstand, bei dem zwei Nachbesserungsversuche fehlgeschlagen sind. Folglich könnte S gemäß §§ 434, 437 Nr. 2, 440, 323 BGB vom Kaufvertrag zurücktreten. Solange es dem S möglich ist, dieses Gestaltungsrecht auszuüben, kann B1 dies einredeweise gemäß § 770 BGB analog geltend machen. Anmerkung: Außerdem kann er die Einrede der Vorausklage geltend machen, § 771 BGB.

Fall 3

Wie Fall 2. Diesmal war die zweite Nachbesserung erfolgreich. S weigert sich dennoch, den Kaufpreis zu zahlen. Daraufhin zahlt B1 an G 20.000 Euro. Von wem kann er in welcher Höhe Ersatz verlangen?

Antwort

Von S kann er 20.000 Euro verlangen. Anspruchsgrundlagen: §§ 675, 670 BGB und §§ 774 Abs. 1, 433 BGB.

Von B2 kann er lediglich 10.000 Euro verlangen. Zwar geht gemäß §§ 412, 401 BGB die Forderung des G gegen S in Höhe von 20.000 Euro mit allen Nebenrechten auf B1 über, folglich auch die Bürgschaftsforderung des G gegen B2. Zu beachten ist aber, dass sich sowohl B1 als auch B2 für die Schuld des S verbürgt haben. Folglich sind sie Mitbürgen und damit Gesamtschuldner, § 769 BGB (Ausgleich über § 426 Abs. 1 und 2 BGB). Gemäß § 774 Abs. 2 BGB wird aber der Übergang der Bürgschaftsforderung des G gegen B2 auf den Umfang des sich aus § 426 BGB ergebenden Ausgleichsanspruchs beschränkt. Da Gesamtschuldner grundsätzlich nur zu gleichen Anteilen haften, geht die Bürgschaftsforderung nur zur Hälfte (also in Höhe von 10.000 Euro) auf B1 über.

K. Auftrag

1. Einführung

Der Auftrag ist ein Gefälligkeitsvertrag, in dem sich jemand verpflichtet, ein Geschäft für einen anderen unentgeltlich zu besorgen, § 662 BGB. Beispiel: A erteilt B den Auftrag, für ihn Baumaterial zu kaufen. A ist der Auftraggeber, B ist der Beauftragte.

Sowohl die Ausführung des Auftrages als auch der Anspruch auf dessen Ausführung sind im Zweifel nicht übertragbar, § 664 Abs. 1 S. 1, Abs. 2 BGB.

Abzugrenzen ist der Auftrag von dem Gefälligkeitsverhältnis. Zwar ist auch dieses durch seine Fremdnützigkeit und die Unentgeltlichkeit gekennzeichnet, allerdings liegt kein Rechtsbindungswille seitens der Parteien vor. Es handelt sich hierbei um freundschaftliche oder kollegiale Zusagen sowie Gefälligkeiten des täglichen Lebens. Beispiele: Beaufsichtigung von Nachbarskindern, Gießen der Blumen des abwesenden Bekannten.

2. Pflichten des Beauftragten

- Der Beauftragte hat das übertragene Geschäft ordnungsgemäß auszuführen.
- Von Weisungen darf er nur abweichen, wenn er davon ausgehen darf, dass der Auftraggeber bei Kenntnis der Sachlage damit einverstanden wäre. Sofern keine Gefahr im Verzug ist, hat der Beauftragte den Auftraggeber hiervon Anzeige zu machen und eine Entscheidung abzuwarten, § 665 BGB.
- Den Beauftragten trifft eine Auskunfts- und Rechenschaftspflicht über den Stand der Dinge, § 666 BGB.
- Er hat außerdem alles, was er zur Auftragsausführung erhält oder was er aus der Geschäftsbesorgung erlangt, herauszugeben, § 667 BGB. *Beispiel*: Geld aus Hausverkauf. Dies ist gemäß § 668 BGB zu verzinsen.

3. Pflichten des Auftraggebers

Es handelt sich beim Auftrag um einen so genannten unvollkommen zweiseitigen Vertrag. Den Auftraggeber treffen nicht notwendigerweise Pflichten. Er hat jedoch gegebenenfalls die Aufwendungen zu ersetzen, die der Beauftragte nach den Umständen des Falles für erforderlich halten durfte, § 670 BGB. Es ist auch ein Vorschuss für die Aufwendungen zu leisten, § 669 BGB. Aufwendungen sind Vermögensopfer des Beauftragten, welche dieser freiwillig oder auf Anweisung des Auftraggebers macht. Beispiel: Telefon-, Porto- und Reisekosten. Keine Aufwendungen sind die eigene Arbeitskraft, mit deren Hilfe der Beauftragte den Auftrag erledigt, denn dies würde der Unentgeltlichkeit des Auftrags widersprechen.

Anmerkung: Zufallsschäden sind ebenfalls ersetzbar nach § 670 BGB, falls sich ein der Realisierung des konkreten Auftrags anhaftendes Risiko verwirklicht hat. Auch wenn es sich hier um keine freiwilligen Vermögensopfer handelt, wird es als unbillig angesehen, wenn der unentgeltlich Tätige den Eintritt der typischen Gefahrenlage zu tragen hat.

Vertiefungshinweis mit Beispielen:

- Musielak, Grundkurs BGB, Rn. 688 f.

4. Leistungsstörungen

Die Vertragsparteien haften nach den allgemeinen Vorschriften (§§ 280 ff. BGB) für Vorsatz und Fahrlässigkeit.

5. Beendigung

Der Auftrag endet in folgenden Fällen:

- Erfüllung (§ 362 Abs. 1 BGB)
- Zeitablauf
- Widerruf durch den Auftraggeber (jederzeit möglich, § 671 Abs. 1, 1. Hs. BGB)
- Kündigung durch den Beauftragten (jederzeit möglich, § 671 Abs. 1, 2. Hs. BGB; aber keine Kündigung zur Unzeit, § 671 Abs. 2 BGB)
- Tod des Beauftragten, § 673 BGB (im Zweifel nicht: Tod oder Geschäftsunfähigkeit des Auftraggebers, § 672 BGB)
- Eintritt einer auflösenden Bedingung (§ 158 Abs. 2 BGB)
- Aufhebungsvertrag

Schlüsselwörter: Auftrag, Gefälligkeitsvertrag, Gefälligkeitsverhältnis, Aufwendungen

6. Fragen und Aufgaben

Aufgaben zur Lernkontrolle

246. Wann liegt ein Auftrag vor?

247. Grenzen Sie den Auftrag vom Gefälligkeitsverhältnis ab.

248. Nennen Sie die Pflichten des Beauftragten.

249. Was versteht man unter Aufwendungen?

250. Unter welchen Voraussetzungen kann der Beauftragte sie ersetzt verlangen?

251. Wann endet ein Auftrag?

L. Geschäftsbesorgungsvertrag

Unter einem Geschäftsbesorgungsvertrag versteht man einen Dienst- oder Werkvertrag, der eine Geschäftsbesorgung zum Gegenstand hat, § 675 Abs. 1 BGB. Es handelt sich um einen entgeltlichen gegenseitigen Vertrag, auf den weitgehend Auftragsrecht Anwendung findet. Anmerkung: Siehe hierzu die Verweisungen in § 675 Abs. 1 BGB.

Spezielle Regelungen sehen die §§ 675 a-676 c BGB vor, und auch im Handelsrecht gibt es besondere Bestimmungen (zum Beispiel §§ 84 ff. HGB).

Eine Geschäftsbesorgung liegt dann vor, wenn jemand eine selbstständige Tätigkeit wirtschaftlicher Art ausführt und dabei in fremdem Interesse handelt. Die Tätigkeit kann rechtsgeschäftlicher, rechtsgeschäftsähnlicher oder rein tatsächlicher Art sein. Der Geschäftsführer muss eine eigenverantwortliche Entscheidung treffen können und diese muss für den Geschäftsherrn vermögensrelevant sein.

Beispiele: Baubetreuungs- und Bauträgerverträge, Anlageberatung, Prozessführung.

Schlüsselwörter: Geschäftsbesorgungsvertrag

KAPITEL VII

KAUFMÄNNISCHE TRANSPORT- UND LAGERVERTRÄGE

Das nächste Kapitel wird Ihnen verschiedene Vertragstypen kaufmännischer Transport- und Lagerverträge vorstellen. Es geht dabei insbesondere um den Frachtvertrag, den Speditionsvertrag und den Lagervertrag. Prägen Sie sich beim Durcharbeiten des Kapitels insbesondere die Unterschiede der verschiedenen Vertragsarten ein.

VII. KAUFMÄNNISCHE TRANSPORT- UND LAGERVERTRÄGE

A. Einführung

Im Wirtschaftsverkehr wird ein großer Umfang an Waren abgesetzt, befördert und gelagert. Für deren Transport und die Lagerung sieht das HGB in den §§ 407 HGB einschlägige Vorschriften vor, welche die allgemeinen Regelungen des BGB (insbesondere §§ 631 ff. BGB) ergänzen.

B. Frachtvertrag

1. Vertragsgegenstand

Der Frachtvertrag ist auf die entgeltliche Beförderung und Ablieferung von Gütern gerichtet, §§ 407 ff. HGB. Voraussetzung ist, dass das Gut zu Lande, auf Binnengewässern oder mit Luftfahrzeugen befördert wird und die Beförderung zum Betrieb eines gewerblichen Unternehmens gehört, § 407 Abs. 3 S. 1 Nr. 1 u. 2 HGB.

Der Vertrag zwischen dem Absender und dem Frachtführer ist ein Vertrag zugunsten Dritter, nämlich des Empfängers. Zum Vertrag zugunsten Dritter siehe oben IV.H.3.

Vertiefungshinweis:

- Brox, Handelsrecht, S. 239 ff.

2. Pflichten der Parteien

a) Frachtführer

- Beförderung des Gutes zum Bestimmungsort und Ablieferung an den Empfänger, § 407 Abs. 1 HGB.
- betriebssichere Verladung, § 412 Abs. 1 S. 2 HGB.
- Beachtung von (nachträglichen) Weisungen, § 418 HGB.
- Einhaltung der Lieferfrist, § 423 HGB.
- sorgfältige Behandlung des Frachtgutes, zum Beispiel: § 419 Abs. 1 S. 1, Abs. 3 HGB.
- Haftung für Güter- und Verspätungsschäden, § 425 HGB; Haftungsausschluss: §§ 426, 427 HGB. Umfang des Wertersatzes: §§ 429 ff. HGB.

b) Absender

- Entrichtung der Vergütung (Fracht) für Beförderung, § 407 Abs. 2 HGB. Zahlung bei Ablieferung des Gutes, § 420 Abs. 1 S. 1 HGB. *Anmerkung*: Wenn das Gut auf Verlangen des Empfängers an der Abladestelle herausgegeben wird, ist dieser zur (Rest-) Vergütung verpflichtet, § 421 Abs. 2 HGB.
- Aufwendungsersatz, § 420 Abs. 1 S. 2 HGB.
- Ausstellung von Begleitpapieren, § 413 HGB, und eines Frachtbriefes, § 408 HGB (Beweisurkunde über Abschluss und Inhalt des Frachtvertrages).
- Information über Gefahrgut, § 410 HGB.
- ausreichende Verpackung des Gutes, § 411 HGB.
- Verladung und Entladung des Gutes, § 412 HGB.
- Haftung gemäß § 414 HGB.

3. Sicherungsrecht

Wegen seiner Forderungen aus dem Frachtvertrag hat der Frachtführer ein gesetzliches **Pfandrecht** an dem Gut, § 441 Abs. 1 S. 1 HGB.

Vertiefungshinweis:

- Müssig, Wirtschaftsprivatrecht, S. 290 ff., 350 f.

4. Rechtliche Beziehungen

Vertragliche Beziehungen bestehen zwar nur zwischen dem Frachtführer und dem Absender. Da es sich beim Frachtvertrag aber um einen Vertrag zugunsten Dritter handelt, kann der Empfänger gegenüber dem Frachtführer Rechte aus dem Vertrag geltend machen:

- Ablieferung des Gutes auf Verlangen des Empfängers gegen Erfüllung der Verpflichtung aus dem Frachtvertrag, § 421 Abs. 1 S. 1 HGB.
- Bei Verlust, Beschädigung oder verzögerter Lieferung des Gutes: Geltendmachen der Rechte des Absenders aus dem Frachtvertrag im eigenen Namen gegen den Frachtführer, § 421 Abs. 1 S. 2 HGB.

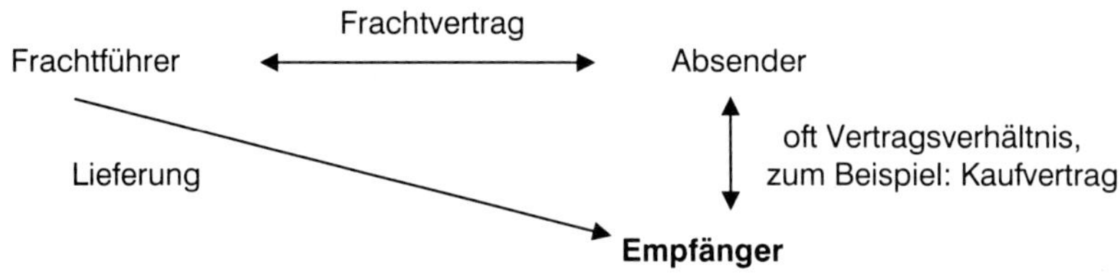

5. Beendigung

Der Vertrag endet insbesondere durch:

- Ausführung des Frachtvertrages,
- Kündigung durch den Absender, § 415 HGB,
- Kündigung durch den Frachtführer, § 417 Abs. 1 und 2 HGB.

Schlüsselwörter: Frachtvertrag

C. Speditionsvertrag

1. Vertragsgegenstand

Der Speditionsvertrag hat die gewerbsmäßige Besorgung der Versendung von Gütern zum Gegenstand, §§ 453 ff. HGB. Ergänzend gelten die §§ 631 ff. HGB, wenn es sich um eine einzelne Versendung handelt. Die §§ 611 ff. BGB sind einschlägig, wenn über einen bestimmten Zeitraum mehrere Versendungen einer gewissen Art vereinbart werden. Im Gegensatz zum Frachtführer nimmt der Spediteur nicht selbst den Transport vor, sondern lässt dies durch Dritte besorgen. Er hat jedoch ein Selbsteintrittsrecht nach § 458 HGB.

Vertiefungshinweis:

- Brox, Handelsrecht, S. 244 ff.

2. Pflichten der Parteien

a) Spediteur

- Besorgung der Versendung des Gutes, § 453 HGB. Dies umfasst unter anderem: Bestimmung des Beförderungsmittels und Beförderungsweges, § 454 Abs. 1 Nr. 1 HGB, Auswahl des ausführenden Unternehmers, Abschluss der erforderlichen Verträge, § 454 Abs. 1 Nr. 2 HGB, Sicherung von Schadensersatzansprüchen des Versenders, § 454 Abs. 1 Nr. 3 HGB.

- Versicherung des Gutes, § 454 Abs. 2 S. 1 HGB.
- Interessenwahrung und Befolgen der Weisungen des Versenders, § 454 Abs. 4 HGB.
- Haftung nach § 461 Abs. 2 HGB im Fall der Verletzung der nach § 454 HGB bestehenden Pflichten.
- Haftung nach § 461 Abs. 1 HGB für Verlust oder Beschädigung des in seiner Obhut befindlichen Gutes; gegebenenfalls Ausschluss oder Höchstbetrag entsprechend §§ 426 ff. HGB, § 461 Abs. 1 S. 2 HGB.

b) Versender

- Entrichtung der vereinbarten Vergütung, § 453 Abs. 2 HGB; fällig bei Übergabe des Gutes an Frachtführer, § 456 HGB.
- Verpackung und Kennzeichnung des Gutes, Auskunftserteilung, § 455 HGB; Haftung richtet sich nach § 455 Abs. 2 und 3 HGB.

3. Sicherungsrecht

Wegen seiner Forderungen aus dem Speditionsvertrag hat der Spediteur ein gesetzliches **Pfandrecht** an dem Gut, § 464 HGB.

Vertiefungshinweis:

- Müssig, Wirtschaftsprivatrecht, S. 293 ff., 350 f.

4. Rechtsbeziehungen

Folgende Rechtsverhältnisse müssen auseinander gehalten werden:

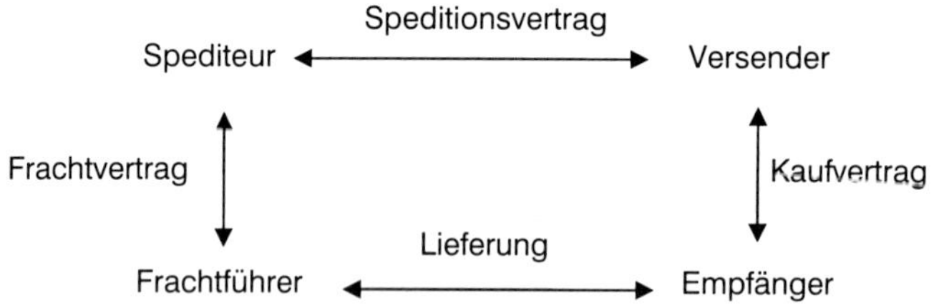

- Spediteur-Versender: Speditionsvertrag
- Spediteur-Frachtführer: Frachtvertrag, §§ 407 ff. HGB; grundsätzlich im eigenen Namen (des Spediteurs) abgeschlossen, § 454 Abs. 3 HGB; Versender kann Forderungen aus diesem Vertrag gegen den Frachtführer erst nach Abtretung durch den Spediteur geltend machen, § 457 HGB

- Versender-Empfänger: häufig vertragliche Beziehung aufgrund Kaufvertrags
- Frachtführer-Empfänger: keine vertragliche Beziehung

5. Beendigung

Der Vertrag endet nach den allgemeinen Vorschriften des Werk- bzw. Dienstvertragsrechts.

Schlüsselwörter: Speditionsvertrag

D. Lagervertrag

1. Vertragsgegenstand

Der Lagervertrag beinhaltet die gewerbsmäßige Lagerung und Aufbewahrung von Gütern, § 467 HGB. Ergänzend zu den §§ 467 ff. HGB gelten die Vorschriften über den Verwahrungsvertrag, §§ 688 BGB.

Vertiefungshinweis:

- Brox, Handelsrecht, S. 249 ff.

2. Pflichten der Vertragsparteien

a) Lagerhalter

- Lagerung und Aufbewahrung von Gütern.
- Verpackung und Kennzeichnung des Gutes, sofern Einlagerer Verbraucher ist, § 468 Abs. 2 S. 1 Nr. 1 HGB.
- Gestattung gegenüber dem Einlagerer zur Besichtigung des Gutes, Entnahme von Proben und Handlungen zu Erhaltung des Gutes, § 471 Abs. 1 S. 1 HGB.
- Mitteilung über Veränderungen, Schutz vor Verlust und Beschädigung, § 471 Abs. 2 HGB.
- Versicherung des Gutes auf Verlangen, § 472 HGB.
- Ausstellung eines Lagerscheins (Wertpapier), §§ 475 c ff., 363 ff. HGB.
- Aushändigung des Gutes auf Verlangen, § 473 HGB.
- Haftung für Verlust oder Beschädigung des Gutes von Übernahme zur Lagerung bis zur Auslieferung nach § 475 HGB.

b) Einlagerer

- Entrichtung der vereinbarten Vergütung, § 467 Abs. 2 HGB.
- Aufwendungsersatz, § 474 HGB.
- Umfassende Mitteilung über Gefahrgut in Textform, § 468 Abs. 1 S. 1 HGB; für Verbraucher gilt § 468 Abs. 2 S. 1 Nr. 2 HGB.
- Verpackung und Kennzeichnung des Gutes, § 468 Abs. 1 S. 2 HGB, es sei denn, Einlagerer ist Verbraucher, § 468 Abs. 2 S. 1 Nr. 1 HGB.
- Haftung richtet sich nach § 468 Abs. 3 und 4 HGB.

3. Sicherungsrecht

Der Lagerhalter hat wegen aller durch den Lagervertrag begründeten Forderungen an dem in seinem Besitz befindlichen Gut ein gesetzliches **Pfandrecht**, § 475 b HGB.

Vertiefungshinweis:

- Müssig, Wirtschaftsprivatrecht, S. 297 f., 350 f.

4. Beendigung

Neben den allgemeinen Regelungen endet der Lagervertrag, wenn der Einlagerer das Gut herausverlangt, gegebenenfalls nach einer Kündigung, § 473 Abs. 1 HGB, bzw. wenn der Lagerhalter die Rücknahme verlangt, § 473 Abs. 2 HGB.

Schlüsselwörter: Lagervertrag

5. Fragen und Aufgaben

Aufgaben zur Lernkontrolle

252. *Grenzen Sie den Fracht-, Speditions- und Lagervertrag voneinander ab.*

---

253. *Beschreiben Sie die wesentlichen Rechte und Pflichten der Vertragsparteien der unter Nr. 1 genannten Verträge.*

ANHANG

GLOSSAR

antizipiertes Besitzkonstitut

Besitzer einer Sache kann auch ein mittelbarer Besitzer sein, also jemand, der die Sache nicht direkt innehat. Beim Besitzkonstitut wird mittelbarer Besitz begründet, indem der Besitzer einem anderen Besitz einräumt, selbst aber unmittelbarer Besitzer bleibt. Geschieht diese Vereinbarung vor der Erlangung des Besitzes beim unmittelbaren Besitzer, so liegt ein antizipiertes (=vorweggenommenes) Besitzkonstitut vor.

Auflassung

Die Auflassung (§§ 925, 873 BGB) ist ein Tatbestandsmerkmal der Eigentumsübertragung von Grundstücken (Verfügungsgeschäft). Sie ist die Einigung zwischen dem Veräußerer und dem Erwerber des Grundstückes, die bei gleichzeitiger Anwesenheit der Parteien vor einem Notar oder einem Gericht stattfinden muss.

Auslegung

Auslegung ist die rechtliche Interpretation von Willenserklärungen und Verträgen. Sie richtet sich nach §§ 133, 157 BGB.

Beweislastumkehr

Im Zivilprozess muss grundsätzlich die Partei, die sich auf eine für sie günstige Tatsache beruft, diese Tatsache bei Bestreiten seitens der Gegenpartei auch beweisen. Sie trägt dafür die Beweislast, d. h. sollte die Tatsache nicht bewiesen werden, so wird zu Ihren Ungunsten entschieden. Davon gibt es eine Ausnahme im Falle der gesetzlichen oder durch die Rechtsprechung entwickelten Beweislastumkehr. Hierbei wird die Beweislast dem Gegner aufgebürdet, der dann beweisen muss, dass die für die Partei günstige Tatsache nicht vorliegt.

deliktische Haftung

Eine Haftung auf Schadensersatz kann nicht nur vertraglicher Natur sein, sondern ergibt sich auch, wenn die Voraussetzungen einer unerlaubten Handlung (zivilrechtliches Delikt, §§ 823 ff. BGB) erfüllt sind. Das ist der Fall, wenn ein rechtswidriger Eingriff in ein vom Gesetz geschütztes Rechtsgut (z. B. Eigentum, Körper) vorgenommen wird und dadurch ein Schaden eintritt. Der Schädiger haftet dann deliktisch.

Drittschadensliquidation

Tritt bei Interessenwahrnehmung für einen Dritten bei dem Dritten ein Schaden ein, ohne dass der Dritte einen Schadensersatzanspruch gegen den Schädiger hat und ohne dass der Vertragspartner selbst geschädigt wird, so kann nach dem Gesetz oder nach ergänzender Vertragsauslegung der Vertragspartner den Schaden des Dritten im eigenen Namen gegenüber dem Schädiger geltend machen und dabei z. B. Leistung an den Dritten verlangen.

Einwilligung

Einwilligung (§ 183 BGB) ist die vor einem Rechtsgeschäft erteilte Zustimmung (§ 182 BGB).

Erfüllungsgehilfe

Dies ist eine Person, die mit Willen des Schuldners bei der Erfüllung seiner Verbindlichkeit tätig wird. Der Schuldner hat für das Verschulden des Erfüllungsgehilfen wie für sein eigenes Verschulden zu haften (§ 278 BGB).

Gefährdungshaftung

In der Regel kommt eine Schadensersatzpflicht nur bei Verschulden des Schädigers in Betracht. Es gibt aber auch Fälle, in denen das Gesetz eine Haftung für Schäden bereits nach bloßer Inbetriebnahme einer gefährlichen Einrichtung oder Inverkehrbringen sicherheitsgefährdender Produkte vorsieht, ohne dass es auf das Verschulden ankommt.

Genehmigung

Genehmigung (§ 184 BGB) ist die nachträglich erteilte Zustimmung (§ 182 BGB). Vielfach wird jedoch dieser Begriff auch als Oberbegriff für die vorherige (Einwilligung) und nachträgliche Zustimmung gebraucht.

Gestaltungsrecht

Ein Gestaltungsrecht ist ein subjektives Recht, dessen Ausübung unmittelbar auf ein Rechtsverhältnis einwirkt und dieses verändert (z. B. Kaufvertrag wird nach Rücktritt zum Rückgewährschuldverhältnis).

Globalzession

Werden zur Sicherung der Vertragserfüllung sämtliche bestehende und künftige Forderungen des Schuldners gegen Dritte aus seinem Geschäftsbetrieb abgetreten, so liegt eine Globalzession vor.

Grundbuch

Das Grundbuch wird beim Grundbuchamt am Amtsgericht geführt. Es ist ein öffentliches Register der im Zuständigkeitsbereich des Grundbuchamtes liegenden Grundstücke und deren Rechtsverhältnisse.

Grundschuld

Durch eine Grundschuld wird ein Grundstück in der Weise belastet, dass es für die Zahlung einer Geldsumme haften soll (§§ 1191 ff. BGB). Es muss eine Eintragung im Grundbuch erfolgen. Die Grundschuld ist nicht akzessorisch zu einer eventuell zugrunde liegenden Forderung.

Hypothek

Die Hypothek (§§ 1113 ff. BGB) ist eine weitere Form der Belastung eines Grundstücks. Auch sie muss im Grundbuch eingetragen werden. Das Grundstück haftet akzessorisch für die Zahlung einer bestimmten Geldsumme aus einer bestimmten Forderung. Die Hypothek kann als Buch- oder Briefhypothek bestellt werden.

Insolvenz

Im Falle der Insolvenz (drohende bzw. eingetretene Zahlungsunfähigkeit oder Überschuldung von natürlichen und juristischen Personen, Personengesellschaften und Vermögensmassen) wird unter den Voraussetzungen der Insolvenzordnung (InsO) ein Insolvenzverfahren durchgeführt. Ziel ist es dabei, eine möglichst gleichmäßige Befriedigung aller Gläubiger zu ermöglichen. Daneben werden auch die Interessen des insolventen Schuldners und ggf. seiner Arbeitnehmer berücksichtigt. Bei Unternehmensinsolvenz wird unter Umständen die Erhaltung des Betriebes und seiner Arbeitsplätze angestrebt.

Kontrahierungszwang

Die Vertragsfreiheit kann durch einen Kontrahierungszwang eingeschränkt sein. Dann steht es nicht im Ermessen einer Partei, das Vertragsangebot anzunehmen; der Vertragsabschluss muss vielmehr erfolgen. Dies ist z. B. der Fall, wenn Monopolbetriebe Leistungen wie Elektrizität oder Wasser anbieten.

notarielle Beurkundung

Bei der notariellen Beurkundung errichtet der Notar eine Urkunde, die dann das Geschäft zwischen den Parteien nachweist. Nicht zu verwechseln damit ist die notarielle Beglaubigung: dort wird durch den Notar lediglich bestätigt, dass die Unterschrift auf der Urkunde von dem Berechtigten stammt. Die Form der notariellen Beurkundung ist z. B. in § 311 b Abs. 1 BGB bei der Übertragung eines Grundstücks gesetzlich vorgeschrieben.

Organ

Juristischen Personen handeln durch ihre Organe, z. B. Vorstand, Geschäftsführer. Organe nehmen für die juristische Person am Rechtsverkehr teil.

pacta sunt servanda

Dieser Grundsatz bedeutet: Verträge müssen eingehalten werden.

Pfandrecht

Das Pfandrecht ist ein zur Sicherung einer Forderung vertraglich bestelltes (§§ 1204 ff. BGB) oder gesetzlich (§ 1257 BGB) entstandenes Recht, welches dem Pfandgläubiger die Möglichkeit gibt, aus dem verpfändeten Gegenstand Befriedigung zu suchen, d. h. ihn beispielsweise zu verwerten. Das Pfandrecht ist akzessorisch zur gesicherten Forderung.

Rückgewährschuldverhältnis

Dies ist ein Schuldverhältnis, welches sich auf die Rückabwicklung eines ursprünglich existierenden, jedoch durch Rücktritt oder Kündigung später erloschenen Schuldverhältnisses beschränkt. Die Parteien haben die empfangenen Leistungen zurückzugewähren und die gezogenen Nutzungen herauszugeben (§§ 346 ff. BGB)

Sicherungshypothek

Dies ist eine besondere Hypothek (§§ 1184, 1185, 1113 ff. BGB), d. h. eine akzessorische Belastung des Grundstücks, die der Sicherung eines Anspruchs dient. Sie kann rechtsgeschäftlich oder kraft Gesetzes entstehen und muss im Grundbuch eingetragen werden.

Unterlassungsklage

Eine Unterlassungsklage ist eine Klageart, mit welcher der Kläger das Unterlassen bestimmter Handlungen des Beklagten gerichtlich erstreiten möchte.

Verrichtungsgehilfe

Das ist jemand, der weisungsabhängig für den Geschäftsherrn tätig wird. Auch ohne das Verschulden des Verrichtungsgehilfen hat der Geschäftsherr nach § 831 BGB zu haften, falls bei der Ausübung der Verrichtung aufgrund unerlaubter Handlung (§§ 823 ff. BGB) ein Schaden eintritt. Er kann sich allerdings entlasten, indem er geltend macht, den Verrichtungsgehilfen sorgfältig ausgewählt und überwacht zu haben.

von Amts wegen

Ein Gericht kann verpflichtet sein, ohne Antrag einer Partei, also von Amts wegen tätig zu werden. Im Zivilprozess ist dies die Ausnahme.

Vorausabtretung

Werden künftige oder bedingte Forderungen abgetreten, so handelt es sich um eine Vorausabtretung.

zugesicherte Eigenschaft

Die Eigenschaft eines Vertragsgegenstandes ist zugesichert, wenn der Vertragspartner diesbezüglich eine bindende Erklärung abgegeben hat. Dies ist nicht der Fall bei allgemeinen Anpreisungen.

Zwangsvollstreckung

Die Zwangsvollstreckung ist ein Verfahren, welches der Realisierung von Ansprüchen dient. Dabei wird auf Antrag des Vollstreckungsgläubigers und bei Vorliegen der Vollstreckungsvoraussetzungen staatlicher Zwang angewandt, um die Forderung einzutreiben. Vollstreckungsorgane sind der Gerichtsvollzieher und das Vollstreckungsgericht.

MUSTERLÖSUNGEN DER WIEDERHOLUNGSFRAGEN

1. *Was ist ein Rechtssubjekt?*

Ein Rechtssubjekt ist Adressat bestimmter Rechte und Pflichten. Rechtssubjekte sind rechtsfähig.

2. *Welche Personen kennt die Rechtsordnung?*

Die Rechtsordnung kennt natürliche und juristische Personen. Beide besitzen Rechtsfähigkeit. Davon zu unterscheiden sind sonstige Personenzusammenschlüsse, die teilweise wie juristische Personen behandelt werden, Bsp.: OHG, KG, GbR.

3. *Definieren sie folgende Begriffe: Rechtsfähigkeit, Geschäftsfähigkeit, Deliktsfähigkeit und Verschuldensfähigkeit.*

Rechtsfähigkeit (§ 1 BGB für natürliche Personen) ist die Fähigkeit, selbstständiger Träger von Rechten und Pflichten zu sein. Geschäftsfähigkeit (§§ 104 ff. BGB) ist die Fähigkeit, durch eigenes Handeln wirksam Rechtsgeschäfte abzuschließen. Deliktsfähigkeit (§§ 827, 828 BGB) bedeutet die Fähigkeit, für einen durch unerlaubte Handlung angerichteten Schaden verantwortlich zu sein. Verschuldensfähigkeit (§§ 276 Abs. 1 S. 3, 827, 828 BGB) liegt vor, wenn jemandem objektiv rechts- oder pflichtwidriges und subjektiv vorwerfbares Verhalten angelastet werden kann.

4. *Wie erhält die juristische Person ihre Rechtsfähigkeit?*

Juristische Personen erhalten ihre Rechtsfähigkeit durch einen staatlichen Hoheitsakt, z. B. durch Eintragung in das Handelsregister (vgl. § 11 Abs. 1 GmbHG).

5. *Was versteht man unter einem Verbraucher und einem Unternehmer?*

Ein Verbraucher ist jede natürliche Person, die ein Rechtsgeschäft zu einem Zweck abschließt, der weder ihrer gewerblichen noch ihrer selbstständigen beruflichen Tätigkeit zugerechnet werden kann (§ 13 BGB). Ein Unternehmer ist eine natürliche oder juristische Person oder eine rechtsfähige Personengesellschaft, die bei Abschluss eines Rechtsgeschäfts in Ausübung ihrer gewerblichen oder selbstständigen beruflichen Tätigkeit handelt (§ 14 Abs. 1 BGB).

6. *Was bedeutet Teilrechtsfähigkeit und wem kommt sie zu?*

Unter der so genannten Teilrechtsfähigkeit versteht man die teilweise Gleichbehandlung von nicht rechtsfähigen Rechtssubjekten mit juristischen Personen des Privatrechts. Sie kommt beispielsweise der OHG, der KG und der GbR zu.

7. *Wer kann Kaufmann sein?*

Kaufmann kann sowohl eine natürliche als auch juristische Person oder handelsrechtliche Personenvereinigung sein.

8. *Was ist ein Gewerbe?*

Ein Gewerbe ist eine nach außen erkennbare, auf Dauer angelegte, mit Gewinnerzielungsabsicht betriebene, selbstständige Tätigkeit.

9. *Was ist ein Kleingewerbe?*

Ein Kleingewerbe ist ein Betrieb, der nach Gesamtwürdigung aufgrund seiner Art und seines Umfanges (Größe, Leistungen, Arbeitnehmeranzahl, Umsatzhöhe, Umfang der Abrechnungen und Geschäftskorrespondenz) einen kaufmännischen Betrieb nicht erfordert.

10. *Welche Arten von Kaufleuten gibt es?*

Es gibt den Ist-Kaufmann, den Kann-Kaufmann, den Kaufmann kraft Eintragung, den Formkaufmann, und den Kaufmann kraft Rechtsscheins.

11. *Was versteht man unter einer Firma?*

Eine Firma ist der Handelsname des Kaufmanns. Unter der Firma betreibt der Kaufmann seine Geschäfte.

12. *Wer haftet für Altverbindlichkeiten, wenn das Handelsgewerbe durch einen neuen Inhaber unter der bisherigen Firma fortgeführt wird?*

Sowohl der Erwerber, als auch der bisherige Inhaber haften gemäß §§ 25 ff. HGB für Altverbindlichkeiten. Der bisherige Inhaber haftet nach § 26 HGB allerdings nur für die nächsten 5 Jahre. Abweichende Vereinbarungen gelten nur bei Eintragung im Handelsregister.

13. *Was ist das Handelsregister?*

Das Handelsregister ist ein öffentliches Verzeichnis, welches bei den Amtsgerichten geführt wird. Es gibt Auskunft über die rechtlich relevanten Umstände kaufmännischer Unternehmen.

14. *Welche Tatsachen werden (können/müssen) in das Handelsregister eingetragen?*

Eintragungspflichtig sind z. B. die Erteilung und das Erlöschen der Prokura (§ 53 Abs. 1, 3 HGB) und die Gründung einer GmbH (§ 7 GmbHG). Eintragungsfähig sind z. B. das Bestehen eines Nebengewerbes eines land- und forstwirtschaftlichen Betriebes (§ 3 Abs. 3, 2 HGB) und Haftungsausschlüsse nach §§ 25 Abs. 2, 28 Abs. 2 HGB.

15. Welche Wirkungen hat die Eintragung?

Eintragungen im Handelsregister können deklaratorische Wirkung haben. Dann bekunden sie Vorgänge, die bereits außerhalb des Handelsregisters wirksam geworden sind. Beispiele: Eintragung von Erteilen und Erlöschen der Prokura, Eintragung eines Ist-Kaufmannes. Die Eintragung kann allerdings auch konstitutiv wirken. Dann tritt ohne die Eintragung keine materielle Wirkung ein. Beispiele: AG und GmbH entstehen erst mit Eintragung, Kleingewerbetreibender ist erst nach Eintragung Kaufmann.

16. Was bedeutet die Publizitätswirkung des Handelsregisters?

Publizitätswirkung des Handelsregisters bedeutet, dass es öffentlichen Glauben genießt. Die Publizitätswirkungen im Einzelnen richten sich nach § 15 HGB. Nach § 15 Abs. 1 HGB besteht eine negative Publizitätswirkung des Handelsregisters. Demnach wird der gute Glaube eines Dritten daran geschützt, dass eine eintragungspflichtige, aber tatsächlich nicht eingetragene Tatsache auch nicht vorliegt. Nach § 15 Abs. 2 HGB muss ein Dritter grundsätzlich eine richtig eingetragene und nach § 10 HGB bekannt gemachte Tatsache gegen sich gelten lassen. § 15 Abs. 3 HGB erfasst den Fall der Bekanntmachung einer unrichtigen Tatsache und regelt die positive Publizität des Handelsregisters. Demnach kann sich ein Dritter auf die unrichtig bekannt gemachte Tatsache berufen, es sei denn, dass er die Unrichtigkeit kannte.

17. Welche Rechtsobjekte gibt es?

Rechtsobjekte sind Sachen und Rechte.

18. Was sind Sachen?

Sachen sind alle körperlichen Gegenstände, § 90 BGB.

19. Wie werden Sachen eingeteilt?

Sachen werden eingeteilt in bewegliche und unbewegliche, vertretbare (§ 91 BGB) und verbrauchbare (§ 92 BGB) Sachen.

20. Was versteht man unter wesentlichem Bestandteil, Zubehör und Nutzungen?

Ein wesentlicher Bestandteil (§ 93 BGB) ist ein Bestandteil, d. h. ein durch Verbindung unselbstständig gewordener Teil einer Sache, der von dieser nicht getrennt werden kann, ohne dass der eine oder andere Teil zerstört oder in seinem Wesen verändert wird. Zubehör (§ 97 BGB) ist eine bewegliche Sache, die dem wirtschaftlichen Zweck der Hauptsache dient, ohne selbst Bestandteil der Hauptsache zu sein. Nutzungen (§ 100 BGB) sind die Früchte (§ 99 BGB) einer Sache oder eines Rechtes sowie Gebrauchsvorteile.

21. Was ist das objektive Recht?

Als objektives Recht bezeichnet man alle Rechtsnormen, die Verhaltenspflichten und Berechtigungen festlegen.

22. Was bedeutet der Begriff „subjektives Recht"?

Ein subjektives Recht ist die Berechtigung, die ein Rechtssubjekt kraft der Rechtsordnung innehat und gegenüber anderen geltend machen kann. Das subjektive Recht wird folglich aus dem objektiven Recht, d. h. der Summe aller Rechtsnormen abgeleitet.

23. Wie wird das subjektive Recht unterteilt?

Das subjektive Recht unterteilt man in absolute (d. h. gegen jedermann gerichtete) und relative (d. h. nur zwischen den Parteien wirkende) Rechte.

24. Erklären Sie die Begriffe „rechtshindernde Einwendung", „rechtsvernichtende Einwendung" und „rechtshemmende Einrede". Nennen Sie einige Beispiele.

Eine rechtshindernde Einwendung ist ein Gegenrecht des Schuldners, welches sich gegen die Entstehung des geltend gemachten Anspruchs wendet (Bsp.: Geschäftsunfähigkeit § 104 BGB, Sittenwidrigkeit § 138 BGB, Verstoß gegen ein Verbotsgesetz § 134 BGB, Nichtigkeit wegen Formmangels § 125 BGB). Eine rechtsvernichtende Einwendung ist gegen das Fortbestehen eines zunächst wirksam entstandenen Anspruchs gerichtet (Bsp.: Aufrechnung § 389 BGB, Rücktritt § 346 BGB, Widerruf § 355 BGB, Erfüllung § 362 BGB). Unter einer rechtshemmenden Einrede versteht man ein Gegenrecht, welches die Durchsetzbarkeit des Anspruchs dauerhaft (preremptorisch, Bsp.: Verjährung § 194 BGB) oder vorübergehend (dilatorisch, Bsp.: Stundung gemäß § 205 BGB, Einrede des nichterfüllten Vertrages § 320 BGB) hindert.

25. Was besagt der Begriff „Privatautonomie"?

Privatautonomie bedeutet, dass im Zivilrecht des BGB den einzelnen Rechtssubjekten grundsätzlich die Möglichkeit eingeräumt wird, ihre Rechtsbeziehungen untereinander eigenverantwortlich zu gestalten und von den dispositiven Normen abweichende Vereinbarungen zu treffen.

26. Was versteht man unter einem Rechtsgeschäft?

Unter Rechtsgeschäft ist der juristische Tatbestand zu verstehen, der aus einer oder aus mehreren Willenserklärungen und sonstigen Wirksamkeitsvoraussetzungen besteht, die erforderlich sind für die Herbeiführung des mit der Willenserklärung bezweckten Erfolges.

27. *Was bedeuten folgende Begriffe: Realakt, geschäftsähnliche Handlung und Gefälligkeitsverhältnis?*

Realakt ist eine Tathandlung, deren Rechtsfolge ohne rechtsgeschäftlichen Willen eintritt. Unter einer geschäftsähnlichen bzw. rechtsgeschäftsähnlichen Handlung versteht man den Fall, dass das Rechtssubjekt zwar eine willentliche Handlung vornimmt, der Rechtserfolg jedoch kraft Gesetzes eintritt. Ein Gefälligkeitsverhältnis liegt vor, wenn die handelnden Personen ohne Rechtsbindungswillen tätig werden, d. h. sich nicht rechtlich verpflichten wollen. Dabei handelt es sich vorwiegend um Freundschafts- und Höflichkeitsakte.

28. *Worin besteht der Unterschied zwischen einseitigen und mehrseitigen Rechtsgeschäften? Nennen Sie Beispiele.*

Der Unterschied zwischen einseitigen und mehrseitigen Rechtsgeschäften besteht darin, dass bei einseitigen Rechtsgeschäften (Bsp.: Kündigung §§ 314, 626 BGB, Rücktritt § 346 BGB, Bevollmächtigung §167 BGB) der mit der Willenserklärung bezweckte Erfolg bereits mit Abgabe und Zugang der Willenserklärung eintritt, während bei mehrseitigen Rechtsgeschäften (Bsp.: Kaufvertrag § 433 BGB, Gesellschaftsvertrag § 705 BGB) zwei übereinstimmende Willenserklärungen von mehreren Rechtssubjekten erforderlich sind.

29. *Was besagt das Abstraktionsprinzip?*

Das **Fehler! Textmarke nicht definiert.** besagt, dass zwischen dem kausalen Verpflichtungsgeschäft (z. B. Kaufvertrag) und dem abstrakten Verfügungs- oder Erfüllungsgeschäft (z. B. Übereignung der Kaufsache) getrennt werden muss. Die Wirksamkeit des Verfügungsgeschäftes und die Wirksamkeit des Verpflichtungsgeschäftes sind voneinander unabhängig.

30. *Wie viele Rechtsgeschäfte werden bei dem Kauf einer Sache abgeschlossen? Wie werden sie bezeichnet?*

Bei dem Kauf einer Sache werden drei Rechtsgeschäfte abgeschlossen: das Verpflichtungsgeschäft (Kaufvertrag), das Verfügungs- bzw. Erfüllungsgeschäft über die Kaufsache (Übereignung) und das Verfügungs- bzw. Erfüllungsgeschäft über das als Kaufpreis gezahlte Geld (Übereignung).

31. *Was hat es für Auswirkungen auf die Übereignung (Erfüllungsgeschäft), wenn der Kaufvertrag unwirksam ist?*

Keine.

32. *Wie werden die Verpflichtungsgeschäfte eingeteilt?*

Verpflichtungsgeschäfte werden in einseitig verpflichtende, unvollkommen zweiseitig verpflichtende und gegenseitig verpflichtende Rechtsgeschäfte eingeteilt.

33. *Gibt es außerhalb des BGB Regelungen über Rechtsgeschäfte? Wenn ja, für wen und mit welchen Rechtsfolgen?*

Außerhalb des BGB gibt es Regelungen über Rechtsgeschäfte im Handelsrecht. Dabei handelt es sich um Sonderregelungen über Handelsgeschäfte (§§ 343 ff. HGB). Je nachdem, ob sich das Geschäft für beide Parteien als Handelsgeschäft darstellt (d. h. auf beiden Seiten steht ein HGB-Kaufmann) oder nicht, unterteilt man in beiderseitige und einseitige (§ 345 HGB) Handelsgeschäfte. Rechtsfolgen beiderseitiger und einseitiger Handelsgeschäfte sind z. B. die kaufmännische Sorgfaltspflicht (§ 347 HGB), der Wegfall der Einrede der Vorausklage (§ 349 HGB) und der erweiterte Gutglaubensschutz (§ 366 HGB). Rechtsfolgen ausschließlich für beiderseitige Handelsgeschäfte sind z. B. der erhöhte Zinssatz (§ 352 Abs. 1 HGB) und die unverzügliche Untersuchungs- und Rügepflicht (§ 377 HGB).

34. *Definieren sie den Begriff „Willenserklärung".*

Willenserklärung ist die Äußerung eines auf die Herbeiführung eines Rechtserfolges gerichteten Willens.

35. *Woraus setzt sich eine Willenserklärung zusammen?*

Eine Willenserklärung setzt sich aus dem äußeren bzw. objektiven Tatbestand und dem inneren bzw. subjektiven Tatbestand zusammen.

36. *Wie werden Willenserklärungen eingeteilt? Nennen Sie Beispiele.*

Willenserklärungen werden in ausdrückliche (Bsp.: „Ich möchte dies kaufen!") und konkludente (Bsp.: Käufer deutet auf die Ware, die er erwerben möchte) Willenserklärungen, empfangsbedürftige (Bsp.: Kündigung, Rücktritt) und nicht empfangsbedürftige (Bsp. Testament) Willenserklärungen und je nach Anwesenheit des Erklärungsempfängers in Willenserklärungen unter Anwesenden (Bsp.: persönlicher Kontakt, Telefongespräch) und unter Abwesenden (Bsp.: Brief, E-Mail) eingeteilt.

37. *Was versteht man unter der Abgabe und dem Zugang einer Willenserklärung?*

Abgabe ist das willentliche Einbringen der Erklärung in den Rechtsverkehr. Der Zugang einer Willenserklärung unter Abwesenden liegt vor, wenn die Erklärung derart in den Machtbereich des Empfängers gelangt ist, dass dieser unter gewöhnlichen Umständen Kenntnis von ihrem Inhalt erlangen kann. Für den Zugang von Willenserklärungen unter Anwesenden ist erforderlich, dass der Empfänger die Erklärung akustisch richtig verstanden hat.

38. *Ist der Zugang für die Wirksamkeit einer Willenserklärung stets erforderlich?*

Nein. Nur empfangsbedürftige Willenserklärungen müssen zugehen.

39. Kann Schweigen eine Willenserklärung sein?

Schweigen stellt grundsätzlich keine Willenserklärung dar. Es gibt aber gesetzliche Ausnahmen, die an die Untätigkeit einer Person unabhängig von deren Willen und Absichten eine Rechtsfolge knüpfen (Bsp.: § 362 HGB, § 108 Abs. 2 S. 2, 2. Halbsatz BGB)

40. Nennen sie einige Fälle, bei denen das Gesetz ein Widerrufsrecht einräumt.

Haustürgeschäfte (§ 312 BGB), Fernabsatzverträge (§ 312 d BGB), Teilzeitwohnrechteverträge (§ 485 BGB), Verbraucherdarlehensverträge (§ 495 BGB), Fernunterrichtsverträge (§ 4 FernUSG)

41. Wem steht das Widerrufsrecht zu?

Das gesetzliche Widerrufsrecht nach § 355 BGB steht Verbrauchern (§ 13 BGB) zu.

42. Ist der Widerruf frist- und formgebunden?

Der Widerruf ist fristgebunden und muss grundsätzlich innerhalb von 14 Tagen nach Mitteilung der spätestens bei Vertragsschluss vorzunehmenden Widerrufsbelehrung, die den Anforderungen des § 360 Abs. 1 BGB entsprechen muss, erfolgen (§ 355 Abs. 2 S. 1, Abs. 2 S. 1 BGB). Wird die Widerrufsbelehrung dem Verbraucher nach diesem maßgeblichen Zeitpunkt mitgeteilt, beträgt die Widerrufsfrist einen Monat (§ 355 Abs. 2 S. 3 BGB) Er hat durch Mitteilung in Textform (§ 126 b BGB) oder durch Rücksendung der Ware zu erfolgen (§ 355 Abs. 1 S. 2 BGB).

43. Welche Folgen hat ein ordnungsgemäßer Widerruf?

Die Rechtsfolgen eines ordnungsgemäßen Widerrufs richten sich nach §§ 357, 346 ff. BGB: Es erfolgt eine Rückabwicklung der Leistungen, d. h. die erbrachten Leistungen werden zurückgewährt.

44. Welche Formvorschriften kennt das Gesetz?

Gesetzliche Schriftform (§ 126 BGB), Textform (§ 126 b BGB), notarielle Beurkundung (§ 128 BGB), Öffentliche Beglaubigung (§ 129 BGB)

45. Nennen Sie einige formbedürftige Rechtsgeschäfte.

Formbedürftige Rechtsgeschäfte sind z. B. der Bürgschaftsvertrag (§ 766 BGB), die Schenkung (§ 518 BGB), Verträge über Grundstücke (§ 311 b BGB), Übertragung von GmbH-Geschäftsanteilen (§ 15 Abs. 3 GmbHG) und die Schadensanzeige beim Frachtgeschäft (§ 438 Abs. 4 S. 1 HGB).

46. Welche Rechtsfolge tritt ein, wenn die Form nicht eingehalten wird?

Bei Nichteinhalten der gesetzlichen Form tritt gemäß § 125 BGB als Rechtsfolge grundsätzlich Nichtigkeit ein. Es gibt aber Vorschriften, die bei Vollzug des Rechtsgeschäftes (d. h. Vornahme des Verfügungsgeschäftes) eine Heilung des Formmangels vorsehen (Bsp.: §§ 311 b Abs. 1 S. 2, 766 S. 3, 518 Abs. 2 BGB).

47. Was versteht man unter einer Bedingung?

Eine Bedingung ist die einer Willenserklärung hinzugefügte Bestimmung, nach der die Wirksamkeit des Rechtsgeschäftes von einem zukünftigen ungewissen Ereignis abhängen soll.

48. Welche Bedingungsarten kennt das Gesetz?

Es gibt aufschiebende und auflösende Bedingungen.

49. Was versteht man unter einem bedingungsfeindlichen Geschäft?

Bedingungsfeindliche Rechtsgeschäfte können aus Gründen der Rechtsklarheit nicht unter einer Bedingung abgeschlossen werden (Bsp.: Kündigung, Anfechtung).

50. Worin besteht der Unterschied zwischen Bedingung und Befristung?

Während es sich bei der Bedingung um ein zukünftiges ungewisses Ereignis handelt, knüpft die Befristung an ein zukünftiges gewisses Ereignis an.

51. Definieren sie den Begriff „Geschäftsfähigkeit“.

Geschäftsfähigkeit ist die Fähigkeit, Rechtsgeschäfte selbstständig vollwirksam vornehmen zu können.

52. Wer ist geschäftsunfähig, beschränkt geschäftsfähig und geschäftsfähig?

Geschäftsunfähig ist, wer das 7. Lebensjahr noch nicht vollendet hat (§ 104 Nr. 1 BGB) oder wer in seiner Geistestätigkeit dauerhaft krankhaft gestört (§ 104 Nr. 2 BGB) ist. Beschränkt geschäftsfähig ist, wer das 7., nicht jedoch das 18. Lebensjahr vollendet hat (§ 106 BGB). Geschäftsfähig sind alle übrigen natürlichen Personen.

53. Was ist mit einer Willenserklärung, die ein Geschäftsunfähiger abgibt?

Eine Willenserklärung, die ein Geschäftsunfähiger abgibt, ist gemäß § 105 Abs. 1 BGB nichtig.

54. *Unter welchen Voraussetzungen kann ein beschränkt Geschäftsfähiger wirksame Verpflichtungen eingehen?*

Ein beschränkt Geschäftsfähiger kann gemäß § 107 BGB ohne Einwilligung seines gesetzlichen Vertreters wirksame Verpflichtungen eingehen, sofern diese für ihn lediglich rechtlich vorteilhaft sind. Nach § 110 BGB kann der beschränkt Geschäftsfähige zudem ohne Zustimmung des gesetzlichen Vertreters solche Verträge wirksam abschließen, bei denen er die vertragsmäßige Leistung mit Mitteln bewirkt (d. h. voll bezahlt), die ihm zu diesem Zwecke oder zur freien Verfügung überlassen worden sind (z. B. Taschengeld). Letztlich kann ein beschränkt Geschäftsfähiger auch wirksame Verpflichtungen eingehen, die im Zusammenhang mit dem Betrieb seines selbstständigen Erwerbsgeschäfts (§ 112 BGB) oder seinem Dienst- oder Arbeitsverhältnis (§ 113 BGB) stehen.

55. *Sind juristische Personen geschäftsfähig?*

Juristische Personen können keine Rechtsgeschäfte tätigen und damit auch keine Geschäftsfähigkeit innehaben. Die für sie handelnden Organe müssen jedoch geschäftsfähig sein, um die juristische Person wirksam zu verpflichten.

56. *Wie kommt ein Vertrag zustande?*

Ein Vertrag kommt durch zwei übereinstimmende wechselseitige Willenserklärungen (Angebot und Annahme) zustande.

57. *Was versteht man unter einer „invitatio ad offerendum"? Nennen sie ein Beispiel.*

Als „invitatio ad offerendum" bezeichnet man die Aufforderung zum Angebot. Der Auffordernde will sich noch nicht durch ein Angebot binden. Beispiel: Ausstellung von Waren im Schaufenster.

58. *Muss ein Angebot immer ausdrücklich angenommen werden?*

Nein, die ausdrückliche Annahmeerklärung ist nicht nötig, wenn dies nach der Verkehrssitte nicht erwartet wird; auf sie kann auch verzichtet werden (§ 151 S. 1 BGB).

59. *Was ist, wenn ein Angebot mit Änderungen angenommen wird?*

Dann wird das ursprüngliche Angebot abgelehnt und gleichzeitig ein neues Angebot abgegeben (§ 150 Abs. 2 BGB).

60. *Was versteht man unter einem Dissens?*

Ein Dissens liegt vor, wenn sich die Vertragsparteien nicht über alle wesentlichen Vertragsbestandteile geeinigt haben.

61. *Ein Unternehmen wirbt auf seiner Homepage für ein bestimmtes Produkt. Ist darin ein Angebot zu sehen?*

Nein, hierbei handelt es sich um eine invitatio ad offerendum.

62. *Wann geht eine E-Mail zu?*

Eine E-Mail geht als Willenserklärung unter Abwesenden grundsätzlich dann zu, wenn sie in der Mailbox des Empfängers abrufbar gespeichert ist und nach den gewöhnlichen Umständen mit der Kenntnisnahme gerechnet werden kann.

63. *Was versteht man unter AGB?*

AGB sind vorformulierte Vertragsbedingungen.

64. *Nennen Sie den persönlichen und sachlichen Anwendungsbereich.*

Persönlich finden die §§ 305 ff. BGB auf AGB, die gegenüber Unternehmern verwendet werden, nur eingeschränkte Anwendung (§ 310 Abs. 1 S. 1 BGB: keine Anwendung der §§ 305 Abs. 2 und 3, §§ 308, 309 BGB). Der sachliche Anwendungsbereich der §§ 305 ff. BGB wird durch § 310 Abs. 2 und 4 BGB eingeschränkt: insbesondere finden die Regelungen keine Anwendung auf Erb-, Familien- und Gesellschaftsverträge.

65. *Wie werden AGB in den Vertrag einbezogen?*

AGB werden gemäß §§ 305 Abs. 2, 305 c Abs. 1 BGB in den Vertrag einbezogen, indem der Verwender die andere Partei bei Vertragsschluss ausdrücklich oder (bei Unverhältnismäßigkeit eines derartigen Hinweises) durch einen sichtbaren Aushang am Orte des Vertragschlusses auf sie hinweist und der anderen Partei die Möglichkeit verschafft, von den AGB in zumutbarer Weise Kenntnis zu nehmen.

66. *Gelten Besonderheiten bei der Verwendung von AGB gegenüber Unternehmen?*

Bei der Verwendung von AGB gegenüber Unternehmern gilt § 305 Abs. 2 BGB nicht (§ 310 Abs. 1 S. 1 BGB). Es genügt, dass der Vertragspartner auf seine AGB verweist und der Unternehmer nicht widerspricht.

67. *Nach welchem Schema erfolgt die Inhaltskontrolle? Worin unterscheiden sich die einzelnen Vorschriften?*

Die Inhaltskontrolle der AGB erfolgt vom speziellen zum generellen Gesetz: § 309 - § 308 - § 307 BGB. Eine AGB-Klausel ist zwingend unwirksam, wenn sie unter § 309 BGB fällt. In den Fällen des § 308 BGB ergibt sich erst nach einer Wertung des Sachverhaltes, ob die Klausel unwirksam ist. § 307 BGB stellt eine Generalklausel für die Inhaltskontrolle dar. In § 307 Abs. 2 BGB sind Beispiele für eine unangemessene Benachteiligung aufgeführt, während § 307 Abs. 1 BGB die Unwirksamkeit der Klausel bei Benachteiligung gegen Treu und Glauben regelt.

68. Was sind die Folgen, wenn AGB nicht wirksam sind?

Sollten eine AGB-Klausel nicht wirksam sein, so wird damit der Vertragsschluss als solcher noch nicht unwirksam (§ 306 Abs. 1 BGB). An die Stelle der unwirksamen AGB treten nun die allgemeinen gesetzlichen Vorschriften (§ 306 Abs. 2 BGB). Nur für den Fall, dass das Festhalten am Vertrag dann für eine Partei zu unzumutbaren Härten führen würde (§ 306 Abs. 3 BGB), kann das Rechtsgeschäft als Ganzes unwirksam sein.

69. Was bedeutet „Nichtigkeit" eines Rechtsgeschäftes? Nennen Sie Beispiele.

Ein Rechtsgeschäft ist nichtig, wenn es so schwere Mängel aufweist, dass das Gesetz ihm keine rechtliche Wirksamkeit zubilligt. Beispiele: Willenserklärung eines Geschäftsunfähigen (§ 105 BGB), Verstoß gegen gesetzliche Formvorschriften (§ 125 BGB), Geheimer Vorbehalt (§ 116 S. 2 BGB), Scheingeschäft (§ 117 Abs. 1 BGB), Mangel der Ernstlichkeit (§ 118 BGB), Verstoß gegen ein gesetzliches Verbot (§ 134 BGB), Sittenwidrigkeit (§ 138 Abs. 1 BGB), Wucher (§ 138 Abs. 2 BGB).

70. Was versteht man unter der „schwebenden Unwirksamkeit" eines Vertrages? Kennen Sie ein Beispiel?

Ist ein Vertrag von einem nicht (allein) vertretungs- und verfügungsbefugt Handelnden abgeschlossen worden, so ist er schwebend unwirksam: seine rechtliche Wirksamkeit bleibt bis zur Entschließung des Berechtigten in der Schwebe. Beispiel: Vertragsabschluss eines beschränkt Geschäftsfähigen (§ 108 Abs. BGB), Handeln eines vollmachtlosen Vertreters (§ 177 Abs. 1 BGB), Verfügung eines Nichtberechtigten (§ 185 BGB).

71. Können Rechtsgeschäfte auch nur Einzelnen gegenüber unwirksam sein?

Ja, im Falle relativer Unwirksamkeit.

72. Welche Rechtsfolge tritt ein, wenn eine Willenserklärung angefochten wurde?

Nach der Anfechtung einer Willenserklärung gilt diese als von Anfang an (ex tunc) nichtig (§ 142 Abs. 1 BGB).

73. Kann auch ein Gesellschaftsvertrag angefochten werden? Wenn ja, mit welchen Wirkungen?

Ja. Allerdings kann nach den Grundsätzen der fehlerhaften Gesellschaft der Mangel nur für die Zukunft (ex nunc) geltend gemacht werden.

74. Welche Anfechtungsgründe kennt das Gesetz? Nennen Sie dazu jeweils Beispiele.

Anfechtungsgründe sind:

- Inhaltsirrtum: der Erklärende weiß, was er sagt, weiß aber nicht, was er damit sagt (§ 119 Abs. 1 1. Fall BGB), Bsp.: Verwechslung des Geschäftspartners oder Geschäftsobjektes
- Erklärungsirrtum: der Erklärende wollte das, was er sagt, gar nicht sagen (§ 119 Abs. 1 2. Fall BGB), Bsp.: Verschreiben, Versprechen
- Eigenschaftsirrtum: der Erklärende hat falsche Vorstellungen über verkehrswesentliche Eigenschaften der Sache oder Person (§ 119 Abs. 2 BGB), Bsp.: Verkauf eines echten Picasso in der Annahme, es handele sich um eine Kopie; Irrtum über die Kreditwürdigkeit des Geschäftspartners
- Übermittlungsirrtum: die Willenserklärung wurde durch eine Übermittlungsinstanz irrtümlich falsch übermittelt (§ 120 BGB), Bsp.: Erklärungsbote, Post etc. geben anstelle der vorgesehenen Willenserklärung irrtümlich eine andere Erklärung ab
- Arglistige Täuschung: durch Täuschung wird bewusst ein Irrtum hervorgerufen oder aufrechterhalten (§ 123 Abs. 1 1.Fall BGB), Bsp.: Verkäufer eines Gebrauchtwagens gibt falschen km-Stand an, Vorlage gefälschter Bilanzen bei Unternehmensveräußerung
- Widerrechtliche Drohung: durch rechtswidrige Drohung wird der Erklärende zur Abgabe der Willenserklärung gebracht (§ 123Abs. 1 2.Fall BGB), Bsp.: Drohung mit Gewalt, sollte der Kaufvertrag nicht abgeschlossen werden

75. Welche Voraussetzungen müssen für eine wirksame Anfechtung erfüllt sein?

Für die wirksame Anfechtung einer Willenserklärung muss ein Anfechtungsgrund vorliegen, der kausal für die Abgabe der Willenserklärung war; eine Anfechtungserklärung gegenüber dem richtigen Anfechtungsgegner abgegeben werden; die Anfechtungsfrist eingehalten werden.

76. Nennen Sie die Rechtsfolgen einer Anfechtung für das Verpflichtungs- und das Verfügungsgeschäft.

Das Verpflichtungsgeschäft wird ex tunc nichtig (§ 142 Abs. 1 BGB). Das Verfügungs- bzw. Erfüllungsgeschäft bleibt aufgrund des Abstraktionsprinzips wirksam.

77. In welchen Fällen und in welchem Umfang hat der Anfechtende Schadensersatz zu leisten?

Die Schadensersatzpflicht des Anfechtenden bestimmt sich nach § 122 BGB: er hat Schadensersatz zu leisten, wenn ein Fall des Inhalts-, Erklärungs-, Eigenschafts- oder Übermittlungsirrtums vorlag (§§ 119, 120 BGB). Der Umfang des Schadensersatzes bestimmt sich nach der Höhe des Vertrauensschadens (=negatives Interesse: der Schaden, der durch das Vertrauen auf die Gültigkeit der Erklärung entstanden ist, z. B. durch Vertrauen auf die wirksame Annahme des Vertragsangebotes). Der Höhe nach wird dieser Anspruch allerdings durch das Erfüllungsinteresse (=positives Interesse: Wie stünde der Geschäftsgegner bei Erfüllung des Vertrages?) begrenzt.

78. Definieren Sie die Stellvertretung.

Stellvertretung bedeutet rechtsgeschäftliches Handeln im Namen des Vertretenen mit der Folge, dass dieser unmittelbar berechtigt und verpflichtet wird.

79. Stellen Sie die Rechtsbeziehungen der beteiligten Personen dar.

Die Stellvertretung setzt drei beteiligte Personen voraus: den Vertreter, den Vertretenen und den Dritten. Die Rechtsbeziehung zwischen dem Vertreter und dem Vertretenen bezeichnet man als Innenverhältnis (Anlass und Rechtsgrund für das Handeln des Vertreters, z. B. Dienstvertrag oder Auftrag). Die Beziehung zwischen dem Vertreter und dem Dritten ist das Außenverhältnis. Das Rechtsgeschäft kommt bei wirksamer Stellvertretung unmittelbar zwischen dem Vertretenen und dem Dritten zustande.

80. Welche Arten der Stellvertretung kennen Sie?

Es gibt die gesetzliche und die rechtsgeschäftliche Stellvertretung. Die rechtsgeschäftliche Stellvertretung bezeichnet man als Vollmacht.

81. Auf welche Weise kann eine Vollmacht erteilt werden?

Eine Vollmacht kann als Innenvollmacht (§ 167 Abs. 1 1. Fall BGB), als Außenvollmacht (§ 167 Abs. 1, 2. Fall BGB), als nach außen kundgemachte Innenvollmacht (§§ 171 Abs. 1 1. Fall, 172 Abs. 1 BGB) und als Vollmacht an die Öffentlichkeit (§ 171 Abs. 1 2. Fall BGB) erteilt werden.

82. Ist die Erteilung der Vollmacht formbedürftig?

Grundsätzlich ist die Erteilung der Vollmacht nicht formbedürftig (vgl. § 167 Abs. 2 BGB). Von diesem Grundsatz gibt es allerdings einige Ausnahmen:

- Beispiele für gesetzliche Ausnahmen: §§ 1484 Abs. 2, 1945 Abs. 3 BGB; § 2 Abs. 2 GmbHG; §§ 134 Abs. 3, 135 AktG
- Ausnahmen werden darüber hinaus auch gemacht, wenn Sinn und Zweck der Formbedürftigkeit des Grundgeschäftes dies erfordern. Dies ist insbesondere der Fall, wenn der Vollmachtgeber eine Vollmacht zum Abschluss eines formbedürftigen Rechtsgeschäftes unwiderruflich erteilt (z. B.: unwiderrufli-

che Vollmacht zu einer Grundstücksveräußerung; die Schutzvorschrift des § 311 b Abs. 1 BGB würde ansonsten umgangen).

83. Was versteht man unter einer Duldungs- und Anscheinsvollmacht?

Bei der Duldungsvollmacht tritt jemand als Vertreter des Geschäftsherrn auf und tätigt Rechtsgeschäfte, ohne dazu bevollmächtigt zu sein. Der Geschäftsherr hatte zwar keinen Willen zur Vollmachtserteilung, weiß aber davon und duldet das Vorgehen des „Vertreters“, während der Geschäftsgegner diese Duldung nach Treu und Glauben wie eine Bevollmächtigung verstehen musste. Eine Anscheinsvollmacht liegt vor, wenn der Geschäftsherr nichts von dem Auftreten des „Vertreters“ weiß, dies aber hätte erkennen und verhindern müssen und der andere Teil nach Treu und Glauben eine Bevollmächtigung annehmen durfte.

84. Wie kann man den Umfang der Vollmacht einteilen – wer legt ihn fest?

Der Umfang einer Vollmacht lässt sich in Spezialvollmacht, Gattungsvollmacht und Generalvollmacht einteilen. Der Vollmachtgeber selbst bestimmt den Vollmachtsumfang.

85. Wie erlischt die Vollmacht?

Die Vollmacht erlischt nach Maßgabe des zugrunde liegenden Rechtsgeschäftes (§ 168 S. 1 BGB), durch Widerruf (§ 168 S. 2 BGB), durch Fristablauf oder Eintritt einer Bedingung (§§ 158, 163 BGB) oder durch Anfechtung (§§ 119, 120, 123 BGB).

86. Von welchen Rechtsfiguren ist die Stellvertretung zu unterscheiden?

Von der mittelbaren Stellvertretung (Handeln im eigenen Namen, aber im Interesse und auf Rechnung des Geschäftsherrn), dem Boten (Überbringer oder Empfänger fremder Willenserklärungen) und dem Abschlussvermittler (vermittelt den Abschluss von Rechtsgeschäften).

87. Nennen Sie die Voraussetzungen einer wirksamen Stellvertretung.

Die Stellvertretung muss zunächst zulässig (kein höchstpersönliches Rechtsgeschäft) sein. Zudem muss eine eigene Willenserklärung des Vertreters (Abgrenzung zum Boten) im fremden Namen (Abgrenzung zum mittelbaren Stellvertreter; Offenkundigkeitsprinzip: Wille muss grundsätzlich nach außen treten, Ausnahme: Bargeschäft des täglichen Lebens) abgegeben werden. Der Vertreter muss im Rahmen seiner Vertretungsmacht handeln.

88. Was versteht man unter einem „Bargeschäft des täglichen Lebens“?

Als „Bargeschäft des täglichen Lebens“ bezeichnet man ein Rechtsgeschäft, bei dem es für den Geschäftsgegner ohne Belang ist, ob der Vertreter für sich oder einen anderen handelt. Diese Rechtsgeschäfte sind „Geschäfte für den, den es angeht“.

89. Sind die Regeln der Stellvertretung anwendbar, wenn eine Willenserklärung unter fremden Namen abgegeben wird?

Das kommt darauf an: Hat der Geschäftsgegner ein Interesse daran, gerade mit dem Namensträger abzuschließen, dann kommen die Regeln der Stellvertretung entsprechend zur Anwendung. Will der Geschäftsgegner jedoch gerade mit demjenigen ins Geschäft kommen, der ihm gegenüber aufgetreten ist und ist für ihn der Name ohne Bedeutung, dann kommt das Rechtsgeschäft mit dem Handelnden selbst zustande und die Regeln der Stellvertretung finden keine Anwendung.

90. Wann liegt ein Missbrauch der Vertretungsmacht vor? Rechtsfolgen?

Ein Missbrauch der Vertretungsmacht ist in den Fällen der Kollusion (bewusstes, treuwidriges Zusammenwirken zwischen dem Vertreter und dem Geschäftsgegner zum Nachteil des Vertretenen) und des erkennbaren Treueverstoßes (Evidenz) gegeben. Rechtsfolge der Kollision ist die Nichtigkeit nach § 138 Abs. 1 BGB wegen Sittenwidrigkeit. Im Falle der Evidenz kann sich der Geschäftsgegner nach § 242 BGB (Treu und Glauben) nicht auf die Wirksamkeit des Vertrages berufen.

91. Wen treffen die Folgen eines wirksamen Vertretergeschäfts?

Die Folgen eines wirksamen Vertretergeschäfts treffen den Vertretenen und dessen Geschäftspartner.

92. Auf wessen Kenntnis ist bei der Stellvertretung abzustellen?

Das kommt darauf an:

- Grundsätzlich kommt es auf die Kenntnis des Vertreters an (§ 166 Abs. 1 BGB), da dieser eine eigene Willenserklärung abgibt.
- Ausnahmsweise kann sich der Vertretene jedoch dann nicht auf die Unkenntnis des Vertreters berufen, wenn der Vertreter nach bestimmten Weisungen des Vertretenen gehandelt hat (§ 166 Abs. 2 BGB).

93. Was ist ein falsus procurator?

Ein falsus procurator ist ein Vertreter ohne Vertretungsmacht (siehe § 177 BGB).

94. Ist der Vertretene an Verträge des falsus procurator gebunden?

Nein, der Vertrag ist dann zunächst schwebend unwirksam (§ 177 Abs. 1 BGB). Genehmigt der Vertretene allerdings den Vertrag, dann ist er daran rückwirkend gebunden (§§ 182 Abs. 1, 184 Abs. 1 BGB).

95. Unter welchen Voraussetzungen und in welchem Umfang haftet der falsus procurator?

Der falsus procurator haftet, wenn der vermeintlich Vertretene die Genehmigung verweigert, auf Erfüllung oder Schadensersatz (§ 179 Abs. 1 BGB). Kannte der falsus procurator allerdings den Mangel der Vertretungsmacht nicht, so hat er im Rahmen des Schadensersatzanspruches nur den Vertrauensschaden zu ersetzen (negatives Interesse, § 179 Abs. 2 BGB). Im Falle des § 179 Abs. 3 BGB (Kenntnis des Geschäftspartners von der fehlenden Vertretungsmacht, Minderjährigkeit des falsus procurator) entfällt die Haftung.

96. Welche Arten der Stellvertretung gibt es im Handelsrecht?

Im Handelsrecht gibt es die Prokura (§§ 48 ff. HGB), die Handlungsvollmacht (§ 54 HGB) und die Ladenvollmacht (§ 56 HGB).

97. Wer kann Prokura erteilen?

Prokura kann nur von einem Kaufmann oder seinem gesetzlichen Vertreter persönlich und ausdrücklich erteilt werden (§ 48 Abs. 1 HGB).

98. Beschreiben sie den Umfang der Prokura.

Prokura ermächtigt zu allen Arten von gerichtlichen und außergerichtlichen Rechtsgeschäften, die der Betrieb eines Handelsgewerbes mit sich bringt (§ 49 Abs. 1 HGB). Zur Veräußerung und Belastung von Grundstücken bedarf der Prokurist allerdings einer ausdrücklichen Ermächtigung (§ 49 Abs. 2 HGB). Er darf auch keine Inhabergeschäfte (Prinzipalgeschäfte, Bsp.: Prokuraerteilung, Anmeldung der Firma zum Handelsregister) und Grundlagengeschäfte (Bsp.: Änderung der Firma, Einstellung des Betriebes) vornehmen. Auch private Rechtsgeschäfte des Kaufmanns darf er nicht vornehmen.

99. Ist eine Beschränkung des Umfangs der Prokura gegenüber Dritten möglich?

Im Außenverhältnis kann die Prokura gegenüber Dritten nicht beschränkt werden (§ 50 Abs. 1 BGB). Jedoch ist eine Beschränkung der Prokura im Innenverhältnis möglich (was dann aber die Wirksamkeit des Rechtsgeschäfts mit dem Dritten nicht berührt).

100. Wann erlischt die Prokura?

Die Prokura erlischt beispielsweise durch Widerruf (§ 52 Abs. 1 HGB), Tod des Prokuristen und Beendigung des Arbeitsverhältnisses.

101. Muss die Handlungsvollmacht persönlich erteilt werden?

Nein.

102. Welche Arten der Handlungsvollmacht kennen Sie?

Es gibt die Generalhandlungsvollmacht, die Arthandlungsvollmacht und die Spezialhandlungsvollmacht (§ 54 Abs. 1 HGB).

103. Was ist eine Ladenvollmacht?

Unter einer Ladenvollmacht (§ 56 HGB) versteht man die Ermächtigung von Angestellten im Laden oder offenen Warenlager zu Verkäufen (nicht Ankäufen) oder Empfangnahmen, die in einem derartigen Betrieb gewöhnlich entstehen.

104. Was versteht man unter einem Schuldverhältnis im weiteren und im engeren Sinne?

Ein Schuldverhältnis im weiteren Sinne ist die Gesamtheit der Rechtsbeziehungen zwischen einem Gläubiger und einem Schuldner, aus denen sich bestimmte Verpflichtungen und Berechtigungen ergeben (alle Ansprüche). Unter einem Schuldverhältnis im engeren Sinne versteht man die Berechtigung des Gläubigers, von dem Schuldner eine konkrete Leistung zu fordern (einzelner Anspruch; § 241 Abs. 1 BGB).

105. Nennen Sie jeweils ein Beispiel für ein Einzelschuldverhältnis und für ein Dauerschuldverhältnis.

Einzelschuldverhältnis: Kaufvertrag; Dauerschuldverhältnis: Arbeitsvertrag

106. Welche Arten von Schuldverhältnissen kennen Sie? Nennen Sie ein paar Beispiele.

Es gibt gesetzliche (Bsp.: unerlaubte Handlung, §§ 823 ff. BGB; Geschäftsführung ohne Auftrag, §§ 667 ff. BGB), rechtsgeschäftliche (Bsp.: Werkvertrag, §§ 631 ff. BGB; Schenkung, §§ 516 ff. BGB) und vorvertragliche (Bsp.: Betreten eines Kaufhauses mit der Absicht, eine Sache zu kaufen, vgl. § 311 Abs. 2 BGB) Schuldverhältnisse.

107. Wonach bestimmen sich die vertraglichen Leistungspflichten?

Die vertraglichen Leistungspflichten bestimmen sich nach der Art und Ausgestaltung des Schuldverhältnisses. Bei gesetzlichen Schuldverhältnissen sind die Leistungspflichten gesetzlich festgelegt. Im Rahmen vertraglicher Schuldverhältnisse wird der Inhalt der Leistungspflichten grundsätzlich von den Parteien bestimmt (bei fehlender Abrede können ergänzend dispositive gesetzliche Regelungen eingreifen).

108. Was versteht man unter Haupt-, Nebenpflichten und Obliegenheiten?

Hauptpflichten sind die Pflichten, die dem Vertrag das besondere Gepräge geben und deren resultierende Ansprüche den eigentlichen wirtschaftlichen Zweck für die Eingehung des Schuldverhältnisses bilden. Nebenpflichten dienen der Vorbereitung, Durchführung und Sicherung der Hauptleistungspflichten. Obliegenheiten sind keine Leistungspflichten. Die mit ihr belastete Partei hat Obliegenheiten aber im eigenen Interesse zu beachten, um für sie nachteilige Folgen zu verhindern.

109. Worin besteht der Unterschied zwischen Stück- und Gattungsschuld? Wie kommt der Schuldner jeweils seiner Leistungspflicht nach?

Stückschuld liegt vor, wenn der Leistungsgegenstand konkret und individuell bestimmt ist. Der Schuldner muss die bestimmte Sache leisten, um seiner Leistungspflicht nachzukommen. Bei der Gattungsschuld ist der Gegenstand der Leistung nur nach allgemeinen Kriterien festgelegt. Der Schuldner kann auswählen, welches Einzelstück aus der Gattung er auf den Gläubiger übertragen möchte. Er kommt seiner Leistungspflicht nach, indem er eine Sache mittlerer Art und Güte leistet (§ 243 Abs. 1 BGB).

110. Kann man sich bei einer Geldschuld auf seine Zahlungsunfähigkeit berufen?

Nein.

111. Worin besteht der Unterschied zwischen Leistungs- und Erfolgsort?

Leistungsort (bzw. Erfüllungsort) ist der Ort, an dem der Schuldner die Leistungshandlung vorzunehmen hat. Als Erfolgsort bezeichnet man den Ort, an dem der Leistungserfolg eintritt. Leistungs- und Erfolgsort können übereinstimmen, müssen es aber nicht.

112. Wo sind Leistungs- und Erfolgsort bei der Hol-, Bring- bzw. Schickschuld?

Bei der Holschuld befinden sich Leistungs- und Erfolgsort am Wohn- oder Geschäftssitz des Schuldners. Bei der Bringschuld sind Leistungs- und Erfolgsort beim Gläubiger. Bei der Schickschuld liegt der Leistungsort beim Schuldner und der Erfolgsort beim Gläubiger.

113. Wonach bestimmt sich, welcher Ort der Leistungsort ist?

Der Leistungsort bestimmt sich zunächst aus der Vereinbarung der Parteien. Fehlt eine Vereinbarung, so ergibt sich ggf. aus den Umständen des Schuldverhältnisses, wo der Leistungsort sein soll. Ist auch eine Bestimmung danach nicht möglich, so hat die Leistung am Wohn- oder Geschäftssitz des Schuldners zu erfolgen (§ 269 Abs. 1 S. 2 BGB).

114. Was versteht man unter Fälligkeit und Erfüllbarkeit?

Fälligkeit ist der Zeitpunkt, ab dem der Gläubiger die Leistung des Schuldners verlangen darf. Erfüllbarkeit ist der Zeitpunkt, ab dem der Schuldner erfüllen darf.

115. Kann der Gläubiger die Leistung sofort verlangen?

Wenn die Parteien über die Leistungszeit keine andere Vereinbarung getroffen haben und sich aus den Umständen nichts anderes ergibt, kann der Gläubiger die Leistung sofort verlangen (§ 271 Abs. 1 BGB).

116. Darf der Schuldner eine Leistung vor dem vereinbarten Termin erbringen?

Im Zweifel darf der Schuldner die Leistung schon vor der bestimmten Leistungszeit bewirken (§ 271 Abs. 2 BGB).

117. Definieren Sie den Begriff Schaden.

Schaden ist jede unfreiwillige Einbuße an materiellen oder immateriellen Rechtsgütern aufgrund eines bestimmten Ereignisses.

118. Welche Anspruchsgrundlagen für Schadensersatz kennen Sie?

Anspruchsgrundlagen für Schadensersatz ergeben sich aus der Pflichtverletzung vertraglicher (Bsp.: §§ 437 Nr. 3, 280 Abs. 1 BGB), vorvertraglicher (§§ 311 Abs. 2 Nr. 1, 241 Abs. 2, 282, 280 Abs. 1 BGB) oder gesetzlicher (Bsp.: § 823 Abs. 1 BGB) Schuldverhältnisse.

119. Wie wird der Schaden ermittelt?

Der Schaden wird nach der Differenzmethode ermittelt: Die Differenz zwischen der Vermögenslage vor und nach dem schädigenden Ereignis ergibt den Schaden.

120. Worin besteht der Unterschied zwischen einem mittelbaren und einem unmittelbaren Schaden?

Ein unmittelbarer Schaden ist der Schaden, der direkt am verletzten Rechtsgut eingetreten ist. Ein mittelbarer Schaden tritt als Folge der Rechtsgutsverletzung an anderen als den verletzten Rechtsgütern ein.

121. Erklären sie die Begriffe „materieller“ und „immaterieller“ Schaden.

Ein materieller Schaden ist ein in Geld bestimmbarer Vermögensschaden. Unter immateriellem Schaden (Nichtvermögensschaden) versteht man den Schaden, der durch die Beeinträchtigung immaterieller Rechtsgüter (Bsp.: Ehre, Wohlbefinden) entstanden ist.

122. Worin unterscheiden sich Erfüllungs- und Vertrauensschaden?

Erfüllungsschaden ist das positive Interesse: der Geschädigte ist so zu stellen, als wäre ordnungsgemäß erfüllt worden. Vertrauensschaden ist das negative Interesse: der Geschädigte ist so zu stellen, als wäre er das Rechtsgeschäft nie eingegangen.

123. Was versteht man unter der haftungsbegründenden und der haftungsausfüllenden Kausalität?

Haftungsbegründende Kausalität ist gegeben, wenn die Verletzungshandlung zu einer Rechtsgutsbeeinträchtigung geführt hat. Haftungsausfüllende Kausalität liegt vor, wenn diese Rechtsgutsbeeinträchtigung auch einen Schaden verursacht hat.

124. Wie ermittelt man, ob ein Verhalten ursächlich für einen Schaden war?

Nach der Äquivalenztheorie, die wiederum durch die Adäquanztheorie eingeschränkt wird: Grundsätzlich ist zwar jedes Verhalten ursächlich (conditio sine qua non), das nicht hinweggedacht werden kann, ohne dass der Erfolg entfiele. Jedoch muss dieses Verhalten auch generell geeignet gewesen sein, die Art des eingetretenen Erfolges herbeizuführen.

125. Wann wird jemandem das Verschulden einer anderen Person zugerechnet?

Im Falle des § 278 BGB: Der Schuldner muss sich das Verhalten seines Erfüllungsgehilfen wie eigenes Verschulden zurechnen lassen.

126. Sind nur die Vertragspartner berechtigt, vertragliche Schadensersatzansprüche geltend zu machen?

Nein, auch Dritte können bei Vorliegen eines Vertrages mit Schutzwirkung zugunsten Dritter und bei der Drittschadensliquidation vertragliche Schadensersatzansprüche geltend machen.

127. Welche Schadensersatzmöglichkeiten kennt das Gesetz?

Das Gesetz kennt folgende Schadensersatzmöglichkeiten: Naturalrestitution (§ 249 Abs. 1 BGB), Geldersatz bei Personen- und Sachschäden (§ 249 Abs. 2 BGB), Geldersatz nach Fristsetzung (§ 250 BGB), Geldersatz ohne Fristsetzung (§ 251 BGB), Geldersatz bei immateriellem Schaden (§ 253 BGB).

128. Wann kann Geldersatz verlangt werden?

Grundsätzlich hat der Schadensersatz durch Naturalherstellung zu erfolgen (§ 249 Abs. 1 BGB). Geldersatz kann nach § 249 Abs. 2 BGB anstelle der Naturalherstellung verlangt werden, wenn wegen der Verletzung einer Person oder Sache

Schadensersatz zu leisten ist. Geldersatz nach § 250 BGB ist zu leisten, wenn eine angemessene Frist zur Naturalherstellung mit Ablehnungsandrohung gesetzt wurde und diese Frist erfolglos verstrichen ist. Nach § 251 BGB ist Geldersatz auch ohne Fristsetzung zu leisten, wenn die Naturalrestitution nicht möglich oder nicht ausreichend ist. Letztlich ist Geldersatz auch wegen Nichtvermögensschadens nach § 253 BGB möglich.

129. Wann findet ein Vorteilsausgleich statt?

Ein Vorteilsausgleich findet statt, wenn der Schadensersatz eine Besserstellung des Geschädigten bedeuten würde. Der Schadensersatz soll einen Ausgleich für den erlittenen Nachteil, nicht jedoch eine wirtschaftliche Besserstellung des Geschädigten bewirken. Bsp.: Anrechnung ersparter Aufwendungen, Abzug neu für alt.

130. Wann werden entgangene Gebrauchsvorteile ersetzt?

Entgangene Gebrauchsvorteile werden ersetzt, wenn Güter, die zur eigenwirtschaftlichen Lebensführung gehören und potentiell durch den Geschädigten hätten genutzt werden können, tatsächlich nicht genutzt werden konnten. Bsp.: Ersatz für die entgangene Nutzungsmöglichkeit eines privaten Kfz.

131. Nennen Sie die Voraussetzungen für eine Gesamtschuldnerschaft.

Voraussetzungen für eine Gesamtschuldnerschaft: Anspruch gegen mehrere Schuldner; eine Leistungsberechtigung des Gläubigers (d. h. er darf die Leistung nur einmal fordern); Identität des Leistungsinteresses (d. h. inhaltlich eine an der Grenze zur Gleichheit liegende enge Verwandtschaft der Forderungen gegenüber jedem Gläubiger); Gleichstufigkeit (d. h. Gleichrangigkeit) der Schuldner.

132. Was bewirkt die Leistung eines Gesamtschuldners an den Gläubiger?

Die Leistung eines Gesamtschuldners an den Gläubiger bewirkt die Leistungsbefreiung aller Schuldner durch Erfüllung (§ 422 Abs. 1 S. 1 BGB).

133. Worin unterscheiden sich Gesamtgläubiger von den Mitgläubigern?

Ein Gesamtgläubiger kann die ganze Leistung an sich fordern. Ein Mitgläubiger kann nur die Leistung an alle verlangen.

134. Wo ist der Schuldnerwechsel geregelt?

Der Schuldnerwechsel ist gesetzlich in den §§ 414 ff. BGB geregelt.

135. Welche vertraglichen Vereinbarungen kommen für einen wirksamen Schuldnerwechsel in Betracht?

Die Schuldübernahme kann entweder durch einen Vertrag zwischen dem Gläubiger und dem Übernehmer (neuer Schuldner) nach § 414 BGB oder durch einen Vertrag zwischen dem Schuldner und dem Übernehmer mit Genehmigung des Gläubigers nach § 415 Abs. 1 BGB erfolgen.

136. Rechtsfolgen eines Schuldnerwechsels?

Rechtsfolge des Schuldnerwechsels ist, dass nunmehr der Übernehmer vertraglich für die Erfüllung der Schuld haftet und der alte Schuldner befreit ist. Der neue Schuldner kann dem Gläubiger gegenüber alle Einwendungen des alten Schuldners entgegenhalten (§ 417 Abs. 1 S. 1 BGB).

137. Wie kann es zu einem Gläubigerwechsel kommen?

Gläubigerwechsel kann rechtsgeschäftlich durch Abtretung (§§ 398 ff. BGB) oder gesetzlich (cessio legis, vgl. § 412 BGB, Bsp.: § 774 Abs. 1 BGB) erfolgen.

138. Rechtsfolgen eines Gläubigerwechsels?

Rechtsfolge des Gläubigerwechsels ist, dass der neue Gläubiger an die Stelle des alten Gläubigers tritt. Der Schuldner muss nun ihm gegenüber leisten.

139. Auf welche Weise wird der Schuldner geschützt?

Dem Schuldner bleiben die Einwendungen gegenüber dem alten Gläubiger erhalten (§ 404 BGB). Zudem kann der Schuldner auch dem neuen Gläubiger gegenüber mit Forderungen gegen den alten Gläubiger aufrechnen (§ 406 BGB). Ferner muss der neue Gläubiger Leistungen (z. B. Vertragserfüllung) und Rechtshandlungen des Schuldners gegenüber dem alten Gläubiger gegen sich gelten lassen, es sei denn, der Schuldner hatte Kenntnis von der Abtretung (§ 407 Abs. 1 BGB). Nach § 354 a S. 2 HGB schadet bei beiderseitigen Handelsgeschäften und Vereinbarung eines Abtretungsverbotes die Kenntnis des Schuldners von der Abtretung nicht.

140. Kann die vertraglich geschuldete Leistung auch durch eine andere Person als den Schuldner erbracht werden?

Ja: In dem Fall, dass der Schuldner nicht persönlich leisten muss, kann ein Dritter die Leistung bewirken (§ 267 Abs. 1 S. 1 BGB).

141. Was versteht man unter einem Vertrag zu Gunsten Dritter? Bezeichnen Sie die einzelnen Rechtsverhältnisse bei dieser Konstellation (eventuell mit Hilfe einer Skizze).

Ein Vertrag zugunsten Dritter zeichnet sich dadurch aus, dass der Schuldner und der Gläubiger die Bewirkung der Leistung durch den Schuldner an einen Dritten zu dessen Gunsten vereinbaren. Die einzelnen Rechtsverhältnisse stellen sich wie folgt dar:

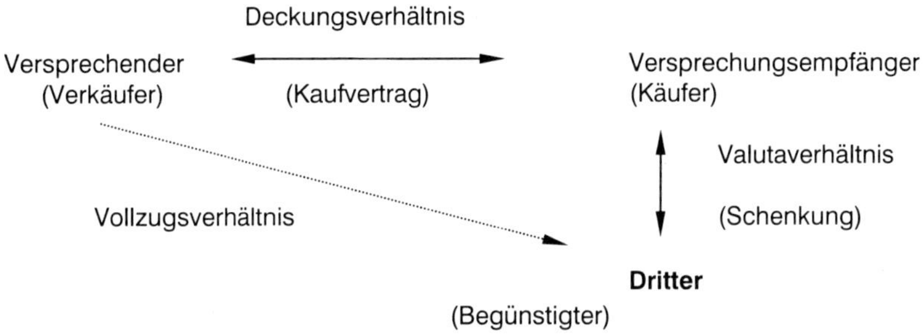

142. Worin besteht der Unterschied zwischen einem echten und einem unechten Vertrag zu Gunsten Dritter?

Der Dritte kann ein eigenes Forderungsrecht erwerben (echter Vertrag zugunsten Dritter). Soll ihm laut Vereinbarung zwischen dem Schuldner und dem Gläubiger kein eigenes Forderungsrecht zustehen (unechter Vertrag zu Gunsten Dritter), kann nur der Gläubiger als Versprechensempfänger von dem Schuldner als Versprechenden die Leistung an den Dritten fordern.

143. Welche Voraussetzungen müssen erfüllt sein, damit ein Dritter in den Schutzbereich eines Vertrages einbezogen wird?

Bei einem Vertrag mit Schutzwirkung zugunsten Dritter müssen zur Einbeziehung des Dritten in den Schutzbereich des Vertrages folgende Voraussetzungen vorliegen: 1. Leistungsnähe Dritter/Gläubiger, 2. Gläubigerinteresse, 3. Erkennbarkeit der Leistungsnähe und des Gläubigerinteresses für den Schuldner, 4. Schutzbedürftigkeit des Dritten.

144. Auf welche Weise kann ein Schuldverhältnis beendet werden?

Ein Schuldverhältnis kann durch Erfüllung (§ 362 BGB), Leistung an Erfüllungs statt (§ 364 Abs. 1 BGB), Hinterlegung bei ausgeschlossener Rückgabe (§§ 372, 378 BGB), Aufrechnung (§§ 387, 389 BGB), Erlass (§ 397 Abs. 1 BGB), negatives Schuldanerkenntnis (§ 397 Abs. 2 BGB), Vergleich (§ 779 Abs. 1 BGB), Rücktritt (§§ 346 ff. BGB), Kündigung, Novation, Konfusion, Zeitablauf und Bedingungseintritt (§ 158 Abs. 2 BGB) beendet werden.

145. Nennen Sie den Unterschied zwischen der Leistung an Erfüllung statt und der Leistung erfüllungshalber.

Bei der Leistung an Erfüllungs statt wird das Schuldverhältnis durch die Leistung beendet. Der Gläubiger nimmt eine andere als die geschuldete Leistung als Erfüllung an. Bei der Leistung erfüllungshalber nimmt der Gläubiger zwar auch eine andere Leistung entgegen. Das Schuldverhältnis erlischt jedoch erst bei Befriedigung des Gläubigers aus dem Geleisteten.

146. Welche Voraussetzungen müssen für eine wirksame Aufrechnung erfüllt sein?

Voraussetzungen einer wirksamen Aufrechnung: 1. Aufrechnungslage (Gegenseitigkeit der Forderungen, Gleichartigkeit der Forderungen, Erfüllbarkeit der Hauptforderung, Fälligkeit und Einredefreiheit der Gegenforderung); 2. Aufrechnungserklärung; 3. Kein Aufrechnungsverbot.

147. Wann liegt Unmöglichkeit vor? Nennen Sie einige Gründe.

Unmöglichkeit liegt vor, wenn die geschuldete Leistung endgültig nicht erbracht werden kann. Gründe sind z. B.: tatsächliche Unmöglichkeit, rechtliche Unmöglichkeit.

148. Welche Arten von Unmöglichkeit gibt es?

Man unterscheidet zwischen objektiver und subjektiver, anfänglicher und nachträglicher Unmöglichkeit.

149. Was passiert mit der Leistungspflicht des Schuldners im Fall der Unmöglichkeit?

Bei Unmöglichkeit der Leistung wird der Schuldner von seiner Leistungspflicht frei (§ 275 Abs. 1 BGB).

150. Unter welchen Voraussetzungen kann der Gläubiger im Fall der nachträglichen Unmöglichkeit Schadensersatz verlangen?

Im Falle der nachträglichen Unmöglichkeit hat der Gläubiger einen Anspruch auf Schadensersatz statt der Leistung (§§ 283, 280 Abs. 1 BGB). Folgende Voraussetzungen müssen dazu vorliegen: 1. Schuldverhältnis; 2. Schuldner braucht nach § 275 Abs. 1 bis 3 BGB nachträglich nicht zu leisten (rechtswidrige Pflichtverletzung durch Nichterfüllung); 3. Verschulden (Vermutung nach § 280 Abs. 1 S. 2 BGB); 4. zurechenbarer Schaden.

151. Nennen Sie die Anspruchsgrundlage für Schadensersatz im Fall der anfänglichen Unmöglichkeit.

§ 311 a Abs. 2 BGB.

152. Welches zusätzliche Recht hat der Gläubiger im Rahmen eines gegenseitigen Vertrages?

Der Gläubiger kann daneben vom Vertrag zurücktreten, §§ 326 Abs. 5, 323 BGB.

153. Gemäß § 326 Abs. 1 S. 1 BGB ist der Gläubiger nicht zur Gegenleistung verpflichtet, wenn der Schuldner nach § 275 Abs. 1-3 BGB nicht zu leisten braucht. Gibt es Ausnahmen?

Ja. Ausnahmen sind:

- § 326 Abs. 2 S. 1 BGB: Der Schuldner behält seinen Gegenleistungsanspruch, wenn der Gläubiger die Unmöglichkeit zu verantworten hat oder er im Annahmeverzug (§ 293 BGB) war.
- Der Gegenleistungsanspruch bleibt auch bestehen, wenn die Preisgefahr nach §§ 446, 447 BGB auf den Gläubiger übergegangen ist.
- Verlangt der Gläubiger das stellvertretende commodum vom Schuldner, bleibt er ebenfalls zur Gegenleistung verpflichtet (§ 326 Abs. 3 BGB).

154. Wann gerät ein Schuldner mit seiner Leistung in Verzug?

Ein Schuldner gerät gemäß § 286 BGB unter folgenden Voraussetzungen mit seiner Leistung in Verzug: 1. fälliger und durchsetzbarer Anspruch; 2. Nichtleistung trotz Möglichkeit; 3. Mahnung oder deren Entbehrlichkeit; 4. Vertretenmüssen (Vermutung nach § 286 Abs. 4 BGB).

155. Der Gläubiger kann im Fall des Verzugs Schadensersatz verlangen. Welche Arten von Schadensersatz kennt das Gesetz? Nennen Sie die Voraussetzungen.

Es gibt zum einen den Ersatz des Verzögerungsschadens als Schadensersatz neben der Leistung nach §§ 280 Abs. 1 und 2I, 286 BGB.

- Voraussetzungen sind: 1. Schuldverhältnis; 2. fälliger und durchsetzbarer Anspruch, 3. Nichtleistung trotz Möglichkeit; 4. Mahnung oder deren Entbehrlichkeit; 5. Vertretenmüssen (Vermutung nach § 286 Abs. 4 BGB); 6. zurechenbarer Schaden.
- Zum anderen gibt es den Schadensersatz statt der Leistung gemäß 280 Abs. 1 und 3, 281 Abs. 1 BGB (Schadensersatz wegen Nichtleistung nach Fristsetzung).
- Voraussetzungen sind: 1. Schuldverhältnis; 2. fälliger und durchsetzbarer Anspruch; 3. Leistung nicht oder nicht wie geschuldet erbracht (verzögerte Leistung); 4. Fristsetzung oder deren Entbehrlichkeit; 5. erfolgloser Ablauf der Frist; 6. Vertretenmüssen (Vermutung nach § 280 Abs. 1 S. 2 BGB); 7. zurechenbarer Schaden.

156. Welches zusätzliche Recht steht dem Gläubiger bei einem gegenseitigen Vertrag zu?

Bei einem gegenseitigen Vertrag kann der Gläubiger zurücktreten, wenn der Schuldner seine Leistung verzögert (§ 323 Abs. 1 BGB).

157. Wie wird der Schadensersatz statt der Leistung im gegenseitigen Vertrag berechnet?

Der Anspruch auf Schadensersatz statt der Leistung bei gegenseitigem Vertrag wird nach der abgeschwächten Differenztheorie berechnet: Der Schaden ergibt sich grundsätzlich aus der Differenz zwischen dem Wert der nicht erfolgten Leistung des Schuldners und dem Wert der ersparten Gegenleistung und ersparten Aufwendungen des Gläubigers zuzüglich etwaiger Folgeschäden. Ausnahmen bestehen in folgenden Fällen: 1. Leistet der Gläubiger, dann wird der Schadensersatz nach der Austauschmethode (Surrogationstheorie) berechnet: An die Stelle der Leistung des Schuldners tritt der Ersatzanspruch wegen der weggefallenen Verbindlichkeit. 2. Der Gläubiger kann seine Leistung nach Rücktritt vom Vertrag auch zurückfordern und im übrigen Schadensersatz verlangen. Den Wert der zurückerlangten Sache muss sich der Gläubiger dann auf den Schadensersatzanspruch anrechnen lassen.

158. Was versteht man unter dem Begriff „Gläubigerverzug“?

Gläubigerverzug bedeutet, dass der Gläubiger mit der Annahme der ordnungsgemäß angebotenen Leistung in Verzug gerät oder eine andere Mitwirkungshandlung unterlässt.

159. Nennen Sie die Voraussetzungen für den Gläubigerverzug.

Voraussetzungen für den Gläubigerverzug: 1. Leistungsberechtigung des Schuldners; 2. Leistungsvermögen des Schuldners; 3. ordnungsgemäßes Leistungsangebot; 4. Nichtannahme der Leistung.

160. Muss der Schuldner die Leistung immer tatsächlich anbieten?

Nein. Unter den Voraussetzungen des § 295 BGB genügt auch ein wörtliches Angebot. Dies ist ausreichend, wenn der Gläubiger erklärt hat, er werde die Annahme verweigern oder wenn zur Bewirkung der Leistung eine Handlung des Gläubigers (Bsp.: Abholung) erforderlich ist. Nach § 296 BGB kann ein Angebot auch entbehrlich sein, wenn zu einer Mitwirkungshandlung des Gläubigers eine Zeit nach dem Kalender bestimmt ist und der Gläubiger die Mitwirkungshandlung unterlässt.

161. Wie haftet der Schuldner während des Annahmeverzugs?

Der Schuldner haftet während des Annahmeverzugs nach § 300 Abs. 1 BGB nur für Vorsatz und grobe Fahrlässigkeit.

162. Wer trägt die Leistungsgefahr für Gattungsschulden beim Annahmeverzug?

Die Leistungsgefahr für Gattungsschulden trägt beim Annahmeverzug der Gläubiger, § 300 Abs. 2 BGB.

163. Was kann der Schuldner vom Gläubiger verlangen, wenn sich dieser im Annahmeverzug befindet?

Der Schuldner kann beim Annahmeverzug vom Gläubiger den Ersatz von Mehraufwendungen für das erfolglose Angebot und die Aufbewahrung und Erhaltung der Sache verlangen, § 304 BGB.

164. Welche Arten von Nebenpflichten gibt es?

Es gibt zum einen leistungsbezogene Nebenpflichten, die der Vorbereitung, Herbeiführung und Sicherung des Leistungserfolges dienen. Zum anderen gibt es leistungsbegleitende bzw. nichtleistungsbezogene Nebenpflichten. Dies sind Schutzpflichten nach § 241 Abs. 2 BGB.

165. Nach welcher Vorschrift kann der Gläubiger Schadensersatz (neben der Leistung) verlangen, wenn eine Nebenpflicht verletzt wird?

Schadensersatz neben der Leistung kann der Gläubiger im Falle jeder Nebenpflichtverletzung nach § 280 Abs. 1 BGB verlangen.

166. Welche Normen sind einschlägig, wenn es um Schadensersatz statt der Leistung geht?

Schadensersatz statt der Leistung kann der Gläubiger im Falle der Verletzung von leistungsbezogenen Nebenpflichten nach §§ 281 Abs. 1 S. 1, 280 Abs. 1 BGB verlangen. Für den Fall der Verletzung von nichtleistungsbezogenen Nebenpflichten (Schutzpflichten) hat der Gläubiger einen Schadensersatzanspruch statt der Leistung nach §§ 282, 280 Abs. 1 BGB.

167. In welchen Fällen haften die Beteiligten im vorvertraglichen Bereich?

Die Beteiligten haften nach § 280 Abs. 1 BGB im vorvertraglichen Bereich (§ 311 Abs. 2 BGB) bei: 1. Aufnahme von Vertragsverhandlungen; 2. Anbahnung eines Vertrages; 3. ähnlichen geschäftlichen Kontakten.

168. Wie wird diese Haftung bezeichnet?

Culpa in contrahendo.

169. Welche Fallgruppen von Pflichtverletzungen kennen Sie?

Pflichtverletzungen beim vorvertraglichen Schuldverhältnis sind z. B.: Verletzung von Schutz-, Aufklärungs- oder Informationspflichten, grundloser Abbruch von Vertragsverhandlungen, Verschulden der Unwirksamkeit des Vertragsschlusses.

170. Unter welchen Voraussetzungen kann ein Vertragspartner vom anderen die Anpassung des Vertrages verlangen?

Eine Anpassung kann bei schwerwiegenden Veränderungen der Umstände, die für den Vertragsschluss wesentlich waren, erfolgen (obj. Geschäftsgrundlage) oder dann, wenn sich die wesentlichen Vorstellungen, die zum Vertragsschluss motivierten, als falsch herausstellten (subj. Geschäftsgrundlage). Sie ist auch möglich, wenn die Parteien bei Kenntnis der tatsächlichen Umstände den Vertrag nicht geschlossen hatten oder das Festhalten am Vertrag für eine Partei unzumutbar wäre. Siehe auch dazu § 313 Abs. 1 BGB.

171. Nennen Sie einige Fallgruppen.

Äquivalenzstörung, übermäßige Leistungserschwerung, gemeinsamer Motivirrtum, Störung des Verwendungszwecks.

172. Was kann Vertragsgegenstand eines Kaufvertrages sein?

Vertragsgegenstand eines Kaufvertrages können Sachen, Rechte und sonstige Gegenstände (z. B. Elektrizität) sein.

173. Nennen Sie die Hauptleistungspflichten der Vertragsparteien.

Hauptleistungspflichten:

- des Verkäufers nach § 433 Abs. 1 BGB: Übergabe der Kaufsache, Eigentumsverschaffung, Lieferung frei von Sach- und Rechtsmängeln
- des Käufers nach § 433 Abs. 2 BGB: Kaufpreiszahlung (Abnahme ist eine Nebenpflicht)

174. Was versteht man unter einem Kauf auf Probe?

Beim Kauf auf Probe nach § 454 BGB handelt es sich um einen speziellen Kaufvertrag, der unter der aufschiebenden (§ 158 Abs. 1 BGB) oder auflösenden (§ 158 Abs. 2 BGB) Bedingung geschlossen wurde, dass der Käufer den Kauf billigt oder missbilligt. Im Zweifel ist der Vertrag unter der aufschiebenden Bedingung der Billigung geschlossen, § 454 Abs. 1 S. 2 BGB.

175. Erklären Sie den Kauf unter Eigentumsvorbehalt.

Beim Kauf unter Eigentumsvorbehalt (§ 449 BGB) behält sich der Eigentümer bis zur vollständigen Kaufpreiszahlung das Eigentum an der Sache vor. Der Eigentumsübergang erfolgt unter der aufschiebenden Bedingung (§ 158 Abs. 1 BGB) der Kaufpreiszahlung. Der Verkäufer bleibt Eigentümer, während der Käufer den Gegenstand nutzen kann und den Kaufpreis meist in Raten zahlt. Mit vollständiger Zahlung des Kaufpreises wird der Käufer dann Eigentümer.

176. Definieren Sie den Verbrauchsgüterkauf. Welche Vorteile bringt dieser mit sich?

Ein Verbrauchsgüterkauf nach §§ 474 ff. BGB ist ein Kaufvertrag über eine bewegliche Sache zwischen einem Verbraucher (§ 13 BGB) und einem Unternehmer (§ 14 BGB). Vorteil der §§ 474 BGB ist ein besonderer Schutz des Verbrauchers: keine Anwendung findet z. B. § 447; es besteht nach § 476 BGB eine Beweislastumkehr; von einigen Vorschriften kann gemäß § 475 BGB nicht abgewichen werden.

177. Ab wann trägt der Verkäufer nicht mehr die Preisgefahr?

Der Verkäufer trägt die Preisgefahr nicht mehr, wenn die Sache an den Käufer übergeben wurde, § 446 BGB.

178. Was versteht man unter einem Sachmangel?

Ein Sachmangel (§ 434 BGB) liegt vor, wenn die Sache bei Gefahrübergang nicht die vereinbarte Beschaffenheit aufweist, bei Fehlen einer Vereinbarung für den vertraglichen oder aufgrund unüblicher Beschaffenheit für den gewöhnlichen Verwendungszweck nicht geeignet ist, wenn die vereinbarte Montage unsachgemäß durchgeführt wurde, die Sache aufgrund einer fehlerhaften Montageanleitung falsch montiert wurde, eine zu geringe Menge oder eine andere Sache geliefert wurde.

179. Wann liegt ein Rechtsmangel vor?

Ein Rechtsmangel (§ 435 BGB) ist gegeben, wenn Dritte in Bezug auf die Kaufsache gegenüber dem Käufer Rechte geltend machen können (z. B. Eigentum eines Dritten).

180. Nennen Sie die Gewährleistungsgrechte, die dem Käufer einer mangelhaften Sache zustehen.

Gewährleistungsrechte sind gemäß § 437 BGB: Nacherfüllung (§ 439 BGB), Rücktritt (§§ 440, 323, 326 Abs. 5 BGB), Minderung (§ 441 BGB), Schadensersatz (§§ 440, 280, 281, 311 a BGB) und Aufwendungsersatz (§ 284 BGB).

181. Hat der Käufer die freie Wahl dieser Rechte?

Der Käufer hat zunächst den Nacherfüllungsanspruch geltend zu machen. Nur in bestimmten Fällen kann er davon absehen. Sodann kann er grundsätzlich frei zwischen den Gewährleistungsrechten wählen. Zu beachten ist dabei, dass er

Rücktritt und Schadensersatz auch kombinieren kann. Ein Rücktritt kommt nur bei erheblichem Mangel in Betracht. Minderung und Rücktritt schließen sich aus. Ersatz vergeblicher Aufwendungen kann nur anstelle des Schadensersatzes verlangt werden.

182. Wann muss der Mangel vorliegen, damit die Gewährleistungsrechte eingreifen? Wer muss das beweisen?

Der Mangel muss bei Gefahrübergang gemäß § 446 BGB vorliegen, damit die Gewährleistungsrechte eingreifen. Beweisen muss dies grundsätzlich der Käufer. Ist der Käufer allerdings Verbraucher, so greift zu seinen Gunsten eine Umkehr der Beweislast ein, wenn der Mangel sich innerhalb der ersten 6 Monate zeigte (§ 476 BGB).

183. Was muss ein Kaufmann beachten, wenn er von einem anderen Kaufmann Ware käuflich erwirbt?

Er hat gemäß § 377 HGB die Pflicht, die Ware unverzüglich zu untersuchen und Mängel unverzüglich anzuzeigen. Ansonsten gilt die Ware als genehmigt.

184. Wann liegt ein Haustürgeschäft vor?

Ein Haustürgeschäft nach § 312 BGB ist gegeben, wenn ein Vertrag zwischen einem Unternehmer und einem Verbraucher zustande kommt, Vertragsgegenstand eine entgeltliche Leistung ist, der Verbraucher zum Vertragsabschluss an seinem Arbeitsplatz oder in der Privatwohnung oder während einer zumindest im Interesse des Unternehmers durchgeführten Freizeitveranstaltung oder durch überraschendes Ansprechen in Verkehrsmitteln bzw. auf öffentlichen Verkehrsflächen bestimmt wurde.

185. Was versteht man unter einem Fernabsatzvertrag? Welche Belehrungspflichten gilt es zu beachten?

Ein Fernabsatzvertrag nach § 312 b BGB ist gegeben, wenn zwischen einem Verbraucher und einem Unternehmer ein Vertrag über die Lieferung von Waren oder die Erbringung von Dienstleistungen abgeschlossen wurde und der Vertragsschluss unter ausschließlicher Verwendung von Fernkommunikationsmitteln im Rahmen eines für den Fernabsatz organisierten Vertriebs- oder Dienstleistungssystems zustande kam. Eine Belehrungspflicht des Unternehmers besteht nach §§ 312 d, 355 BGB: Der Unternehmer muss den Verbraucher über sein Widerrufsrecht belehren. Ansonsten beginnt der Lauf der Widerrufsfrist nicht. Bei Fernabsatzverträgen steht jedoch eine unverzüglich nach Vertragsschluss in Textform mitgeteilte Widerrufsbelehrung einer solchen bei Vertragsschluss gleich, wenn der Unternehmer den Verbraucher gem. Art. 246 § 1 Abs. 1 Nr. 10 EGBGB unterrichtet hat (§ 355 Abs. 2 S. 2 BGB). Wird die Widerrufsfrist dem Verbraucher nach dem maßgeblichen Zeitpunkt mitgeteilt, so beträgt die

Widerrufsfrist statt 14 Tage einen Monat (§ 355 Abs. 2 S. 3 BGB). Ferner bestehen Informationspflichten nach § 312 c BGB in Verbindung mit Art. 246 §§ 1 und 2 EGBGB: Der Unternehmer muss den Verbraucher vor Vertragsabschluss über seine Identität, den Vertragszweck etc. aufklären.

186. Worin unterscheiden sich Dienst- und Werkvertrag?

Werk- und Dienstvertrag haben zwar gemeinsam, dass eine entgeltliche Tätigkeit geschuldet ist. Beim Werkvertrag wird jedoch ein Leistungserfolg geschuldet, während beim Dienstvertrag nur das Tätigwerden an sich Vertragsgegenstand ist.

187. Nennen Sie die Hauptleistungspflichten des Unternehmers und des Bestellers.

Hauptleistungspflicht des Unternehmers ist die Erstellung des mangelfreien Werkes (§§ 631 Abs. 1, 633 Abs. 1 BGB). Hauptleistungspflichten des Bestellers sind die Entrichtung der vereinbarten Vergütung (§ 631 Abs. 1 BGB) und die Abnahme (§ 640 Abs. 1 S. 1 BGB) des Werkes.

188. In welchem Verhältnis stehen diese Pflichten zueinander?

Im Gegenseitigkeitsverhältnis, d. h. sie sind Zug-um-Zug zu erfüllen (§ 320 BGB).

189. Muss der Besteller eine Vergütung entrichten, wenn keine Vereinbarung darüber getroffen wurde?

Ja. Fehlt eine ausdrückliche Vergütungsabrede, so gilt eine Vergütung nach § 632 Abs. 1 BGB als stillschweigend vereinbart, wenn die Herstellung des Werkes den Umständen nach nur gegen eine Vergütung zu erwarten war.

190. Was gilt, wenn die Parteien keine Vereinbarung über die Höhe der Vergütung getroffen haben?

Wenn die Parteien keine Vereinbarung über die Höhe der Vergütung getroffen haben, so gilt die taxmäßige bzw. in Ermangelung einer Taxe die übliche Vergütung als vereinbart, § 632 Abs. 2 BGB.

191. Was versteht man unter der Abnahme?

Abnahme ist die Annahme des Werkes unter Anerkennung als vertragsgemäß.

192. Welche Arten von Abnahmen gibt es?

Die Abnahme kann rechtsgeschäftlich als tatsächliche Annahme unter Billigung erfolgen, tritt bei unkörperlichen Werken mit der Vollendung des Werkes ein (§ 646 BGB), oder wird fingiert (§§ 640 Abs. 1 S. 3, 641 a BGB).

193. § 644 BGB regelt die Vergütungsgefahr. Beurteilt sich danach auch die Leistungsgefahr?

Nicht in jedem Fall: § 644 BGB regelt die Vergütungsgefahr. Bei Unmöglichkeit der Neuherstellung beurteilt sich die Leistungsgefahr, also die Frage, ob der Unternehmer weiterhin zur Erstellung des Werkes verpflichtet ist, nach § 275 BGB. Nur Im Falle der Möglichkeit der Neuherstellung fallen Leistungs- und Vergütungsgefahr zusammen. Dann richtet sich also die Frage, ob der Unternehmer das Werk erneut herstellen muss, danach, ob die Vergütungsgefahr auf den Besteller übergangen ist.

194. Wann trägt der Unternehmer die Vergütungsgefahr?

Der Unternehmer trägt die Vergütungsgefahr grundsätzlich bis zur Abnahme des Werkes, § 644 Abs. 1 S. 1 BGB).

195. Unter welchen Voraussetzungen geht die Vergütungsgefahr auf den Besteller über?

Ein Übergang der Vergütungsgefahr auf den Besteller erfolgt nach Abnahme des Werkes (§ 644 Abs. 1 S. 1 BGB), wenn der Besteller in Annahmeverzug (§ 644 Abs. 1 S. 2 BGB) gerät oder der Unternehmer das Werk auf Verlangen des Bestellers versendet hat (§ 644 Abs. 2 BGB).

196. Welche Situation regelt § 645 BGB?

§ 645 BGB regelt weitere Fälle, in denen der Besteller die Vergütungsgefahr trägt, d. h. der Unternehmer trotz zufälligen Untergangs des Werkes den seiner bisherigen Leistung entsprechenden Teil des Werklohnes plus Aufwendungen erhält. Dies ist der Fall, wenn der Untergang des Werkes auf einen vom Besteller gelieferten Stoff zurückzuführen ist oder der Schaden aufgrund einer Anweisung des Bestellers entstanden ist.

197. Wann wird § 645 BGB analog angewendet?

§ 645 BGB wird analog angewendet, wenn die Leistung infolge eines Umstandes, der in der Person des Bestellers liegt, unmöglich wird oder der Leistungszweck erreicht wird.

198. Welche Rechte kann der Besteller geltend machen, wenn das Werk mangelhaft ist?

Die Gewährleistungsrechte des Bestellers sind in § 634 Nr. 1 bis 4 BGB geregelt: Nacherfüllung, Selbstvornahme nebst Aufwendungsersatz, Rücktritt oder Minderung, Schadensersatz oder Ersatz vergeblicher Aufwendungen.

199. Was versteht man unter einem Werklieferungsvertrag?

Ein Werklieferungsvertrag liegt vor, wenn die Lieferung einer herzustellenden oder zu erzeugenden beweglichen Sache geschuldet ist, § 651 S. 1 BGB.

200. Welche Besonderheit ist bei einem derartigen Vertrag zu beachten?

Besonderheiten gelten bei unvertretbaren Sachen nach § 651 S. 3 BGB: Neben den kaufrechtlichen Normen finden auch die §§ 642, 643, 645, 649 und 650 BGB mit der Maßgabe Anwendung, dass an die Stelle der Abnahme der Gefahrübergang nach §§ 446, 447 BGB tritt.

201. Auf welche Weise kann ein Werkvertrag beendet werden?

Ein Werkvertrag kann durch Erfüllung (d. h. Ausführung des Werkes, dessen Abnahme und Bezahlung), durch Rücktritt bei Ausübung eines vertraglichen oder gesetzlichen (Gewährleistung, §§ 634 Nr. 3, 636 BGB) Rücktrittsrechts oder durch Kündigung (§§ 643, 649 BGB) beendet werden.

202. Worin unterscheidet sich der Dienst- vom Werkvertrag?

Beim Werkvertrag wird ein Leistungserfolg geschuldet, während beim Dienstvertrag nur das Tätigwerden an sich Vertragsgegenstand ist.

203. Wann handelt es sich um einen Arbeitsvertrag bzw. um einen sonstigen Dienstvertrag?

Ein Arbeitsvertrag ist gegeben, wenn der Dienstverpflichtete weisungsabhängig tätig wird. Ein Dienstvertrag im Übrigen liegt vor bei der Verpflichtung des Dienstverpflichteten zu weisungsfreien, selbständigen bzw. unabhängigen Diensten.

204. Was sind die Hauptleistungspflichten bei einem Dienstvertrag?

Hauptleistungspflichten bei einem Dienstvertrag sind die Erbringung der Dienste durch den Dienstverpflichteten und die Entrichtung der Vergütung durch den Dienstberechtigten.

205. Welche Nebenpflichten müssen die Vertragsparteien beachten?

Nebenpflichten des Dienstverpflichteten sind z. B. die Rücksichtnahmepflicht, insbesondere die Treuepflicht gegenüber dem Arbeitgeber. Nebenpflichten des Dienstberechtigten sind z. B. die Fürsorgepflicht, die Pflicht zur ordnungsgemäßen Lohnabrechnung und die Gleichbehandlung.

206. Wann ist die Vergütung fällig?

Die Vergütung ist grundsätzlich fällig, wenn der Dienst erbracht ist, § 614 S. 1 BGB.

207. In welchen Fällen hat der Dienstverpflichtete einen Anspruch auf die Vergütung, obgleich er keine Leistung erbracht hat?

In den Fällen der §§ 615, 616 BGB, also beim Annahmeverzug des Dienstverpflichteten gemäß § 615 S. 1 BGB, bei Arbeitsausfall und Risikotragung des Dienstberechtigten gemäß § 615 S. 3 BGB und bei Dienstverhinderung nach § 616 BGB hat der Dienstverpflichtete entgegen dem Grundsatz „Ohne Arbeit kein Lohn" einen Anspruch auf die Vergütung.

208. Welche Normen sind einschlägig, wenn die Dienste nicht ordnungsgemäß erbracht werden?

Wenn die Dienste nicht ordnungsgemäß erbracht werden, so richtet sich die Gewährleistung nach den allgemeinen Vorschriften der §§ 280 ff. BGB. § 323 BGB ist hier wegen Vorranges der Kündigung allerdings nicht einschlägig.

209. Was versteht man unter einem faktischen Arbeitsverhältnis?

Ein faktisches Arbeitsverhältnis liegt vor, wenn kein wirksamer Arbeitsvertrag abgeschlossen wurde und bereits Leistungen erfolgt sind. Bei der Rückabwicklung dieser Leistungen wird das Verhältnis zwischen den Parteien so angesehen, als ob die Leistungen in der Vergangenheit aufgrund eines fehlerfreien Vertrages erbracht worden wären.

210. Auf welche Weise kann der Dienstvertrag beendet werden?

Ein Dienstvertrag kann durch Tod des Dienstverpflichteten (§ 613 S. 1 BGB), Zeitablauf (§ 620 Abs. 1 S. 3 BGB), Kündigung (§§ 621, 622, 624, 626, 627 BGB), Anfechtung und Aufhebungsvertrag beendet werden.

211. Was kann Gegenstand eines Mietvertrages sein?

Gegenstand eines Mietvertrages kann eine bewegliche oder eine unbewegliche Sache sein.

212. Ist der Abschluss des Mietvertrages formpflichtig?

Grundsätzlich kann ein Mietvertrages formlos geschlossen werden. Bei Wohnraummietverträgen ist allerdings zu beachten, dass ein Mietvertrag für längere Zeit als 1 Jahr als auf unbestimmte Zeit geschlossen gilt, wenn er nicht schriftlich geschlossen wurde, § 550 1 BGB.

213. Nennen Sie die Hauptleistungspflichten der Parteien.

Hauptleistungspflichten der Parteien:

- Vermieter: Gebrauchsgewährung (§ 535 Abs. 1 S. 1 BGB), Überlassung und Erhaltung der Mietsache in einem vertragsgemäßen Zustand (§ 535 Abs. 1 S. 2 BGB)
- Mieter: Entrichtung der vereinbarten Miete (§ 535 Abs. 2 BGB)

214. Worin unterscheiden sich der Leihvertrag und der Pachtvertrag vom Mietvertrag?

Beim Leihvertrag (§§ 598 ff. BGB) erfolgt die Überlassung einer Sache auf Zeit im Gegensatz zur Miete unentgeltlich. Der Pachtvertrag (§§ 581 ff. BGB) unterscheidet sich vom Mietvertrag dadurch, dass auch Rechte zum Gebrauch überlassen werden können und die Fruchtziehung aus der Pachtsache gewährt wird.

215. Wann ist die Miete fällig?

Die Miete ist für Wohnraum und andere Räume ist zu Beginn des Vertragsverhältnisses, und zwar spätestens bis zum dritten Werktag des vereinbarten Zeitabschnittes (z. B. Monat bei Monatsmiete) fällig, §§ 556 b Abs. 1, 579 Abs. 2 BGB. Bei den übrigen Mietobjekten tritt die Fälligkeit am Ende der Mietzeit ein.

216. Wann ist eine Mietsache mangelhaft?

Eine Mietsache ist mangelhaft, wenn ihr Ist-Zustand vom vertraglich vereinbarten Soll-Zustand nachteilig abweicht. Dies ist der Fall, wenn die Tauglichkeit der Sache zum vertragsgemäßen Gebrauch aufgehoben oder gemindert ist, § 536 Abs. 1 BGB. Als Mangel gilt auch das Fehlen einer zugesicherten Eigenschaft, § 536 Abs. 2 BGB.

217. Unter welchen Voraussetzungen ist die Miete gemindert?

Die Miete ist nach § 535 S. 2 BGB gesetzlich gemindert, wenn eine Mangel der Mietsache vorliegt und die Gebrauchstauglichkeit nicht unerheblich gemindert ist.

218. Wann kann der Mieter Schadensersatz verlangen?

Schadensersatz (§ 536 a BGB) kann der Mieter verlangen, wenn entweder ein Mangel bei Vertragsschluss vorliegt (verschuldensunabhängige Garantiehaftung), oder bei erst später entstehendem Mangel der Vermieter den Mangel zu vertreten hat bzw. mit dessen Beseitigung in Verzug kommt.

219. Welche Rechte hat der Vermieter, wenn der Mieter die Miete nicht zahlt?

Wenn der Mieter die Miete nicht zahlt, kann der Vermieter dem Mieter z. B. kündigen, §§ 543 Abs. 2 Nr. 3, 569 Abs. 3 BGB. Ansonsten stehen ihm Rechte nach den allgemeinen Vorschriften der §§ 280 ff. BGB zu. Nutzt der Mieter das Mietobjekt in vertragswidriger Weise, so kann der Vermieter Unterlassungsklage gemäß § 541 BGB erheben, Schadensersatz gemäß § 280 Abs. 1 BGB und § 823 BGB verlangen und dem Mieter kündigen, § 543 Abs. 2 S. 1 Nr. 2; §§ 569 Abs. 2, 543 Abs. 1 S. 2; § 573 Abs. 2 Nr. 1 BGB.

220. *Auf welche Weise kann ein Mietverhältnis beendet werden?*

Ein Mietverhältnis kann beendet werden durch Zeitablauf, Kündigung, Eintritt einer auflösenden Bedingung (außer bei Wohnraummietverhältnissen zum Nachteil des Mieters), Vertragsaufhebung und Anfechtung.

221. *In welchem Fall bedarf es einer bestimmten Form?*

Einer bestimmten Form, und zwar der schriftlichen Form, bedarf die Kündigung eines Mietverhältnisses über Wohnraum, § 568 Abs. 1 BGB.

222. *Nennen Sie die Pflichten der Parteien eines Leasingvertrages.*

Beim Leasingvertrag überlässt in der Regel der Leasinggeber dem Leasingnehmer eine Sache zum Gebrauch. Der Leasingnehmer muss dafür an den Leasinggeber die vereinbarten Leasingraten entrichten. Instandhaltungspflichten treffen nach der Überlassung des Gegenstandes den Leasingnehmer. Die Mängelgewährleistung hinsichtlich des Leasinggutes wird im Verhältnis Leasinggeber-Leasingnehmer grundsätzlich ausgeschlossen. Im Gegenzug überträgt allerdings der Leasinggeber seine Ansprüche gegen den Hersteller/Lieferanten auf den Leasingnehmer.

223. *Neben den Parteien des Leasingvertrages ist noch der Hersteller bzw. Lieferant von Bedeutung. Welche Rechtsverhältnisse bestehen zwischen diesen Personen?*

Rechtsverhältnisse zwischen den Personen des Leasingvertrages:

- Zwischen dem Leasinggeber und dem Hersteller/Lieferanten liegt häufig ein Kaufvertrag vor.
- Der Leasingvertrag wird zwischen dem Leasinggeber und dem Leasingnehmer abgeschlossen.
- Die Lieferung der Sache, sollte sie nicht bereits durch den Leasinggeber selbst überlassen worden sein, erfolgt zwischen dem Hersteller/Lieferanten und dem Leasingnehmer, der sich die Sache im Übrigen ausgesucht hat.
- Für den Hersteller/Lieferanten ist der Leasingnehmer Erfüllungsgehilfe des Leasinggebers in Bezug auf die Abnahmepflicht.
- Hinsichtlich Lieferung, Aufklärung und Information ist der Hersteller/Lieferant im Verhältnis zum Leasingnehmer seinerseits Erfüllungsgehilfe des Leasinggebers.

224. Welche Arten von Leasingverträgen gibt es?

Leasingverträge gibt es in folgenden Formen: Finanzierungsleasing, Operatingleasing, Herstellerleasing, Nullleasing, Sale-and-lease-back-Leasing.

225. Unter welchen Voraussetzungen sind die Rechte aus den §§ 536 ff. BGB gegenüber dem Leasingnehmer abdingbar?

Die Rechte aus den §§ 536 ff. BGB sind gegenüber dem Leasingnehmer nur abdingbar, wenn der Leasinggeber seinerseits seine Rechte (z. B. aus §§ 434 ff. BGB) gegenüber dem Hersteller/Lieferanten auf den Leasingnehmer überträgt.

226. Welche zwei Arten von Darlehensverträgen kennt das Gesetz?

Das Gesetz kennt den Gelddarlehensvertrag (§§ 488 ff. BGB) und den Sachdarlehensvertrag (§§ 607 ff.).

227. Worin besteht der Unterschied zum Leihvertrag?

Der Unterschied zum Leihvertrag besteht darin, dass beim Gelddarlehensvertrag nur Geld – und nicht wie bei der Leihe eine Sache – Vertraggegenstand sein kann und beim Sachdarlehensvertrag zwar auch Sachen überlassen werden, am Ende des Vertragsverhältnisses jedoch nicht dieselbe Sache zurückgegeben wird.

228. Ist der Darlehensvertrag ein gegenseitig verpflichtender Vertrag?

Ja, denn beim Darlehensvertrag gibt es Leistungspflichten, die im Gegenseitigkeitsverhältnis miteinander stehen.

229. Nennen Sie die Pflichten der Vertragsparteien.

Der Darlehensgeber ist bei einem Gelddarlehensvertrag verpflichtet, dem Darlehensnehmer den vereinbarten Geldbetrag zur Verfügung zu stellen, § 488 Abs. 1 S. 1 BGB. Im Gegenseitigkeitsverhältnis dazu steht die Verpflichtung des Darlehensnehmers, den vereinbarten Darlehenszins zu zahlen, § 488 Abs. 1 S. 2 Hs. 1 BGB. Der Darlehensnehmer ist ferner verpflichtet, die Darlehenssumme bei Fälligkeit zurückzuerstatten, § 488 Abs. 1 S. 2 Hs. 2 BGB.

230. Auf welche Weise kann der Darlehensvertrag beendet werden?

Der Darlehensvertrag kann beendet werden durch Zeitablauf, Rückerstattung des Darlehens im Fall des § 488 Abs. 3 S. 3 BGB, Rücktritt unter den Voraussetzungen der §§ 323, 324 BGB, Kündigung (unbestimmte Laufzeit: § 488 Abs. 3 S. 1 BGB; bestimmte Laufzeit: ordentliche Kündigung § 489 BGB, außerordentliche Kündigung § 490 BGB; Kündigung bei Störung der Geschäftsgrundlage, § 313 BGB; Kündigung aus wichtigem Grund, § 314 BGB), Eintritt einer auflösenden Bedingung § 158 Abs. 2 BGB, Anfechtung §§ 119 und 123 BGB oder durch Aufhebungsvertrag.

231. Was versteht man unter einem Verbraucherdarlehensvertrag?

Ein Verbraucherdarlehensvertrag ist ein entgeltlicher Darlehensvertrag zwischen einem Unternehmer und einem Verbraucher (Legaldefinition in § 491 Abs. 1 BGB).

232. Welche Besonderheiten müssen beim Vertragsschluss beachtet werden?

Besonderheiten beim Vertragsschluss sind die Formvorschriften des § 492 Abs. 1 S. 1, 2 BGB (Schriftform) und des § 492 Abs. 2 BGB in Verbindung mit Art. 247 §§ 6 bis 13 EGBGB (notwendiger Vertragsinhalt). Dem Verbraucher steht auch ein Widerrufsrecht nach §§ 495, 355 BGB zu. Es sind jedoch die Besonderheiten des § 495 Abs. 2 BGB zu beachten. Die §§ 355 bis 359a BGB gelten nur eingeschränkt. An die Stelle der Widerrufsbelehrung treten die Pflichtangaben nach Art. 247 § 6 Abs. 2 EGBGB. In dem Vertrag müssen Angaben zur Widerrufsfrist und zu anderen Umständen für die Erklärung des Widerrufs sowie ein Hinweis auf die Verpflichtung des Darlehensnehmers enthalten sein, ein bereits ausbezahltes Darlehen zurückzuzahlen und Zinsen zu vergüten. Der pro Tag zu zahlende Zinsbetrag ist anzugeben (Art. 247 § 6 Abs. 2 EGBGB).

233. Welche Rechtsfolge tritt ein, wenn diese Besonderheiten nicht beachtet werden?

Werden die Formvorschriften der § 492 Abs. 1 S. 1 und § 492 Abs. 2 BGB nicht beachtet, so ist der Vertrag nichtig. Er kann jedoch geheilt werden, wenn der Darlehensnehmer das Darlehen empfängt oder in Anspruch nimmt, § 494 Abs. 2 S. 1 BGB. Folge der unterbliebenen oder nicht vollständigen Pflichtangaben gem. § 495 Abs. 2 Nr. 1 BGB in Verbindung mit Art. 247 § 6 Abs. 2 EGBGB ist, dass diese Angaben nach wirksamen Vertragsschluss oder nach Heilung des Vertrags gem. § 494 Abs. 2 S. 1 BGB in Textform nachgeholt werden können. Der Darlehensnehmer muss spätestens im Zeitpunkt der Nachholung der Angaben eine der in § 355 Abs. 3 S. 2 BGB genannten Unterlagen erhalten. Werden die Angaben nachgeholt, beträgt die Widerrufsfrist abweichend von § 495 BGB einen Monat. Mit der Nachholung der Angaben ist der Darlehensnehmer in Textform darauf hinzuweisen, dass die Widerrufsfrist von einem Monat nach Erhalt der nachgeholten Angaben beginnt, § 492 Abs. 6 BGB. Sofern der Vertrag trotz fehlender Angaben wirksam ist (bei fehlenden Angaben gem. Art. 247 §§ 7 und 8 EGBGB) oder der Vertrag durch Inanspruchnahme oder Empfang des Darlehens nachträglich wirksam geworden ist und die fehlenden Angaben nicht nachgeholt werden, beginnt die Widerrufsfrist nicht zu laufen. Der Verbraucher hat somit auch lange Zeit nach dem Vertragsschluss die Möglichkeit, die Vertragsauflösung durch Widerruf herbeizuführen.

234. Was versteht man unter verbundenen Verträgen?

Ein verbundener Vertrag (§ 358 BGB) liegt vor, wenn z. B. ein Kaufvertrag und ein Verbraucherdarlehensvertrag abgeschlossen werden und beide eine wirtschaftliche Einheit bilden, da der Darlehensvertrag der Finanzierung des Kaufvertrages dienen soll.

235. Wie ist die Rechtslage, wenn einer dieser Verträge wirksam widerrufen wird?

Dann ist auch der andere Vertrag unwirksam (§ 358 Abs. 1 und 2 S. 1 BGB).

236. Was versteht man unter einer Bürgschaft?

Eine Bürgschaft ist ein Vertrag, durch den sich der Bürge gegenüber dem Gläubiger verpflichtet, für die Erfüllung der Verbindlichkeit eines Dritten (des Hauptschuldners) einzustehen.

237. Welche Rechtsbeziehungen sind hierbei auseinander zu halten?

Es ist zwischen folgenden rechtlichen Beziehungen zu differenzieren:

- Bürge – Gläubiger: In diesem Verhältnis liegt der Bürgschaftsvertrag vor.
- Hauptschuldner – Gläubiger: Aus diesem Verhältnis resultiert die Forderung, die durch die Bürgschaft abgesichert werden soll (Hauptforderung). Bsp.: Darlehensvertrag, § 488 BGB
- Bürge – Hauptschuldner: Dieses Verhältnis bildet den Anlass für den Bürgen, die Bürgschaft zu übernehmen. Gegenüber dem Gläubiger ist dieses Verhältnis irrelevant. Bsp.: Auftrag, § 662 BGB; Schenkung § 516 BGB

238. Was ist beim Vertragsschluss zu beachten?

Die Bürgschaftserklärung muss schriftlich erfolgen, § 766 S. 1 BGB (Ausnahme: § 350 HGB).

239. Was ist notwendiger Inhalt einer Bürgschaftsurkunde?

In der Bürgschaftserklärung muss der Verbürgungswille erkennbar zum Ausdruck kommen. Daneben muss die zu sichernde Forderung zumindest bestimmbar sein: Dazu müssen muss sich spätestens bei der Inanspruchnahme des Bürgen die Person des Gläubigers, die Person des Schuldners, sowie Grund und Höhe der Hauptforderung eindeutig ergeben.

240. Was versteht man unter der Akzessorietät der Bürgschaftsschuld?

Akzessorietät der Bürgschaftsschuld bedeutet, dass die Verpflichtung des Bürgen vom Bestand und Umfang der Hauptforderung abhängig ist (siehe § 767 Abs. 1 S. 1 BGB).

241. Woran kann eine formularmäßige Ausdehnung der Bürgschaftsschuld scheitern?

Die formularmäßige Ausdehnung der Bürgschaftsschuld ist nach den Vorschriften der §§ 305 ff. BGB zu prüfen. So kann z. B. eine überraschende Klausel (§ 305 c Abs. 1 BGB) vorliegen, wenn in den AGB des Bürgschaftsvertrages vereinbart ist, dass der Bürge für alle bestehenden und künftigen Forderungen haften soll, Anlass für die Bürgschaft aber ein ganz bestimmtes Geschäft zwischen Schuldner und Gläubiger war. Ferner kann eine formularmäßige Ausdehnung unter Umständen zu einer unangemessenen Benachteiligung (§ 307 Abs. 1 und 2 Nr. 1 BGB) des Bürgen führen.

242. Welche Gegenrechte stehen dem Bürgen zur Verfügung, wenn er vom Gläubiger in Anspruch genommen wird?

Gegenrechte des Bürgen: Einwendungen und Einreden aus dem Bürgschaftsvertrag selbst; Einrede der Vorausklage § 771BGB (Ausnahmen: §§ 349 HGB, 773 BGB); Einwendungen und Einreden (§ 768 BGB) aus dem Verhältnis Hauptschuldner - Gläubiger; Einrede der Anfechtbarkeit und Aufrechenbarkeit (§ 770 BGB).

243. In welcher Weise kann der Bürge vom Hauptschuldner Regress verlangen?

Der Bürge kann vom Hauptschuldner Regress verlangen,

- indem er aus der Hauptforderung des Gläubigers gegen den Schuldner und ggf. den weiteren akzessorischen Sicherheiten, die im Zeitpunkt der Zahlung jeweils gesetzlich auf ihn übergegangen sind (§§ 774 Abs. 1 S. 1, 412, 401 BGB), Befriedigung sucht oder
- indem er aus dem vertraglichen Innenverhältnis zum Hauptschuldner vorgeht (z. B. § 670 BGB bei Auftrag).

244. Wie erfolgt der Ausgleich bei mehreren Sicherungsgebern?

Bei mehreren Bürgen kann der zahlende Bürge gegen die übrigen Bürgen nicht uneingeschränkt vorgehen: Die Bürgen haften untereinander als Gesamtschuldner nach §§ 774, 426 Abs. 1 und 2 BGB. Daher gehen die anderen Bürgschaften auch nur in der Höhe auf den zahlenden Bürgen über, in welcher der gesamtschuldnerische Ausgleichsanspruch besteht. Auch in dem Fall, dass neben der Bürgschaft Realsicherheiten bestehen, wird ein derartiger Ausgleich analog § 426 BGB angenommen.

245. Grenzen Sie die Bürgschaft von der Garantie und dem Schuldbeitritt ab.

Garantie und Schuldbeitritt sind Sicherheiten, die nicht akzessorisch zur Hauptschuld bestehen. Sie unterliegen keinem eigenen Formerfordernis. Im Falle des Schuldbeitritts wird der Beitretende Gesamtschuldner (Gegensatz zur subsidiären Haftung des Bürgen). Die Garantie ist losgelöst von anderen Schuldverhältnissen.

246. Wann liegt ein Auftrag vor?

Ein Auftrag liegt vor, wenn sich jemand verpflichtet, ein Geschäft für einen anderen unentgeltlich zu besorgen (§ 662 BGB).

247. Grenzen Sie den Auftrag vom Gefälligkeitsverhältnis ab.

Bei einem Gefälligkeitsverhältnis sind zwar auch Fremdnützigkeit und Unentgeltlichkeit charakteristisch. Jedoch haben die Parteien keinen Rechtsbindungswillen.

248. Nennen Sie die Pflichten des Beauftragten.

Der Beauftragte hat das übertragene Geschäft ordnungsgemäß auszuführen. Von Weisungen darf er nur bei mutmaßlichem Einverständnis des Geschäftsherrn abweichen, § 665 S. 1 BGB. Ihn trifft eine Auskunfts- und Rechenschaftspflicht, § 666 BGB. Er hat ferner alles, was er zur Auftragsausführung erhält oder was er aus der Geschäftsbesorgung erlangt, herauszugeben, § 667 BGB.

249. Was versteht man unter Aufwendungen?

Aufwendungen sind freiwillige Vermögensopfer des Beauftragten oder Vermögensopfer, die er auf Anweisung des Auftraggebers macht.

250. Unter welchen Voraussetzungen kann der Beauftragte sie ersetzt verlangen?

Der Beauftragte bekommt nach § 670 BGB Aufwendungsersatz. Ersetzt werden müssen allerdings nur die Aufwendungen, die der Beauftragte für erforderlich halten durfte.

251. Wann endet ein Auftrag?

Ein Auftrag endet durch Erfüllung (§ 362 Abs. 1 BGB), Zeitablauf, Widerruf durch den Auftraggeber (§ 671 Abs. 1 1. Hs. BGB), Kündigung durch den Beauftragten (§ 671 Abs 1 2. Hs., Abs. 2 BGB), Tod des Beauftragten (§ 673 BGB), Eintritt einer auflösenden Bedingung (§ 158 Abs. 2 BGB) und Aufhebungsvertrag.

252. Grenzen Sie den Fracht-, Speditions- und Lagervertrag voneinander ab.

Der Frachtvertrag zeichnet sich dadurch aus, dass der Frachtführer nach § 407 HGB verpflichtet wird, das Gut zum Bestimmungsort zu befördern und dort an den Empfänger abzuliefern. Der Absender muss die vereinbarte Fracht zahlen. Nach § 453 Abs. 1 HGB wird beim Speditionsvertrag der Spediteur verpflichtet, das Gut zur Versendung zu bringen. Er führt die Versendung grundsätzlich nicht selbst durch, sondern überlässt sie einem Frachtführer. Mit diesem schließt der

Spediteur einen Frachtvertrag. Beim Lagervertrag verpflichtet sich der Lagerhalter gemäß § 467 Abs. 1 HGB, das Gut zu lagern und aufzubewahren.

253. Beschreiben Sie die wesentlichen Rechte und Pflichten der Vertragsparteien der unter Nr. 1 genannten Verträge.

Rechte und Pflichten der Vertragsparteien

- beim Frachtvertrag:

▪ Frachtführer: Beförderung des Gutes zum Bestimmungsort und Ablieferung an den Empfänger, § 407 Abs. 1 HGB; betriebssichere Verladung, § 412 Abs. 1 S. 2 HGB; Beachtung von Weisungen, § 418 HGB; Einhaltung der Lieferfrist, § 423 HGB; sorgfältige Behandlung des Frachtgutes, zum Beispiel: § 419 Abs. 1 S. 1, Abs. 3 HGB; Haftung für Güter- und Verspätungsschäden, § 425 HGB.

▪ Absender: Entrichtung der Vergütung (Fracht) für Beförderung, § 407 Abs. 2 HGB; Aufwendungsersatz, § 420 Abs. 1 S. 2 HGB; Ausstellung von Begleitpapieren, § 413 HGB, und eines Frachtbriefes, § 408 HGB; Information über Gefahrgut, § 410 HGB; ausreichende Verpackung des Gutes, § 411 HGB; Verladung und Entladung des Gutes, § 412 HGB; Haftung gemäß § 414 HGB.

- beim Speditionsvertrag:

▪ Spediteur: Besorgung der Versendung des Gutes, § 453 HGB (d. h. Bestimmung des Beförderungsmittels und Beförderungsweges, § 454 Abs. 1 Nr. 1 HGB, Auswahl des ausführenden Unternehmers, Abschluss der erforderlichen Verträge, § 454 Abs. 1 Nr. 2 HGB, Sicherung von Schadensersatzansprüchen des Versenders, § 454 Abs. 1 Nr. 3 HGB); Versicherung des Gutes, § 454 Abs. 2 S. 1 HGB; Interessenwahrung und Befolgen der Weisungen des Versenders, § 454 Abs. 4 HGB; Haftung nach § 461 Abs. 2 HGB im Fall der Verletzung der nach § 454 HGB bestehenden Pflichten; Haftung nach § 461 Abs. 1 HGB für Verlust oder Beschädigung des in seiner Obhut befindlichen Gutes.

▪ Versender: Entrichtung der vereinbarten Vergütung, § 453 Abs. 2 HGB; Verpackung und Kennzeichnung des Gutes, Auskunftserteilung, § 455 HGB.

- beim Lagervertrag:

  - Lagerhalter: Lagerung und Aufbewahrung von Gütern; Verpackung und Kennzeichnung des Gutes, sofern Einlagerer Verbraucher ist, § 468 Abs. 2 S. 1 Nr. 1 HGB; Gestattung gegenüber dem Einlagerer zur Besichtigung des Gutes, Entnahme von Proben und Handlungen zu Erhaltung des Gutes, § 471 Abs. 1 S. 1 HGB; Mitteilung über Veränderungen, Schutz vor Verlust und Beschädigung, § 471 Abs. 2 HGB; Versicherung des Gutes auf Verlangen, § 472 HGB; Ausstellung eines Lagerscheins, §§ 475 c ff, 363 ff. HGB; Aushändigung des Gutes auf Verlangen, § 473 HGB; Haftung für Verlust oder Beschädigung des Gutes von Übernahme zur Lagerung bis zur Auslieferung nach § 475 HGB.

- Einlagerer: Entrichtung der vereinbarten Vergütung, § 467 Abs. 2 HGB; Aufwendungsersatz, § 474 HGB; umfassende Mitteilung über Gefahrgut in Textform, § 468 Abs. 1 S. 1 HGB (für Verbraucher gilt § 468 Abs. 2 S. 1 Nr. 2 HGB); Verpackung und Kennzeichnung des Gutes, § 468 Abs. 1 S. 2 HGB (es sei denn, Einlagerer ist Verbraucher, § 468 Abs. 2 S. 1 Nr. 1 HGB); Haftung nach § 468 Abs. 3 und 4 HGB.

SCHLÜSSELWORTVERZEICHNIS

A

B

C

D

E

F

G

H

I

J

K

L

M

N

O

P

R

S

W

Z

LITERATUR

- Bähr, Peter: Arbeitsbuch zum Bürgerlichen Recht, 2. Aufl., München 2002.
- Brox, Hans (Begr.): Allgemeiner Teil des BGB, 33. Aufl., Köln et al. 2009.
- Brox, Hans (Begr.): Handelsrecht, 20. Aufl., München 2009.
- Klunzinger, Eugen: Einführung in das Bürgerliche Recht, 14. Aufl., München 2009.
- Klunzinger, Eugen: Übungen im Privatrecht, 9. Aufl., München 2006.
- Lange, Knut Werner: Basiswissen Ziviles Wirtschaftsrecht, Ein Lehrbuch für Wirtschaftswissenschaftler, 5. Aufl., München 2009.
- Mehrings, Jos: Grundlagen des Wirtschaftsprivatrechts, München 2006.
- Meyer, Justus: Wirtschaftsprivatrecht – eine Einführung, 6. Aufl., Berlin et al. 2006.
- Mester, Britta: Übungen zum Bürgerlichen Recht, Edewecht 2007.
- Musielak, Hans-Joachim: Grundkurs BGB, 11. Aufl., München 2009.
- Müssig, Peter: Wirtschaftsprivatrecht, 13. Aufl., Heidelberg 2010.
- Palandt: Bürgerliches Gesetzbuch – Kommentar, 69. Aufl., München 2010.
- Schmidt, Karsten: Handelsrecht, 6. Aufl., Köln et al. 2006.